15th Edition 전면개정판

2023
백광훈
형법
새로 쓴 필기노트
Handwriting Notes

백광훈 편저

메가 공무원

박영사

머리말

형법 필기노트 2023년 시험 대비판

본서는 법원사무직, 검찰 · 마약수사 · 철도경찰 7/9급, 경찰간부, 경찰승진, 경찰채용 등 각종 공무원시험과 변호사시험을 준비하면서 필자의 형법강의를 수강하는 수험생들을 위하여 새롭게 개정한 필기노트이다.

이번에 필기노트를 새롭게 개정하며 역점을 둔 부분은 다음과 같다.

① **필기노트는 누구를 위한 것인가를 분명히 하기 위해, 필자는 본서의 활용주체는 다음과 같다고 보았다.**

- 형법의 개념정립이 필요한 초보 수험생
- 어려운 이론을 그림으로 쉽게 이해하고자 하는 수험생
- 출제 가능한 판례와 조문을 체계적으로 정리하여 단시간에 암기하고자 하는 수험생

② **본서의 직접적인 쓰임새를 신중히 고려하여, 다음과 같은 효과를 거둘 수 있도록 하였다.**

- 필기에 부담을 덜어냄으로써 강의수강에 집중할 수 있도록 함
- 강의수강 후 수업내용을 리마인드하는 복습자료로서 유용하도록 함
- 시험 직전 최종정리에 그동안 공부한 내용을 빠르게 정리하도록 함

③ 내용을 최근 개정법령 및 최신 판례에 따라 재검토하고 강의판서에 반영하였다.

- 필자의 최근 수업을 듣는 제자들이 이를 직접 노트에 옮기고 여기에 오류가 있는지 꼼꼼히 검토하고 정리함. 이 과정에서 최근 개정법령 및 판례를 반영함
- 강의 중 칠판에 판서한 내용만이 아니라 중요하게 언급한 멘트도 모두 담았으므로, 필자의 강의 중 심화강의가 아닌 기본강의의 경우에는 그 강의내용보다 더 많은 내용이 본 필기노트에 압축되어 있음

④ 심플하고 미니멀한 디자인을 추구하였다.

본서가 아무쪼록 독자 여러분의 형법 실력 상승과 고득점 합격에 조금이나마 보탬이 되기를 소망한다. 필기노트에 대한 질문은 필자의 다음카페 백광훈형사법수험연구소의 학습질문 게시판을 활용할 것을 당부드린다. 끝으로 본서의 출간을 맡아준 도서출판 박영사의 임직원님들에게 깊은 감사의 말씀을 드리고 싶다.

2022년 7월
메가공무원 대표교수
백 광 훈
백광훈형사법수험연구소 cafe.daum.net/jplpexam

구성과 특징

1. 현장강의 판서의 완벽한 재현

강의를 들을 때 필기시간을 줄여주어 시간이 절약되고, 집중해서 강의를 들을 수 있도록 하였습니다. 또한 마무리용으로 활용할 수 있도록 체제를 정비함으로써 시험 직전에 빠르게 회독할 수 있게 하였습니다.

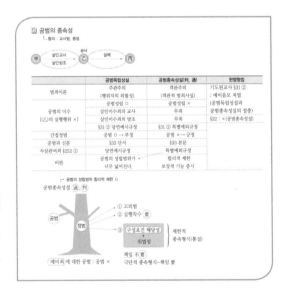

2. 사례와 판례를 도식화하여 가독성을 극대화

사례나 판례, 기타 개념을 그림과 도표로 표시함으로써 보다 명확하게 내용을 파악하게 하여 내용기억이 오래 가도록 하였습니다. 강의수강 후 수업내용을 복습하는 자료로도 활용할 수 있도록 하였습니다.

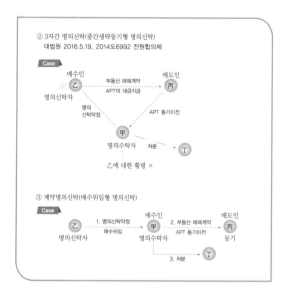

3. 최근 개정법령의 꼼꼼한 반영

최근 개정법령을 본문에 반영하여 수험 시 효율성을 가하였고, 이를 통해 형법의 개념정립이 필요한 초보 수험생들이 중요사항을 먼저 체크하고, 강약을 조절할 수 있도록 하였습니다.

4. 필수적 암기사항에 대한 정리

외우기 어렵고 귀찮은 암기사항을 직관적으로 연상되는 백광훈 교수님만의 두문자로 정리함으로써 암기와 정리를 쉽게 하였습니다. 또한 중요한 학설과 시험 직전 꼭 봐야하는 암기사항을 수록함으로써 수험생들의 부담을 최소화하는 데 중점을 두었습니다.

차례

총론

PART 03 형벌론

차례

각론

PART 03 국가적 법익에 대한 죄

부록

형법총론

01

형법의 일반이론

① 형법의 의의

→ 형법 조문
협의의 형법
★ 형법
형식적 의의~

형법-what. 실체법

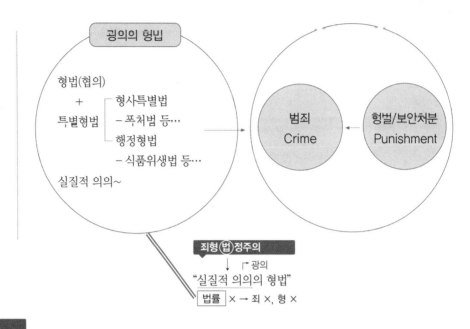

How. 절차법(소송법)

절차

| 수사 | → | 공소 | → 재판 - 형집행 |

총론

총칙(일반원칙 : §1~ §86) - 일반적 규정
└ 모든 범죄와 형벌에 적용

– 가설적 규범
– 행위규범 & 재판규범
 └ 금지위반 : 작위범
  명령위반 : 부작위범
– 의사결정규범 & 평가규범

책임을 근거로 한 법익박탈

일반이론	범죄론	형벌론
1. 기본개념	1. 일반이론	1. 의의 & 종류 → §41
2. 죄형법정주의★	2. 구성요건 Beling	2. 경중
3. 적용범위★	+ 3단계체계	3. 양정
4. 이론	3. 위법성	4. 누범
	+ → 범죄성립	5. 선고유예
	4. 책임 |	집행유예★
	5. 미수 유죄	가석방
	6. 공범	6. 시효 · 소멸 · 기간
	7. 특수형태	7. 보안처분
	8. 죄수론	

각론

각칙(개별범죄 : §87~§372) – 법익삼분설
└→ 해당 범죄에만 적용

개인적 법익	사회적 법익	국가적 법익
생명 · 신체	공공의 안전 · 평온	국가의 존립 · 권위

개인적 법익

생명 · 신체
- 살인
- 상해 · 폭행
- 과실치사상
- 낙태
- 유기 · 학대

자유
- 협박 · 강요
- 체포 · 감금
- 약취 · 유인 · 인신매매
- 강간 · 추행

명예 · 신용 · 업무
- 명예훼손
- 신용 · 업무

사생활의 평온
- 비밀침해
- 주거침입

재산*
- 일반이론
- 절도
- 강도
- 사기*
- 공갈
- 횡령*
- 배임*
- 장물
- 손괴
- 권리행사방해

사회적 법익

공공의 안전 · 평온
- 공안
- 폭발물
- 방화 · 실화
- 일수 · 수리
- 교통방해

공공의 신용*
- 통화
- 유가증권
- 문서
- 인장

공중의 건강
- 먹는 물
- 아편

사회의 도덕
- 성풍속
- 도박
- 신앙

국가적 법익

국가의 존립 · 권위
- 내란
- 외환
- 국기
- 국교

국가의 기능
- 공무원의 직무
- 공무방해
- 도주 · 범인은닉
- 위증 · 증거인멸
- 무고

★	근대	현대
	개인의 자유↑	행정국가
	야경국가	복지국가

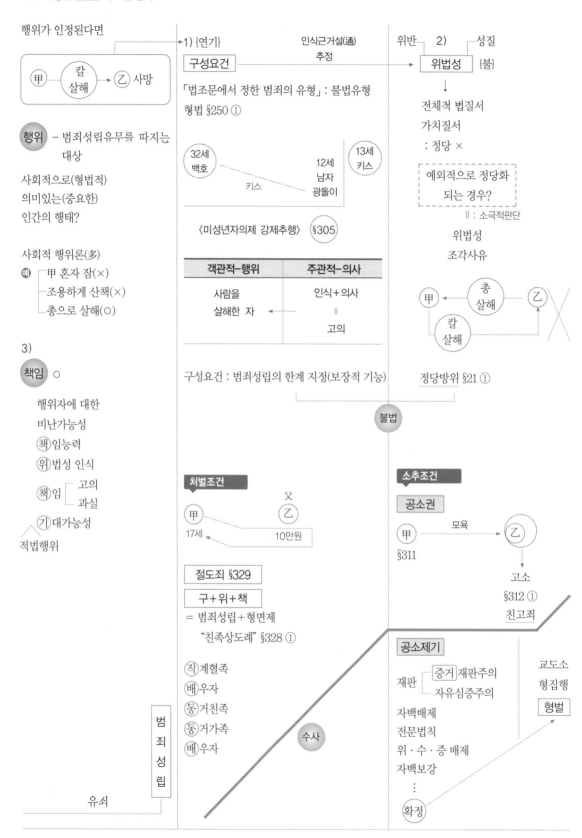

행위가 인정된다면

1) {연기}

구성요건

「법조문에서 정한 범죄의 유형」 : 불법유형
형법 §250 ①

인식근거설(通)
추정

위반 — 2) — 성질

위법성 {불}
↓
전체적 법질서
가치질서
: 정당 ×

예외적으로 정당화
되는 경우?
∥ : 소극적판단
위법성
조각사유

행위 – 범죄성립유무를 따지는
대상

사회적으로(형법적)
의미있는(중요한)
인간의 행태?

사회적 행위론(多)
예 ┌ 甲 혼자 잠(×)
├ 조용하게 산책(×)
└ 총으로 살해(○)

32세
백호

12세
남자
광돌이

키스

13세
키스

〈미성년자의제 강제추행〉 §305

객관적–행위	주관적–의사
사람을 살해한 자 ←	인식+의사 ∥ 고의

3)

책임 ○

행위자에 대한
비난가능성
책 임능력
위 법성 인식
책 임 ┌ 고의
        └ 과실
기 대가능성
적법행위

구성요건 : 범죄성립의 한계 지정(보장적 기능)

정당방위 §21 ①

불법

처벌조건

甲
17세

父
乙
10만원

절도죄 §329

구+위+책

= 범죄성립+형면제
"친족상도례" §328 ①

직 계혈족
배 우자
동 거친족
동 거가족
배 우자

소추조건

공소권

甲
§311

모욕

乙

고소

§312 ①
친고죄

공소제기

재판 ┌ 증거 재판주의
        └ 자유심증주의
자백배제
전문법칙
위·수·증 배제
자백보강
⋮
확정

교도소
형집행

형벌

수사

범죄성립

유쇄

② 형법의 기능〈보호˚/보장˚/사회보호×/범죄규제×〉

(1) 보호적 기능
└ 법익, 사회윤리적 행위가치 모두 보호

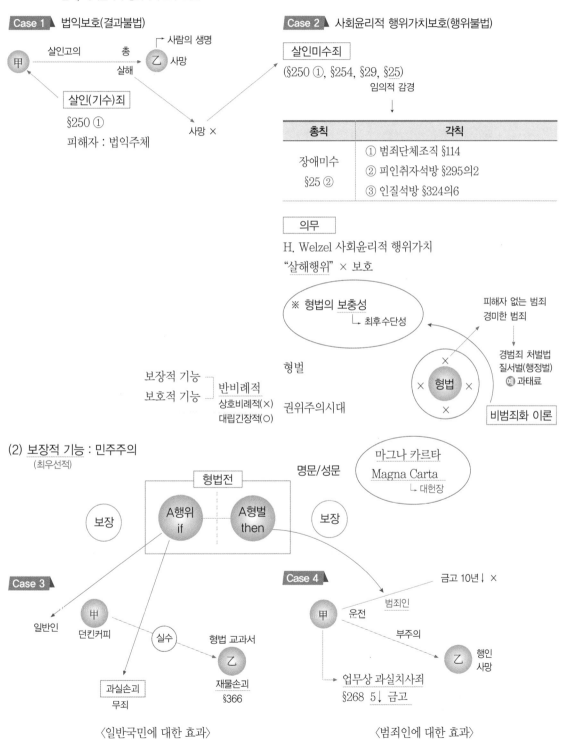

Case 1 법익보호(결과불법)

甲 ──살인고의─총─살해──→ 乙 사망 → 사람의 생명

살인(기수)죄

§250 ①

피해자 : 법익주체

사망 ×

Case 2 사회윤리적 행위가치보호(행위불법)

살인미수죄

(§250 ①, §254, §29, §25)

임의적 감경
↓

총칙	각칙
장애미수 §25 ②	① 범죄단체조직 §114 ② 피인취자석방 §295의2 ③ 인질석방 §324의6

의무

H. Welzel 사회윤리적 행위가치

"살해행위" × 보호

※ 형법의 보충성
└ 최후수단성

피해자 없는 범죄
경미한 범죄
↓
경범죄 처벌법
질서벌(행정벌)
예 과태료

비범죄화 이론

보장적 기능 ┐
보호적 기능 ┘ 반비례적
상호비례적(×)
대립긴장적(○)

형벌

권위주의시대

(2) 보장적 기능 : 민주주의
(최우선적)

마그나 카르타
Magna Carta
└ 대헌장

명문/성문

형법전

보장   A행위 if ──── A형벌 then   보장

Case 3

일반인

甲 던킨커피 ──실수──→ 乙 형법 교과서

과실손괴
무죄

재물손괴
§366

〈일반국민에 대한 효과〉

Case 4

금고 10년↓ ×

甲 ──운전──→ 범죄인
부주의
→ 乙 행인 사망

업무상 과실치사죄
§268 5↓ 금고

〈범죄인에 대한 효과〉

└─ 법적안정성

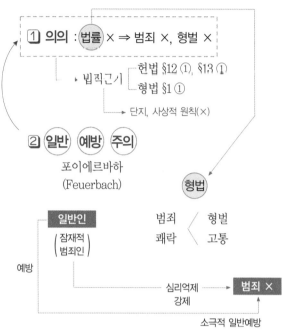

① 의의 : 법률 × ⇒ 범죄 ×, 형벌 ×

└→ 법적근거 ┌─ 헌법 §12 ①, §13 ①
              └─ 형법 §1 ①

└─ 단지, 사상적 원칙(×)

② 일반 예방 주의
포이에르바하
(Feuerbach)

형법
범죄 ╱ 형벌
쾌락 ╲ 고통

예방 ┌─ 일반인
       │ (잠재적
       │   범죄인)
       └──── 심리억제 ─→ 범죄 ×
              강제
                   소극적 일반예방

cf 특별예방주의 × → 효과적인 형벌

범죄인 甲 — 교정 correction ----→ 사회인
재사회화
재범방지
사회복귀

법률에 정해져 있지 않아도 상관없다.
→ 죄형법정주의 관련 ×. 적극적 일반예방(준법정신)

③ 내용 : 파생원칙

법.소.명.유.적
근대(형식적 의의) ┌─ 현대(실질적 의의)
                      │   법률 위임 ──────→ 하위법규

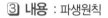
(1) 법률주의 ┌─ 형식적 의의의 법률
              └─ 실질적 의의의 형법

① 관습형법금지의 원칙

custom 관습 ┌─ 범죄성립 ×
              └─ 형벌가중 ×

관습은 형법의 법원(×)

예외 i) 관습 ─→ 범죄성립조각(○)
      ii) 관습 ─→ 성문형법규정
           보충적   간접적
           해석자료(○)   법원성(○)

예
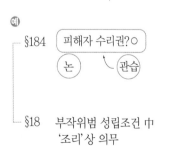
┌─ §184 ┌ 피해자 수리권?○
        │ 논   관습
        │
└─ §18 부작위범 성립조건 中
         '조리'상 의무

② 포괄위임입법금지 원칙

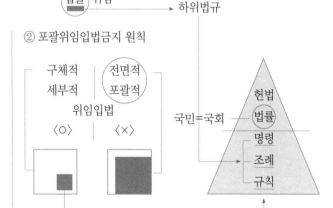
구체적   전면적
세부적   포괄적
위임입법
〈○〉   │   〈×〉

헌법
국민=국회 ─ 법률
            명령
            조례
            규칙

위반 ○	위반 ×
외환관리규정	청소년 유해매체물
"기타범죄~	환각물질
선량한 풍속~"	학교환경위생구역 PC방 금지
	농협-특가법 시행령-정부관리기업체
약국관리 필요한 사항	게임머니 등 이와 유사한 것

(2) <u>소급효 금지</u> 원칙 : 행위시법 주의, 형벌불소급 원칙, 사후입법금지

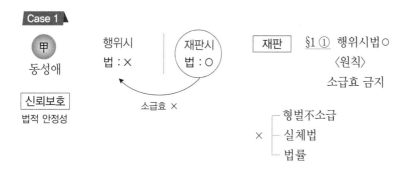

`Case 1`

甲
동성애

행위시
법 : ×

재판시
법 : ○

소급효 ×

신뢰보호
법적 안정성

재판　§1 ① 행위시법○
　〈원칙〉
　소급효 금지

× ┬ 형벌不소급
　├ 실체법
　└ 법률

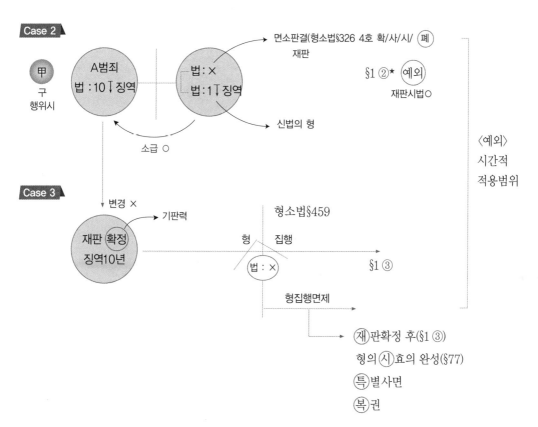

`Case 2`

甲
구
행위시

A범죄
법 : 10↑징역

법 : ×
법 : 1↑징역

소급 ○

면소판결(형소법§326 4호 확/사/시/ 폐)
재판

신법의 형

§1 ②★ 예외
재판시법○

`Case 3`

변경 ×

재판 확정
징역10년

기판력

형　집행

법 : ×

형소법§459

§1 ③

형집행면제

재판확정 후(§1 ③)
형의 시효의 완성(§77)
특별사면
복권

〈예외〉
시간적
적용범위

※ 소급효 금지 원칙의 적용범위★★

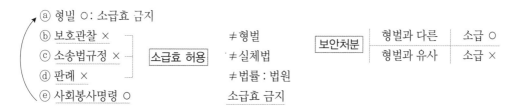

ⓐ 형벌 ○ : 소급효 금지
ⓑ 보호관찰 × ┐
ⓒ 소송법규정 × ┤　소급효 허용
ⓓ 판례 × ┘
ⓔ 사회봉사명령 ○

≠형벌
≠실체법
≠법률 : 법원
소급효 금지

보안처분
| 형벌과 다른 | 소급 ○ |
| 형벌과 유사 | 소급 × |

보호관찰처분

Case 4

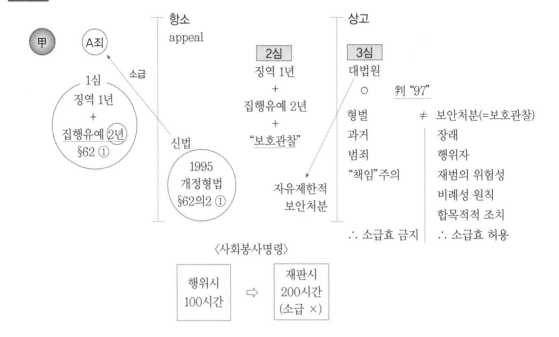

소송법 규정

Case 5

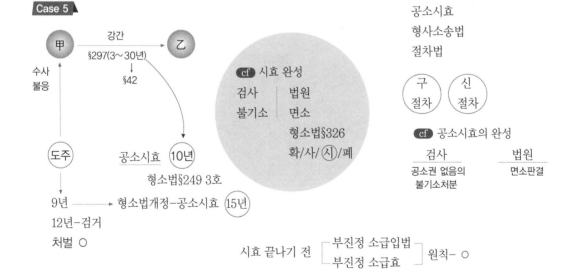

공소시효
형사소송법
절차법

구 절차   신 절차

cf 공소시효의 완성

검사	법원
공소권 없음의 불기소처분	면소판결

판례	우리	영국
	독일	미국
	프랑스	호주
	일본	
	대륙법계	영미법계
	성문법	불문법

법률 ≠ 판례

Case 6 판례의 변경-소급효 허용

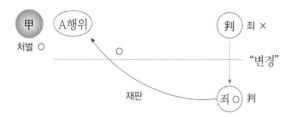

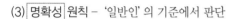

cf 법원의 판례를 신뢰한 경우
§16. 정당한 이유 ○
↓
책임 ×
↓
무죄 ○

(3) 명확성 원칙 – '일반인' 의 기준에서 판단

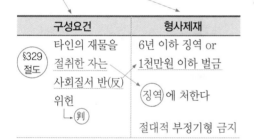

구성요건	형사제재
§329 절도 타인의 재물을 절취한 자는 사회질서 반(反) 위헌 └判	6년 이하 징역 or 1천만원 이하 벌금 징역에 처한다 절대적 부정기형 금지

• 법정형 장기 2년 이상 유기형
└ 법정형 범위 안에서 형의 단기-장기 定

• 정기형 可

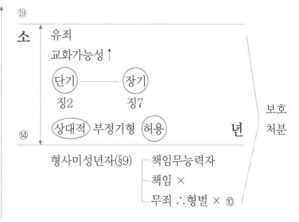

⑲
소 유죄
교화가능성↑
단기 ────── 장기
징2   징7
⑭ 상대적 부정기형 허용   년

보호
처분

형사미성년자(§9) ─ 책임무능력자
─ 책임 ×
└ 무죄 ∴형벌 × ⑩

• 상대적 부정기형

소년	성인(19세 이상)	
허용	불허	도입고려 ○

(4) 유추해석 금지원칙 ★ ㉠

피고인에게
불리한 ㅣ 유리한
유추/확장
× ㅣ ○

위반 = 위헌
① 상관 면전 모욕죄 ≠ 전화
② 군용물 분실 ≠ 기망, 편취
　　　　　　 과실
③ 주민번호허위생성 ≠ 단순사용
④ 사이버 스토킹 ≠ 벨소리
　　(음향)
⑤ 수령의무자 ≠ 전달의무자
⑥ 범죄수익 ≠ 횡령미수
⑦ 특수강도 강제추행 ≠ 준강도~
⑧ 무허가 중개업 ≠ 수수료 약속 ·
　 수수료 취득　　요구
　 (기수)　　　　 (미수)
　 미수범 처벌규정 ×
⑨ 부도수표 ≠ 허위사고 신고
⑩ 불법경품제공 ≠ 재매입
⑪ 모페드형 이륜자동차 ≠
　　　　50cc 스쿠터
⑫ 게임결과에 따른 경품제공 ≠
　　　　무관한 경품제공

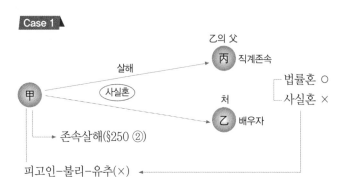

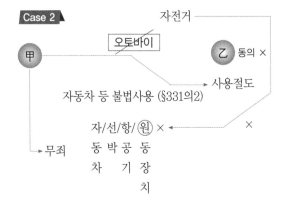

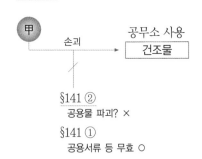

	공기업사장
특가법 수뢰죄 "공무원"	○
변호사법 알선수재 "공무원"	×

Case 4

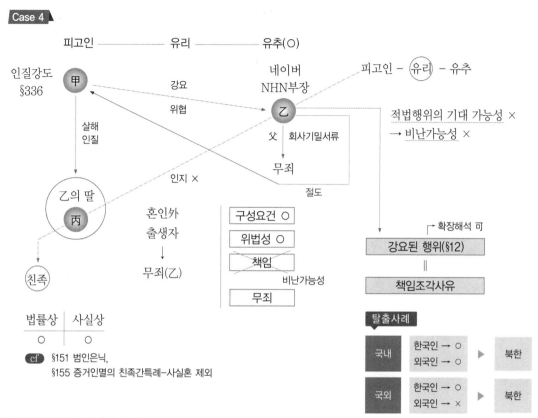

(5) 적정성 원칙 : 현대적 의의, 실질적 의의

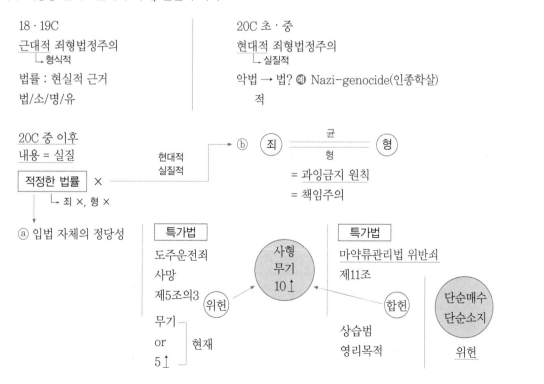

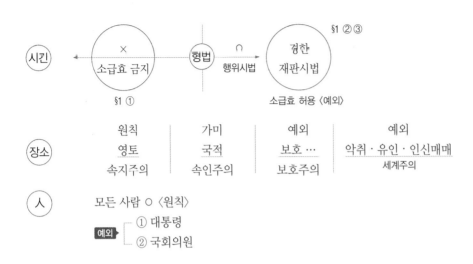

① 시간적 적용범위

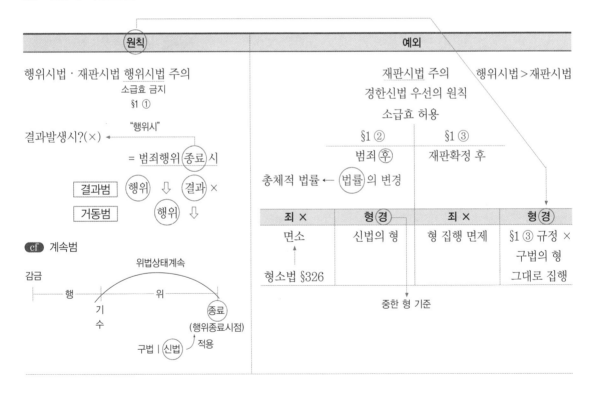

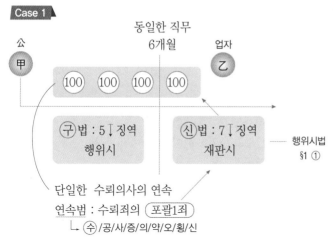

Case 1

동일한 직무
6개월

公 甲   업자 乙

(100) (100) (100) (100)

구법 : 5↓징역   신법 : 7↓징역   ─ 행위시법
행위시   재판시   §1 ①

단일한 수뢰의사의 연속

연속범 : 수뢰죄의 포괄1죄
         └ 수/공/사/증/의/약/오/횡/신

* 포괄1죄 도중 법률변경 : 형의 경중을 비교하지 않고 신법 적용

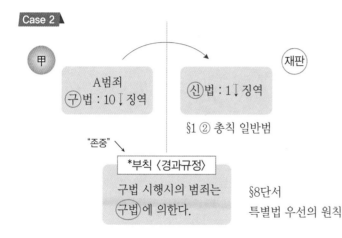

Case 2

甲   재판

A범죄
구법 : 10↓징역   신법 : 1↓징역

§1 ② 총칙 일반범

"존중"

*부칙 〈경과규정〉   §8단서
구법 시행시의 범죄는   특별법 우선의 원칙
구법에 의한다.

(1) 한시법 : 유통기한이 명시 / 추급효 문제

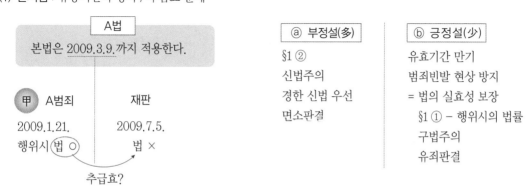

A법

본법은 2009.3.9.까지 적용한다.

甲 A범죄   재판

2009.1.21.   2009.7.5.
행위시법 ○   법 ×

추급효?

ⓐ 부정설(多)	ⓑ 긍정설(少)
§1 ②	유효기간 만기
신법주의	범죄빈발 현상 방지
경한 신법 우선	= 법의 실효성 보장
면소판결	§1 ① - 행위시의 법률
	구법주의
	유죄판결

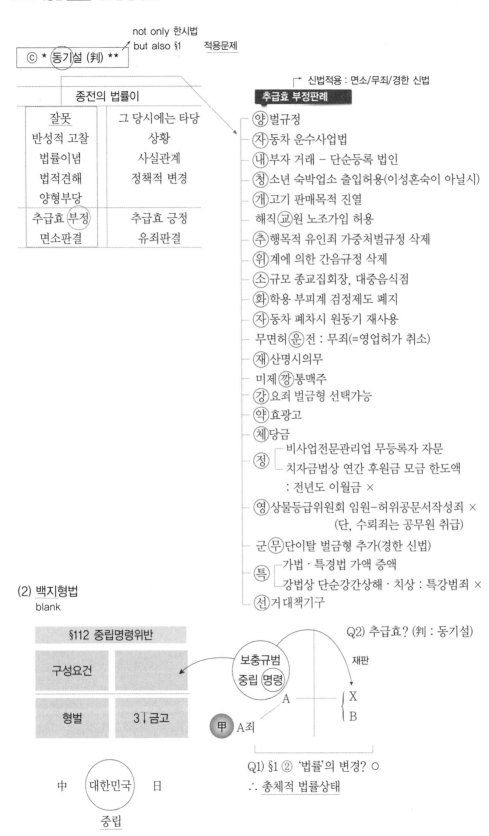

not only 한시법
but also §1   적용문제

ⓒ * 동기설 (判) ★★

신법적용 : 면소/무죄/경한 신법

종전의 법률이

추급효 부정판례

잘못	그 당시에는 타당
반성적 고찰	상황
법률이념	사실관계
법적견해	정책적 변경
양형부당	
추급효 부정	추급효 긍정
면소판결	유죄판결

— 양벌규정
— 자동차 운수사업법
— 내부자 거래 - 단순등록 법인
— 청소년 숙박업소 출입허용(이성혼숙이 아닐시)
— 개고기 판매목적 진열
— 해직교원 노조가입 허용
— 추행목적 유인죄 가중처벌규정 삭제
— 위계에 의한 간음규정 삭제
— 소규모 종교집회장, 대중음식점
— 화학용 부피계 검정제도 폐지
— 자동차 폐차시 원동기 재사용
— 무면허운전 : 무죄(=영업허가 취소)
— 재산명시의무
— 미제강통맥주
— 강요죄 벌금형 선택가능
— 약효광고
— 체당금
— 정 ─ 비사업전문관리업 무등록자 자문
       └ 치자금법상 연간 후원금 모금 한도액
          : 전년도 이월금 ×
— 영상물등급위원회 임원-허위공문서작성죄 ×
          (단, 수뢰죄는 공무원 취급)
— 군무단이탈 벌금형 추가(경한 신법)
— 특 ─ 가법 · 특경법 가액 증액
       └ 강법상 단순강간상해 · 치상 : 특강범죄 ×
— 선거대책기구

(2) 백지형법
blank

§112 중립명령위반

구성요건	
형벌	3↓금고

보충규범
중립 명령

Q2) 추급효? (判 : 동기설)

재판

A ─── { X
甲 A죄   B

Q1) §1 ② '법률'의 변경? ○
∴ 총체적 법률상태

中 대한민국 日

중립

② 장소적 적용범위

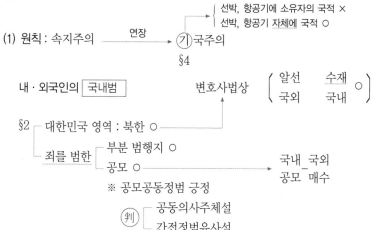

(1) 원칙 : 속지주의 ----연장----> ㉠ 국주의
§4

선박, 항공기에 소유자의 국적 ×
선박, 항공기 자체에 국적 ○

내·외국인의 국내범   변호사법상 ⎛ 알선   수재 ○ ⎞
                                        ⎝ 국외   국내   ⎠

§2 ┬ 대한민국 영역 : 북한 ○
   └ 죄를 범한 ┬ 부분 범행지 ○
              ├ 공모 ○ ----------> 국내 _ 국외
              │   공모 매수
              └ ※ 공모공동정범 긍정
                 ㉠ ┬ 공동의사주체설
                    └ 간접정범유사설

(2) 가미 : 속인주의

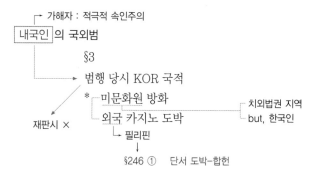

┌─ 가해자 : 적극적 속인주의
내국인 의 국외범
│   §3
│   ──> 범행 당시 KOR 국적
│   * ┬ 미문화원 방화 ──────┬ 치외법권 지역
재판시 × └ 외국 카지노 도박   └ but, 한국인
          └ 필리핀
              ↓
          §246 ① 단서 도박–합헌

(3) 예외 : 보호주의

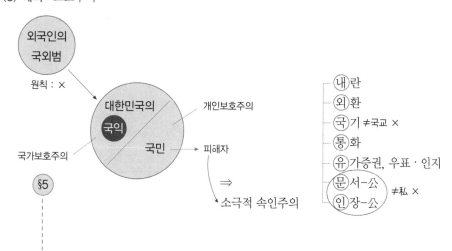

외국인의
국외범

원칙 : ×

대한민국의
국익
국민

개인보호주의

피해자

국가보호주의

§5

⇒
소극적 속인주의

㉯ 란
㉺ 환
㉻ 기 ≠국교 ×
㉢ 화
㉥ 가증권, 우표·인지
㉤ 서–公 ≠私 ×
㉦ 장–公

§6 ────→ 대한민국과 대한민국 국민에 대한 국외범

본문
보충

*단서

Case 1

독일에서는
죄가 아님
→ §6 적용하여 예외
= 처벌 ×

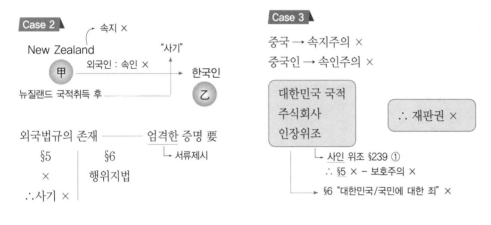

Case 2

속지 ×

New Zealand   "사기"
        외국인 : 속인 ×
甲 ──────────────→ 한국인
뉴질랜드 국적취득 후   乙

외국법규의 존재 ──── 엄격한 증명 要
    §5   §6   └ 서류제시
    ×   행위지법
  ∴ 사기 ×

Case 3

중국 → 속지주의 ×
중국인 → 속인주의 ×

대한민국 국적
주식회사   ∴ 재판권 ×
인장위조

    └ 사인 위조 §239 ①
      ∴ §5 × − 보호주의 ×
    ┌ §6 "대한민국/국민에 대한 죄" ×

Case 4

중국북경 대한민국 영사관 → 중국 ∴ 속지주의 ×
중국인 → 속인주의 ×
여권발급 신청서 위조
사문서 ∴ §5 ×
        §6 "대한민국/국민에 대한 죄" ×
        ∴ 재판권 ×

(4) 세계주의 : 총칙상 규정 無, 각칙상 有, 판례 有

원칙 × 외국인의 국외범
        인류의 공존−害−범죄 ⇒
        자국형법

判 중국민항기 납치 − 항공보안법
    └ 재판권 ○
    • 외국통화 위조(§207 ③) − 부분적 세계주의
    • 약취 · 유인 · 인신매매(§287~) − 세계주의 신설(§296의2)

(5) 외국에서 형을 집행받은 경우의 처리

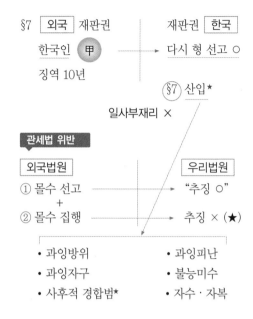

§7 | 외국 | 재판권 ——— 재판권 | 한국 |

한국인 甲 ———→ 다시 형 선고 ○

징역 10년

§7 산입★

일사부재리 ×

관세법 위반

| 외국법원 | | 우리법원 |

① 몰수 선고 ———→ "추징 ○"
\+
② 몰수 집행 ———→ 추징 × (★)

• 과잉방위   • 과잉피난
• 과잉자구   • 불능미수
• 사후적 경합범★   • 자수 · 자복

③ 인적 적용범위

모든 사람 ○

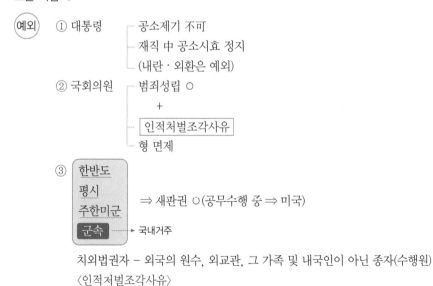

(예외) ① 대통령 ─ 공소제기 不可
　　　　　　　 ─ 재직 中 공소시효 정지
　　　　　　　 ─ (내란 · 외환은 예외)

② 국회의원 ─ 범죄성립 ○
　　　　　　　　＋
　　　　　　 ─ 인적처벌조각사유
　　　　　　 ─ 형 면제

③ 한반도
　 평시
　 주한미군 ⇒ 새판권 ○(공무수행 중 ⇒ 미국)
　 군속 ┈┈→ 국내거주

치외법권자 – 외국의 원수, 외교관, 그 가족 및 내국인이 아닌 종자(수행원)
〈인적저벌조각사유〉

① **응보형주의** : 책임주의

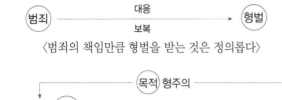

〈범죄의 책임만큼 형벌을 받는 것은 정의롭다〉

② **일반예방주의** – 포이에르바하(Feuerbach) → 죄형법정주의

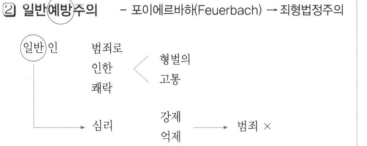

③ **특별예방주의**

이탈리아	F.v.Liszt	교육형주의	사회방위이론
범죄실증주의 • Lombroso • 생래적 범죄이론 • Ferri • 범죄포화의 법칙	목적형주의 – 형벌의 사회교육적 기능 강조	• Liepmann • Lanza • Saidana	• Gramatica • 긴급적 사회방위이론 • Ancel • 신 사회방위이론

─────── 근 대 학 파 ───────
신파 주관주의

고전학파	근대학파
이성적 · 합리적 인간상	숙명적 · 환경순응적 인간상
자유의사 ○, 비결정론	자유의사 ×, 결정론
의사 → 행위	소결, 환경 → 성격
객관적 사실	주관적 특징
객관주의	주관주의
행위책임론	행위자책임론

MEMO

형법총론

범죄론

CHAPTER 01 범죄론의 일반이론

제 1 절 범죄론의 기초

1 범죄의 성립요건

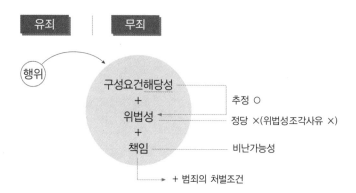

유죄 | 무죄

행위 →

구성요건해당성 ----- 추정 ○
+
위법성 ----- 정당 ×(위법성조각사유 ×)
+
책임 ----- 비난가능성

+ 범죄의 처벌조건

2 범죄의 처벌조건

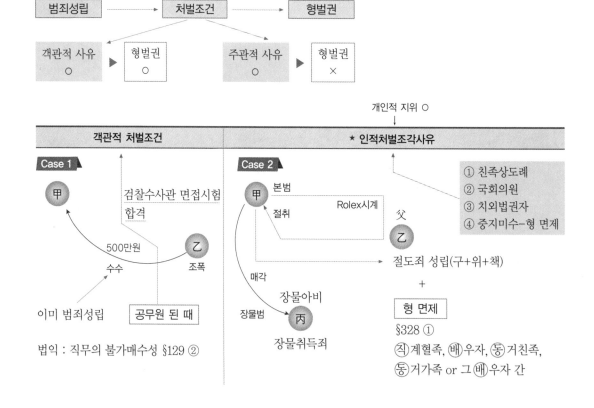

범죄성립 ----→ 처벌조건 ----→ 형벌권

객관적 사유 ○ ▶ 형벌권 ○   주관적 사유 ○ ▶ 형벌권 ×

개인적 지위 ○ ↓

객관적 처벌조건	★ 인적처벌조각사유

Case 1

甲

검찰수사관 면접시험 합격

500만원

乙 조폭

수수

이미 범죄성립   공무원 된 때

법익 : 직무의 불가매수성 §129 ②

Case 2

甲 본범
절취 Rolex시계

매각

장물아비
장물범 丙
장물취득죄

父 乙

① 친족상도례
② 국회의원
③ 치외법권자
④ 중지미수-형 면제

절도죄 성립(구+위+책)
+
형 면제
§328 ①
㈜계혈족, ㈐우자, ㈐거친족,
㈐거가족 or 그 ㈐우자 간

③ 범죄의 소추조건

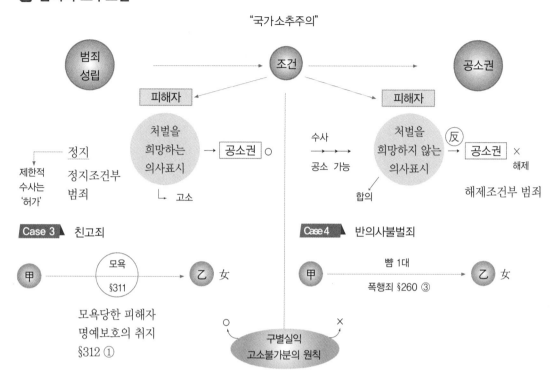

"국가소추주의"

범죄
성립 → 조건 → 공소권

피해자 ← 조건 → 피해자

처벌을
희망하는
의사표시 → 공소권 ○

└ 고소

정지
제한적
수사는 정지조건부
'허가' 범죄

수사
─────→
공소 가능

처벌을
희망하지 않는
의사표시 → 공소권 ×
해제

합의 해제조건부 범죄

(反)

Case 3 친고죄

甲 ─(모욕 §311)→ 乙 女

모욕당한 피해자
명예보호의 취지
§312 ①

Case 4 반의사불벌죄

甲 ─── 뺨 1대 ───→ 乙 女
폭행죄 §260 ③

○ ─ 구별실익
고소불가분의 원칙 ─ ×

친고죄

ⓑ밀침해
업무상 비밀ⓝ설
ⓜ욕
ⓢ자명예훼손
ⓙ산죄 중 친족상도례
(비/누/모/사/재)

반의사불벌죄

ⓟ행 · 존속폭행죄 →
┌ §107 **외국원수** 폭행 · 협박 · 명예훼손 · 모욕
├ §108 **외국사절** 폭행 · 협박 · 명예훼손 · 모욕   (폭행치사상 ×, 특수폭행 ×)
└ §109 **외국국기** · 국장모독죄

cf §111. 외국에 대한 사전~ ×

ⓖ실치상 · 치사 ×, 업무상~ ×
ⓗ박 · 존속협박죄 · 특수협박~ ×
ⓜ예훼손죄
ⓙ판물 등에 의한 명예훼손죄

| 명 | 사 | 출 | 모 |
| 반 | 친 | 반 | 친 |

④ 범죄의 종류

(1) 결과범(실질범) ──────────── 거동범(형식범) ────────────

행위+결과=기수(충족)　　　　　행위시=기수시(충족)

甲
행위 ─────────→ 결과 乙
충
살해행위　　　　　사망

○ ─────────→ × : 기수 ≠ 미수

인과관계 ×
○ ─────────→ ○ : 미수

→ 기수와 미수가 존재
기수 : 구성요건 해당(○)/충족(○)
미수 : 구성요건 해당(○)/충족(×)

행위 → 결과
기수

Case 1
외판원 甲
乙 boring 이론적 : 미수 ×
§319 ② 불응 　퇴거요구

[주의] 거동범의 미수범처벌규정은 없다.(×)
└ 예외 존재
┌ 집합명령위반죄 §145 ② ┐
│ 협박죄 §283 │ 미수범
│ 주거침입 §319 ① │ 처벌규정 有
└ 퇴거불응 §319 ② ┘

(2) 침해범과 위험범

침해범　　　　　　　　　　　　위험범

법익 전통적 근대형법

법익보호의 정도

현대형법
예방형법
위험형법

현대 : 예방형법, 위험형법	
보호적 기능	보장적 기능
○	×

<

〈법익 – 죄〉

┌침해
생명–살인죄
신체의 건강–상해죄
잠재적 신체활동자유–체포 · 감금죄
사실상의 평온–주거침입죄
소유권+점유–절도죄
재산권+의사–강도죄
　　　결정
　　　자유
협박죄 → 최근판례에서
　　　위험범으로 변경
　→ 현실적으로 공포심을 일
　　으키지 않아도 협박죄의
　　기수

추상적 위험범

법익

위증죄(§152 ①)–국가의 사법기능
명예훼손죄(§307)–외적 명예(평판)
현주건조물방화(§164 ①)–공공의 평온 · 안전

행위
위험 × ←

[cf] 재산죄 中 위험범 ┬ 횡령
├ 배임
├ 권리행사방해
└ 강제집행면탈

구체적 위험범

법익

"구체적 위험" 공공의 위험

┌ 구성요건요소
└ 고의의 인식대상
행위

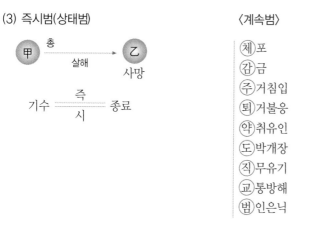

Case 2

甲 방화 → 혼자 사는 자기소유 외딴 곳
"무죄" → 甲

Case 3

乙 丁 甲 丙

★§166 ②
자기소유 일반건조물 방화죄
└ "공공의 위험"

〈구체적 위험범〉

(자)기소유~
(일)반물건~
(폭)발성 물건~
(가)스 · 전기~
(중) ┬ (상)해
     ├ (유)기
     ├ (강)요 → 중권리행사방해
     └ (손)괴
(직)무유기
(배)임

cf 번졌다.
자기소유 일반건조물 방화+연소
→ 연소죄(§168)

(3) 즉시범(상태범)

甲 ─ 총 살해 → 乙 사망

기수 ─ 즉시 ─ 종료

〈계속범〉

(체)포
(감)금
(주)거침입
(퇴)거불응
(약)취유인
(도)박개장
(직)무유기
(교)통방해
(범)인은닉

Case 4

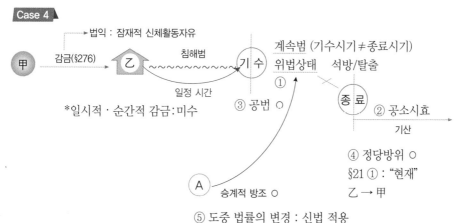

법익 : 잠재적 신체활동자유
甲 ─ 감금(§276) → 乙 ~~~~~~ 침해범 → 기 수
일정 시간
*일시적 · 순간적 감금:미수
③ 공범 ○

계속범 (기수시기 ≠ 종료시기)
위법상태 ① 석방/탈출
종 료 ② 공소시효 기산

A ─ 승계적 방조 ○

④ 정당방위 ○
§21 ① : "현재"
乙 → 甲

⑤ 도중 법률의 변경 : 신법 적용
⑥ 포괄일죄

(4) 일반범 　　　　　　　　　　　　　　　 신분범

(주체)
누구 ~~~~~ (자)
든지

범죄 (구성)적 신분　　　(§33)　　　형벌 (가)(감)적 신분
진정신분범　　　　　　　　　　부진정신분범

피고인× ← §129 ① 수뢰 : 공무원, 중재인
　　　　　§152 ① 위증 : 법률, 선서, 증인
　　　　　§227 허·공·작 : 작성권한 있는 공무원
　　　　　§233 허·진·작 : 의/한/치/조
(§228) 　§317 업무상 비밀누설 : 의/한…
공·부실　§355
　　　　　① 횡령 : 타인 재물 보관자
일반범　　② 배임 : 타인 사무 처리자

§250 ② (존속) 살해 : 직계비속 or 그 배우자
§251　 (영아) 살해 : 직계존속
　　　　영아 유기

(상습) ~죄

(업무상) ~죄(대부분 부진정신분범)

업무상 ~죄

부진정 신분범	진정신분범★ (예외) ① 업무상 (비) 밀누설(§317) ② 업무상 (과) 실장물(§364) ③ 업무상 (위) 력에 의한 간음(§303 ①)

(5) 목적범

cf 살인죄 §250 ①

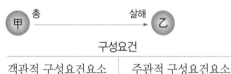

┌ 직접적 범행실행 요구
자수범 : 간접정범 ×

(위)증, (피)구금자간음, (부)정수표단속법상 허위신고,
(도)주　+(업)무상 비밀누설

구성요건

객관적 구성요건요소	주관적 구성요건요소
사람을 살해	알고 + 원하고 인식 + 의사 = 고의

• 경향범
　└ 성적 경향 필요 ×
• 표현범
• 망각범
　└ 과실에 의한 부진정 부작위범

cf 범행의 동기 = 범죄 구성요소(×)
　　　　　　　양형 조건(○)
　　　　　　　§51 3호

목적범의 종류

~위조, 변조
자격모용~작성
모해~
~제조, 소지
　cf 단순소지 ○
　　아편소지 §205
　　전시폭발물소지 §121
~예비·음모
~모독

내란(§87)
준강도(§335)
음행매개(§242)
음화제조·소지(§244)
출판물명예훼손(§309)
도박장소·공간 개설(§247)
범죄단체조직(§114)
다중불해산(§116)
직무사직강요(§136 ②)

준점유강취(§325 ②)
허위공문서작성(§227)
강제집행면탈(§327)

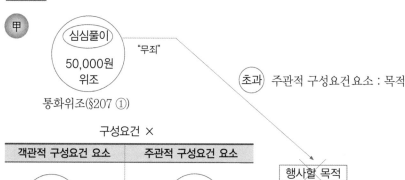

Case 5

심심풀이

50,000원
위조

통화위조(§207 ①)

"무죄"

초과 주관적 구성요건요소 : 목적

구성요건 ×

객관적 구성요건 요소	주관적 구성요건 요소
통화위조	인식 + 의사 고의

행사할 목적

: 범행의 동기 → 범죄구성요소 ×
양형의 조건 ○

제 2 절 행위론

① 인 과 적 행위론

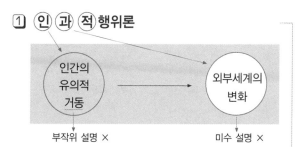

인간의
유의적
거동

외부세계의
변화

부작위 설명 ×　　　　　미수 설명 ×

'존재적 행위' 개념
• 단점 : 행위개념의 근본적 분류기능을 하지 못함

② Hans Welzel

목적적 행위론

목적조종의사 + 목적조종활동

과실행위 설명 ×　　부작위 설명 ×

③ 사회적 행위론 (通)

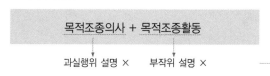

사회적으로　┌ 고의행위
의미 있는　├ 과실행위
인간의 행태　├ 작위
　　　　　└ 부작위

• 단점
　┌ 행위개념의 한계기능 ×
　└ 행위론의 한계기능을 수행할 수 없음(너무 넓음)
• 장점 : 행위의 근본요소로서의 기능에 충실

제3절 행위의 주체와 객체

객관적 구성요건요소

① 행위의 주체 – 모든 자연인 ○

범죄   법인 ×

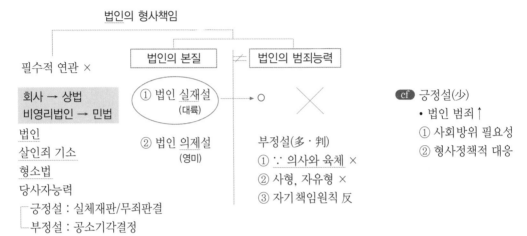

법인의 형사책임

필수적 연관 ×

회사 → 상법
비영리법인 → 민법

법인
살인죄 기소
형소법
당사자능력
┌ 긍정설 : 실체재판/무죄판결
└ 부정설 : 공소기각결정

법인의 본질

① 법인 실재설
(대륙)

② 법인 의제설
(영미)

법인의 범죄능력

○

부정설(多·判)
① ∵ 의사와 육체 ×
② 사형, 자유형 ×
③ 자기책임원칙 反

cf 긍정설(少)
• 법인 범죄↑
① 사회방위 필요성
② 형사정책적 대응

Case 1 〈부동산 이중매매〉

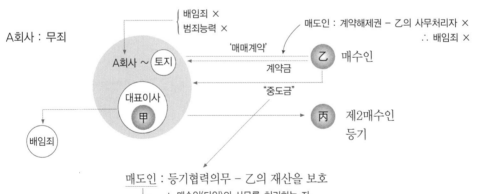

A회사 : 무죄

배임죄 ×
범죄능력 ×

매도인 : 계약해제권 – 乙의 사무처리자 ×
∴ 배임죄 ×

'매매계약'

乙 매수인

계약금

A회사 ~ 토지

대표이사
甲

배임죄

"중도금"

丙 제2매수인
등기

매도인 : 등기협력의무 – 乙의 재산을 보호
└ ∴ 매수인(타인)의 사무를 처리하는 자

(1) 법인의 형벌능력 : ○
　　　　　　(수형능력)

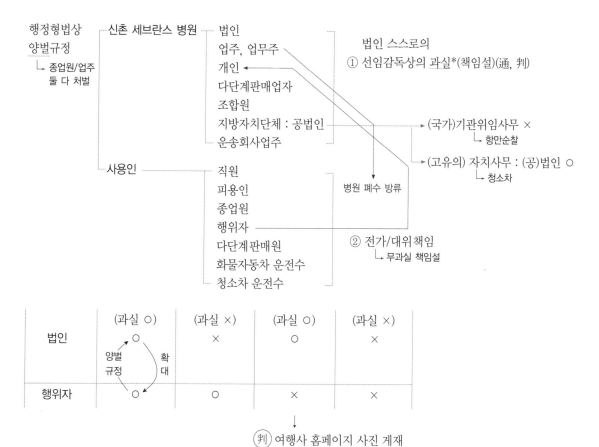

	(과실 ○)	(과실 ×)	(과실 ○)	(과실 ×)
법인	○	×	○	×
행위자	○	○	×	×

판 여행사 홈페이지 사진 게재

(2) 법인 처벌의 근거

　ⓐ *과실책임설(일부 판례, 헌재) → 책임주의!

　　: 법인 스스로의 선임 · 감독상의 *과실책임(← 법인의 범죄능력 긍정)

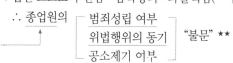

　　∴ 종업원의 ┌ 범죄성립 여부
　　　　　　　　├ 위법행위의 동기　　　"불문" ★★
　　　　　　　　└ 공소제기 여부

　ⓑ 무과실책임설(일부 판례) : *헌법재판소 - 위헌 ∴ 이제는 과실책임설
　　: 전가책임 · 대위책임　　　　　　　　　（← 법인의 범죄능력 부정）

② 행위의 객체

	객관적 구성요건요소 행위의 객체	법익 보호의 객체
살인죄 (§250 ①)	사람	생명
절도죄 (§329)	재물	피해자의 소유권 · 점유권
도주죄 (§145 ①)	×	국가의 구금기능
강도죄 (§333)	재물/재산상 이익	재산권 (+의사결정의 자유)
공연음란죄 (§245)	×	사회의 성풍속

* 보호법익 없는 범죄도 있다. (×) → 보호법익 없는 범죄는 없다.
* 행위객체가 없는 범죄도 있다. (○)

CHAPTER 02 구성요건론

제 1 절 구성요건이론

① 소극적구성요건표지이론

2단계 범죄론 체계

총체적 불법 구성요건		책임	비판
적극적 구성요건요소	소극적 구성요건요소		ⅰ) 위법성조각사유의 독자적 기능 무시
고의 甲 ⟶ 乙 살해 ○	정당방위 × 위법성조각사유 × 소극적판단		ⅱ) 모기 $\stackrel{?}{=}$ 정당방위 죽인 행위　사람 살해 ⅲ) 위법성조각사유의 전제사실에 대한 착오 　: 구성요건고의 조각 　　⟶ 과실(○) 　　≠ 법효과제한적 책임설
구성요건 해당 ○ 적극적 판단			
주장 - "구성요건은 위법성의 존재근거"			
구성요건 해당성 ＋ 위법성 ＋ 책임 3단계 범죄론 체계			

② 구성요건의 요소

(1)

기술적 구성요건요소	규범적 구성요건요소
쉬운 형법 자체의 기준 ⟶ 해석 ○ ──── 사람, 살해 ∴ 별도의 가치판단 불요	까다로운 ──── 해석 × ∴ 별도의 가치평가 要 (의미해석)

예

명확 ○	명확 ×	
'음란' '불안감' '후보자추천과 관련하여' '건산법상 이해관계인' '구리(동)' '채권발생 관련 없는 지급' '불건전 전화서비스'	'잔인성' '범죄의 충동' '가정의례의 참뜻' '국제평화와 지역안전을 저해할 우려가 있는 지역'	배우자 직계존속 공무원, 중재인 재물의 타인성〈소유〉 문서, 유가증권, 공정증서　법률적 평가 명예, 신용, 업무　　　　사회적 평가 음란 추행

(2)

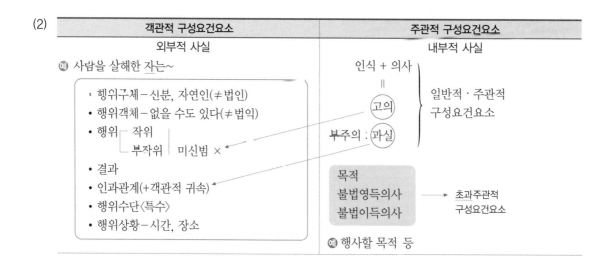

객관적 구성요건요소	주관적 구성요건요소
외부적 사실	내부적 사실

예 사람을 살해한 자는~

- 행위주체 – 신분, 자연인(≠법인)
- 행위객체 – 없을 수도 있다(≠법익)
- 행위 ┌ 작위
  └ 부작위 │ 미신범 ×
- 결과
- 인과관계(+객관적 귀속)
- 행위수단〈특수〉
- 행위상황 – 시간, 장소

인식 + 의사
＝
고의 ┐
부주의 : 과실 ┘ 일반적·주관적 구성요건요소

목적
불법영득의사
불법이득의사 ----→ 초과주관적 구성요건요소

예 행사할 목적 등

제 2 절) 결과반가치와 행위반가치

결과불법
법익침해 or 그 위험

행위불법
의무위반
행위자–의무

Case

甲 — 살인고의 총 ----→ 乙 사망

의무위반 │ 법익침해 │ 기수
행위반가치 ○ + 결과불법 ○ = 불법의 충족
⇩
(3) 2원적·인적 불법론(통설)

(1) 순수한 결과반가치론
 └ 고전적 범죄체계

甲 ----→ // → 乙 사망

행위자와는 유리된 객관적 사태의 불법

고의, 과실 : 책임의 요소
심리적 책임론

「고의·과실은 책임에서」
 └ 심리적 책임론

「살인죄의 불법
 ‖ ─ 둘 다 '생명의 침해'
과실치사죄의 불법」

불법
형법에 위반되는
구체적인
범위와 결과

구성요건 → 행위불법
+   +
위법   결과불법

행위자 ← 비난가능성
← 책임

(2) H. Welzel 행위반가치론 - 목적적 범죄체계

단순강간 < 특수강간 　　㉠ 살인죄의 ＞ 과실치사죄의
　행위 　＜ 　행위 　　　　불법 　　　　　불법
　결과 　＝ 　결과

　甲　⇒ 인적 불법론

　　　　　　┌ 행위불법-결과범　　　　　　　　┌ 행위불법-과실범
　　　　고의 車　　　　　　　　　　　過실
甲 ───────→ 乙　＞　甲 ─────────→ 乙
　　　　살해　　　　　　　　　　運전
　　　　　　　　死　　　　　　　§268　　　　　死

　　　　　　└──────────────┘
　　　　　　　　결과불법은 같다
　　　　(고의범과 결과범의 결과불법은 같다)

★ 불법 ＝ 행위반가치 ＋ 결과반가치

	행위반가치	결과반가치	
구성요건 해당성 ＋	• 행위주체 : 신분(의무위반) • 의사 : 고의 · 과실 · 목적 • 행위수단	• 결과 • 결과발생의 위험성(불능미수)	※ 거동범이라 하더 　라도 행위불법+ 　결과불법
위법성	• 주관적 　정당화요소 × └─→ *방위의사의 유/무	• 객관적 : 자기/타인에 대한 현재의 　부당한 침해 　객관적 정당화상황 ×	

〈우연적 방위의 해결〉
객관적 정당화상황 ○, 주관적 정당화요소 ×

Case

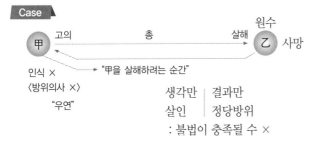

　　　　고의　　　　총　　　　살해　　원수
甲 ─────────────────────→ 乙 사망

인식 ×　┌─→ "甲을 살해하려는 순간"
〈방위의사 ×〉
　"우연"　　　　생각만 ┃ 결과만
　　　　　　　　살인　 ┃ 정당방위
　　　　　　　　: 불법이 충족될 수 ×

정당방위 　§21 ①

◎ 2원적 · 인적 불법론(通)

객관적 정당화상황	주관적 정당화요소	상당한 이유
자기/타인의 법익에 대한 현재의 부당한 침해 甲 : 　○ 　　↓ 　결과불법 ×	방위의사 　　× 의무위반 　　↓ 행위불법 ○	㉠요성 (=㉡합성) ㉢회 윤리적 제한

∴ 정당방위 ×

★ 2원적 · 인적 불법론(通)

① (불능) 미수범설 多 → 처음부터 불가능한 상황인데 미수
　　　　　　　　　　　(결과가 불법할 수 없는데 행위가 불법해도 기수가 될 수 없음)

② 기수범설 少

 = 사망

결과발생
결과불법 ○

◎ 순수한 결과반가치론 : 정당방위 ○ → 무죄 : 결과가 정당
◎ 순수한 행위반가치론 : 기수

제 3 절　인과관계와 객관적 귀속

1 인과관계 §17

(1) 고의 · 기수범　예 살인죄(§250 ①)

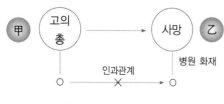

甲 : 살인미수
　　미수범

(2) 과실범　예 업무상 과실치사(§268)

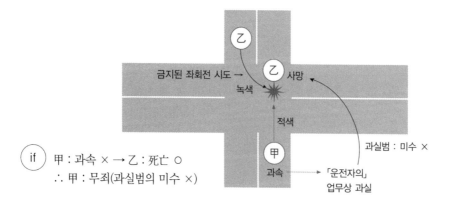

(3) 결과적 가중범 ⓐ 강간치사죄(§301의2)

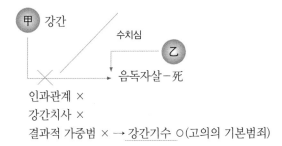

인과관계 ×
강간치사 ×
결과적 가중범 × → 강간기수 ○(고의의 기본범죄)

② 조건설(=등가설)

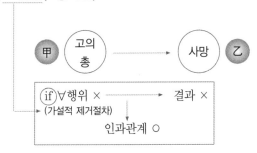

(행위와 결과는) 절대적 제약관계
              c.s.q.n 공식

① 인과관계가 너무 (확대)

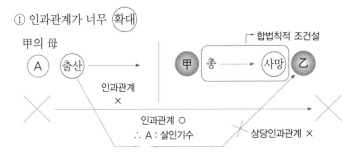

◎ 합법칙적 조건설(多) : 자연법칙에 부합하는 조건만 보라!
◎ 상당인과관계설(객관적 귀속 不要) (判) : 일반인의 경험(법)칙 예견 ○ 〈객관적 사후예측〉
                                    객관적 존재 상황 + 행위자의 특별한 인식 사정

② 추월적 〉 인과관계 설명 ×
   택일적

③ 인과관계의 여러 유형

(1) 가설적 인과관계 : 인과관계 ×
(가정적)

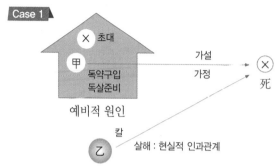

Case 1

× 초대

甲 독약구입 독살준비

예비적 원인

가설 / 가정 → ⊗ 死

乙 칼 살해 : 현실적 인과관계

∴ 甲 : 살인예비죄(§255)
乙 : 살인기수

(2) 추월적 인과관계

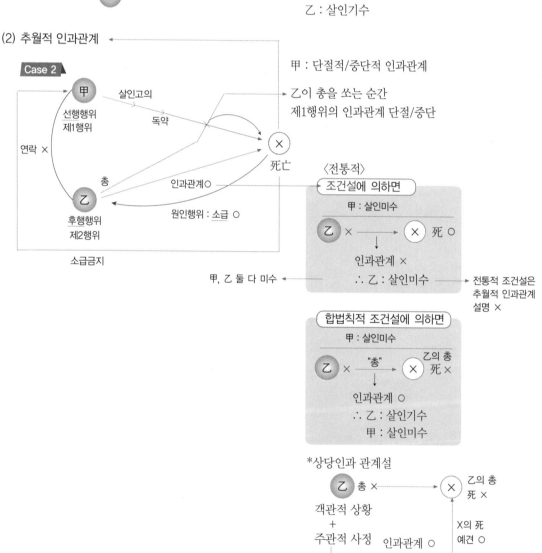

Case 2

甲 선행행위 제1행위 ─ 살인고의 / 독약 →

연락 ×

乙 후행행위 제2행위 ─ 총 ─ 인과관계○ →

원인행위 : 소급 ○

⊗ 死亡

甲 : 단절적/중단적 인과관계

乙이 총을 쏘는 순간
제1행위의 인과관계 단절/중단

소급금지

甲, 乙 둘 다 미수 ←

〈전통적〉
조건설에 의하면
甲 : 살인미수
乙 × ──→ ⊗ 死 ○
↓
인과관계 ×
∴ 乙 : 살인미수

→ 전통적 조건설은
추월적 인과관계
설명 ×

합법칙적 조건설에 의하면
甲 : 살인미수
乙 × ─"총"→ ⊗ 乙의 총 死 ×
↓
인과관계 ○
∴ 乙 : 살인기수
甲 : 살인미수

*상당인과 관계설
乙 총 × ──→ ⊗ 乙의 총 死 ×
객관적 상황
+
주관적 사정 인과관계 ○
X의 死 예견 ○
∴ 乙 : 살인기수

(3) 택일적 인과관계
(이중적)

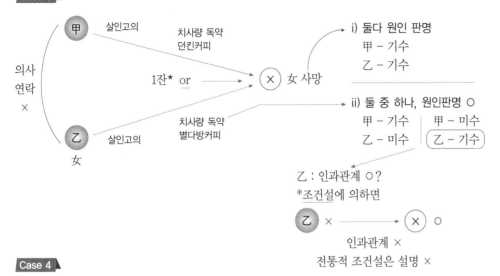

Case 3

甲 살인고의 ———— 치사량 독약 던킨커피

의사 연락 × ———— 1잔★ or ————→ × 女 사망

乙 살인고의 ———— 치사량 독약 별다방커피

女

→ i) 둘다 원인 판명
　　甲 – 기수
　　乙 – 기수

→ ii) 둘 중 하나, 원인판명 ○
　　甲 – 기수 │ 甲 – 미수
　　乙 – 미수 │ 乙 – 기수

乙 : 인과관계 ○?
*조건설에 의하면

乙 × ————→ × ○

인과관계 ×
전통적 조건설은 설명 ×

Case 4

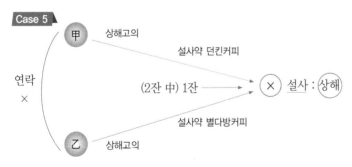

× 1잔, 사망

원인된 행위가 판명 ×

§19
무죄추정의 원칙 (헌법 §27 ④)
"in dubio pro reo"
의심스러울 때에는 피고인에게 유리하게

甲 │ 인과관계 × → 미수
─────────────────── §19 ★
乙 │ 인과관계 × → 미수

Case 5

甲 상해고의 ———— 설사약 던킨커피

연락 × ———— (2잔 中) 1잔 ————→ × 설사 : 상해

乙 상해고의 ———— 설사약 별다방커피

Case 6

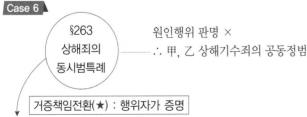

§263
상해죄의
동시범특례

원인행위 판명 ×
∴ 甲, 乙 상해기수죄의 공동정범

거증책임전환(★) : 행위자가 증명

× 사망 ∴ 甲, 乙 상해치사죄의 공동정범

(4) 중첩적 인과관계
(누적적)

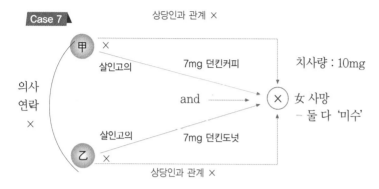

Case 7

상당인과 관계 ×

甲 ×
살인고의 ──── 7mg 던킨커피
                              치사량 : 10mg
의사
연락   and ────→ × 女 사망
×   - 둘 다 '미수'

살인고의 ──── 7mg 던킨도넛
乙 ×
상당인과 관계 ×

결과를 행위의 탓으로 돌릴 수 있나?

	(합법칙적) 조건설	객관적 귀속	결론
甲	인과관계 ○	객관적 귀속 ×	살인미수
乙	인과관계 ○	객관적 귀속 ×	살인미수

*주의
§19 ×

	상당인과관계설(判)	결론
甲	상당인과관계 ×	살인미수
乙	상당인과관계 ×	살인미수

(5) 비유형적 인과관계
(전)

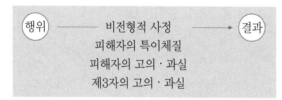

행위 ──── 비전형적 사정 ────→ 결과
          피해자의 특이체질
          피해자의 고의·과실
          제3자의 고의·과실

Case 8

합법칙적 조건설	상당인과관계설
인과관계 ○ 객관적 귀속 甲…위험창출 甲-위험 ⟶ 결과 실현 × → 「살인미수」	인과관계 ×

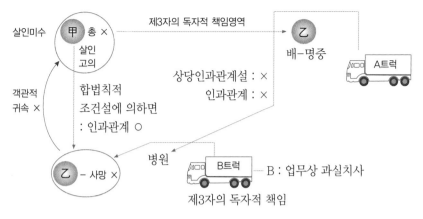

(합법칙적) 조건설 중요설	행위 ——인과관계——→ 결과	행위 ←——객관적 귀속——— 결과 탓?
상당인과관계설		행위 ——상당성——→ 결과 책임(규범적)

Case 9

의사 Ⓒ 수술지연(제3자의 과실)
　　　공동원인

乙 – 사망
- - - - - - - - - - - - - -
甲 상당인과관계 ○
　살인기수

Case 10

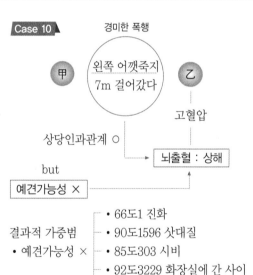

상당인과관계 ○

but

예견가능성 ×

결과적 가중범
- 예견가능성 ×
　- 66도1 진화
　- 90도1596 삿대질
　- 85도303 시비
　- 92도3229 화장실에 간 사이
　- 85도 1537 방문 흔드는 소리

결과적 가중범

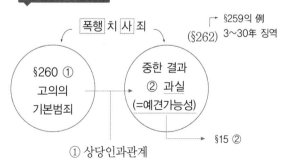

判 안전거리 미준수와 추돌사고(부정) : 형법상 무죄

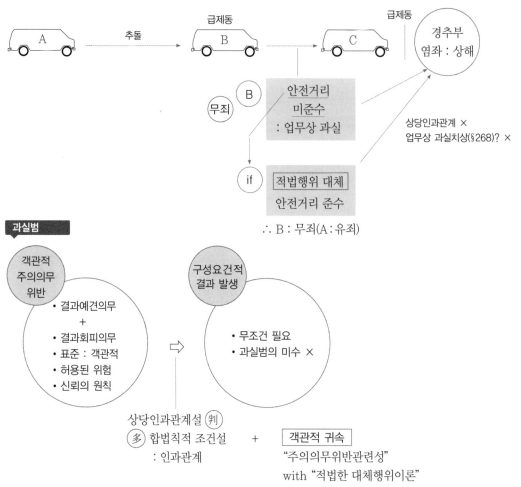

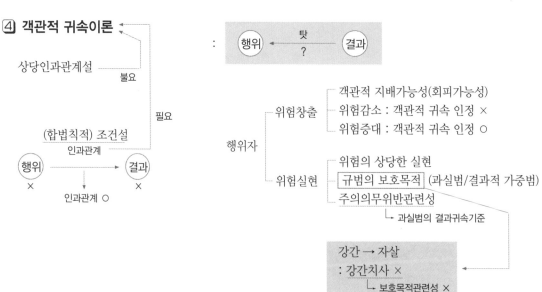

(1) 객관적 지배가능성(=회피가능성)

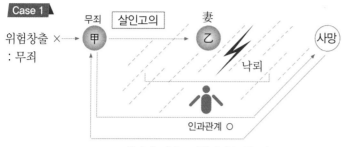

but 객관적 귀속 ×(회피가능성 ×)

(2) 위험감소원칙(위험감소하면 객관적 귀속 ×)★

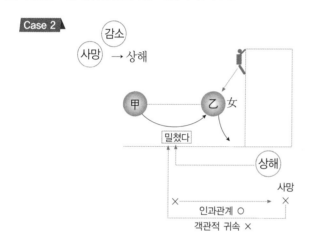

"긴급피난 ×"
상해죄의 구성요건에 해당되지 않으므로 무죄

∴ 甲 : 무죄

(3) 위험의 상당한 실현

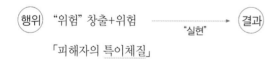

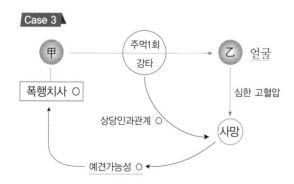

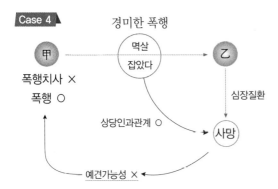

(4) 주의의무위반 관련성 : 과실범의 결과귀속 기준, 적법한(합법적) 대체행위론

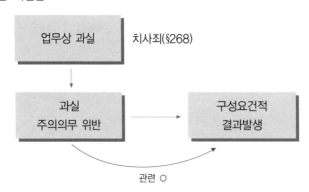

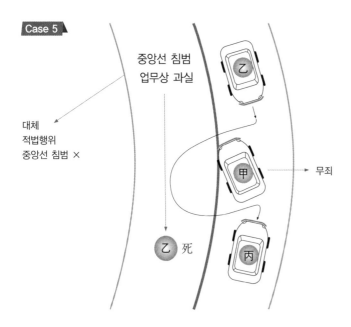

제 4 절 고의

1 의의

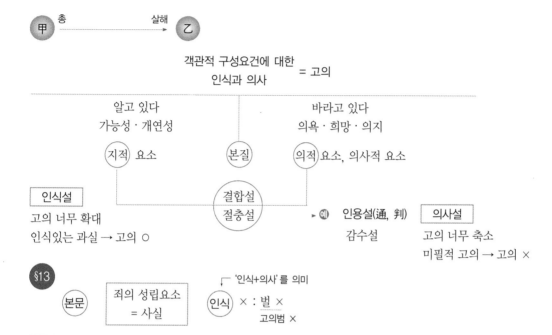

구성요건		위법성	책임	처벌조건
객관적 구성요건요소	주관적 구성요건요소 고의		위법성 인식 -법률의 착오 §16 └ 정당한 이유? : 회피가능성 없을 것 (행위자의 지적 인식능력설)	
에 대한 인식				

- ~에 대한 인식을 따지는 것은 고의와 위법성의 인식 부분
- 처벌조건(절도)에 대한 인식(남의 것인데 아버지 것이라고 인식하고 절도)은 범죄성립조각에 영향을 끼치지 않는다 → 그대로 처벌
- 아버지 것인데 남의 것이라고 생각하고 절도 → 환상범 : 친족상도례 적용

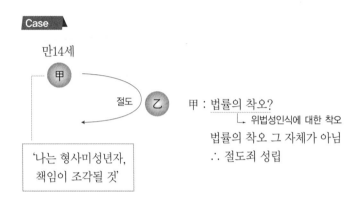

Case ▶

만14세

甲

절도 乙

'나는 형사미성년자, 책임이 조각될 것'

甲 : 법률의 착오?
 └ 위법성인식에 대한 착오
법률의 착오 그 자체가 아님
∴ 절도죄 성립

② 고의의 종류

甲	확정적 고의		不확정적 고의	
	목적 乙	직접고의 丙	미필적 고의 丁	택일적 고의
인식	○	가능성 → 개연성 强	다소 弱 1회/2~3일	다수의 행위 객체
의사	强 ↓ 고의 ○ 살인죄 ○	○ ↓ 고의 ○ 살인죄 ○	★ 인용설 ○ 주의 ≠ 인용 ○ 죽어도 좋다 죽어도 할 수 없다 미필적 고의 살인죄 / 인용 × 설마 죽지 않겠지 인식 있는 과실 과실치사 — 인식 同 의사 異	Case ▶ 甲 총 1발 "누가 죽어도 상관없다" 인용┘ 살인미수 원수 A / 원수 B 사망 살인기수죄★ / 상상적 경합 §40 丙

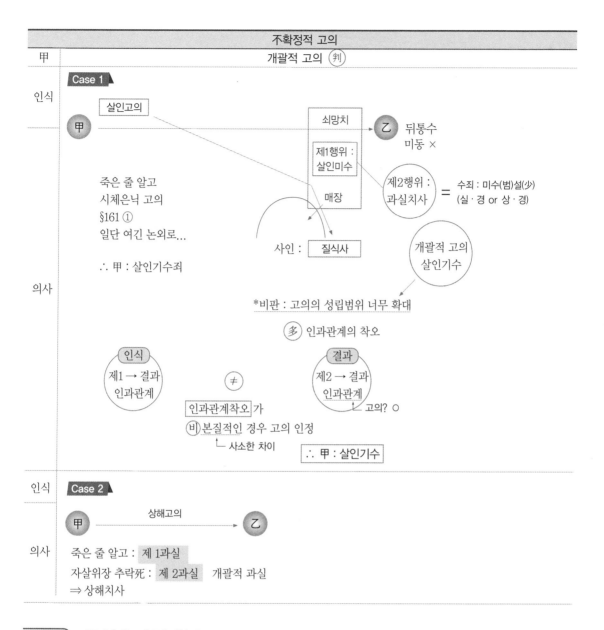

不確定的 고의
甲
개괄적 고의 ㈜

Case 1

인식

살인고의

甲 ──────────────── 쇠망치 ──→ 乙 뒤통수
미동 ×

제1행위 :
살인미수

제2행위 :
과실치사 = 수죄 : 미수(범)설(少)
(실·경 or 상·경)

매장

죽은 줄 알고
시체은닉 고의
§161 ①
일단 여긴 논외로...

∴ 甲 : 살인기수죄

사인 : 질식사

개괄적 고의
살인기수

의사

*비판 : 고의의 성립범위 너무 확대

㊦ 인과관계의 착오

인식
제1 → 결과
인과관계

≠

결과
제2 → 결과
인과관계
└ 고의? ○

인과관계착오 가
㉑ 본질적인 경우 고의 인정
└ 사소한 차이

∴ 甲 : 살인기수

인식

Case 2

甲 ──── 상해고의 ──→ 乙

의사

죽은 줄 알고 : 제 1과실
자살위장 추락死 : 제 2과실   개괄적 과실
⇒ 상해치사

제 5 절 구성요건적 착오
└ 사실

Case

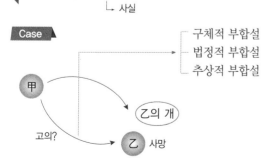

甲

고의?

乙의 개

乙 사망

구체적 부합설
법정적 부합설
추상적 부합설

인식사실 재물손괴 구성요건 §366	≠	발생사실 살인죄 구성요건 §250 ①

손괴미수 + 과실치사 = 상·경

1 효과

(1) 기본적 구성요건의 착오
§250 ①

§13 적용

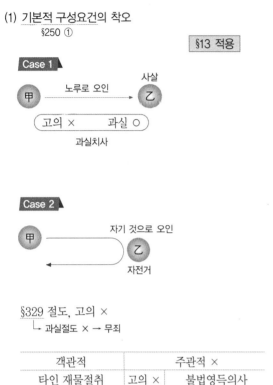

Case 1

甲 ──노루로 오인──→ 乙 사살

고의 ✕   과실 ○

과실치사

Case 2

甲 ──→ 乙 (자전거) 자기 것으로 오인

§329 절도, 고의 ✕
└ 과실절도 ✕ → 무죄

객관적	주관적 ✕	
타인 재물절취	고의 ✕	불법영득의사

└ 초과주관적 요소

(2) 가중적 구성요건의 착오
§250 ②   §15 ①

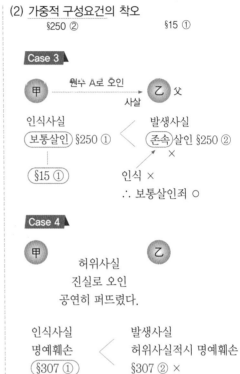

Case 3

甲 ──원수 A로 오인──→ 乙 父 사살

인식사실   발생사실
보통살인 §250 ① < 존속살인 §250 ②
§15 ①   ✕
                  인식 ✕
              ∴ 보통살인죄 ○

Case 4

甲   乙

허위사실
진실로 오인
공연히 퍼뜨렸다.

인식사실   발생사실
명예훼손   허위사실적시 명예훼손
§307 ①   <   §307 ② ✕
인식 ✕ ──────→ 허위

(3) 감경적 구성요건의 착오 … §15 ①
§251 / §252

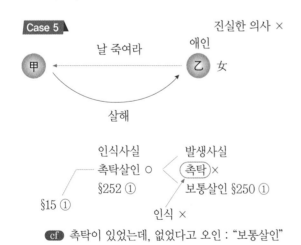

Case 5

甲 ←-- 날 죽여라 --→ 乙 女 애인
        살해   진실한 의사 ✕

인식사실   발생사실
촉탁살인 ○ < 촉탁 ✕
§252 ①   보통살인 §250 ①
§15 ①   인식 ✕

cf 촉탁이 있었는데, 없었다고 오인 : "보통살인"

② 착오의 종류

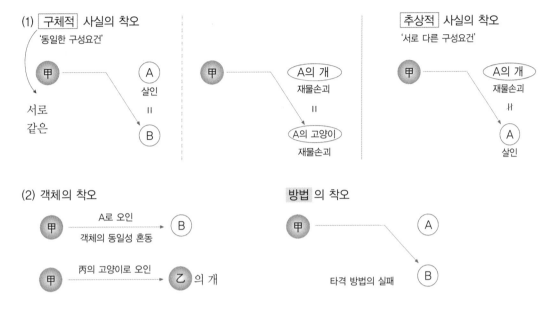

(1) 구체적 사실의 착오
'동일한 구성요건'

추상적 사실의 착오
'서로 다른 구성요건'

(2) 객체의 착오

방법의 착오

학설 \ 유형	구체적 사실의 착오		추상적 사실의 착오		비판
	객체	방법	객체	방법	
구체적 부합설(多)	발생사실에 대한 고의·기수	상·경 ≒★	인식사실에 대한 미수 + 발생사실에 대한 과실		이론적 우수 but 고의의 범위 너무 협소
법정적 부합설(判)			(인·미·발·과)		고의의 본질/법리 └ 反
추상적 부합설			경한 죄 고의·기수		구성요건적 정형성 └ 反

① 경죄인식+중죄발생
⇒ 경죄기수+중죄과실(상·경)
② 중죄인식+경죄발생
⇒ 중죄미수+경죄기수
흡수

Case

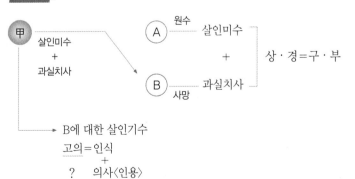

甲 ──── A ── 원수 ── 살인미수
살인미수 + 과실치사 ↘ + 상·경=구·부
 B ── 사망 ── 과실치사

→ B에 대한 살인기수
고의=인식 + ? 의사〈인용〉

연습

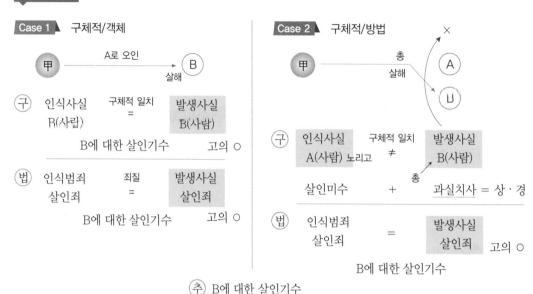

Case 1 구체적/객체

甲 ----A로 오인----→ B 살해

구 인식사실   구체적 일치   발생사실
   R(사립)   =   B(사람)

   B에 대한 살인기수   고의 ○

법 인식범죄   죄질   발생사실
   살인죄   =   살인죄

   B에 대한 살인기수   고의 ○

Case 2 구체적/방법

甲 ----총 살해----→ A ×
                  U

구 인식사실   구체적 일치   발생사실
   A(사람) 노리고   ≠   B(사람)
                   총

   살인미수   +   과실치사 = 상·경

법 인식범죄   발생사실
   살인죄   =   살인죄   고의 ○

   B에 대한 살인기수

추 B에 대한 살인기수

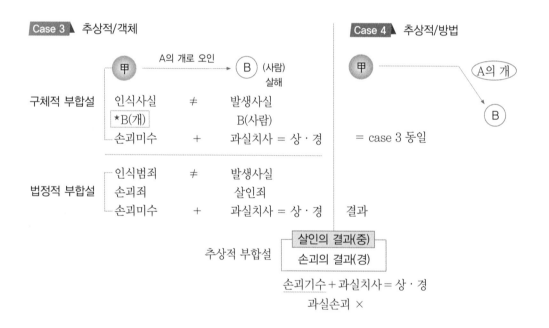

Case 3 추상적/객체

甲 ----A의 개로 오인----→ B (사람) 살해

구체적 부합설
  인식사실   ≠   발생사실
  ★B(개)   B(사람)
  손괴미수   +   과실치사 = 상·경

법정적 부합설
  인식범죄   ≠   발생사실
  손괴죄   살인죄
  손괴미수   +   과실치사 = 상·경

추상적 부합설

살인의 결과(중)
손괴의 결과(경)

손괴기수 + 과실치사 = 상·경
과실손괴 ×

Case 4 추상적/방법

甲 ----→ A의 개
         B

= case 3 동일

결과

Case 5 추상적/객체

甲 —— A로 오인 ——→ B의 개
       살해

구·부 ┐ 살인미수 + ~~과실손괴~~ – 과실손괴 처벌 ×
법·부 ┘ : 살인미수 + ~~과실손괴~~

추·부 : ┌──────────────┐
        │ 살인의 고의(중) │
        │ 손괴의 고의(경) │
        └──────────────┘
        살인미수 + ~~손괴~~기수
              ↖_____|
                 흡수
     └──→ 손괴의 고의 함부로 인정
          : 구성요건적 정형성 反

Case 6 추상적/방법

甲 ——————— A
         ↘
          B의 개

종합사례

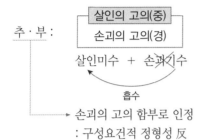

Case 7

        i) 추상적/방법
      ┌──────────────────┐
      A   │
    ↗   ↓
甲 ——————————————→ A의 삽살개
택일적 고의 ↘   ↑
        A의 진돗개   │
      └──────────────────┘
        ii) 구체적/방법

              A   삽살개 │ 진돗개   삽살개
구 살인미수 + ~~과실손괴~~ │ + 손괴미수 + ~~과실손괴~~ – 상·경
                    삽살개
법 살인미수 + ~~과실손괴~~ │ + ┌────────┐ – 상·경
                             │ 삽살개   │
                             │ 손괴기수 │
                             └────────┘
                    삽살개
추 살인미수 + ~~손괴~~기수 │ + ┌────────┐ – 상·경
      ↖_____| │ 삽살개   │
         흡수   │ 손괴기수 │
                             └────────┘

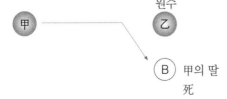

Case 8 법정적 부합설에 대한 비판

         원수
甲 ——————— 乙
         ↘
          B 甲의 딸
             死

법정적 : 고의 + 결과 → 살인기수
부합설 : 살인 + 살인

살인기수 ⇒ 인식(○) + 의사(○)
→ 딸을 고의로 죽인 것이 된다.
∴ 구체적 부합설 − 乙에 대한 B에 대한 = 상·경으로 보는 것이 타당
　　　　　　　살인미수 + 과실치사

Case 9 병발사례

　ⓐ　甲　이미 살인고의 실현　──　A　──　B　→
　A 살인고의　　　　　　　死　　　　死

　　　구·부 & 법·부 : A 살인기수 + B 과실치사 상·경

　ⓑ　甲　────　A　────　B　→
　A 살인고의　　　死　　　상해

　　　구·부 & 법·부 : A 살인기수 + B 과실치상 상·경

　ⓒ　甲　────　A　────　B　→
　A 살인고의　　상해　　　死

　　　구·부 : A 살인미수 + B 과실치사
　　　법·부 : A 살인미수 + B 과실치사(비판 : 구체적 부합설과 동일 결론)
　　　　　　A 살인미수 + B 살인기수(비판 : 2개의 고의?)
　　　　　　A × + B 살인기수(多) A에 대한 살인고의 전용

Case 10 반전된 §15 ① 착오 : 객체의 착오

　　　　　　　　　　　　　일반인
　甲　─── 父로 오인 ───→　B
　　　　　추상적/객체
인식사실 : 존속살인　　　　　발생사실 : 보통살인

구체적 부합설	존속살해미수 + 보통살인기수 : 상·경	
법정적 부합설	구성요건 부합설	존속살해미수 + 보통살인기수 : 상·경
	죄질 부합설	존속살해미수 + 보통살인기수 : 상·경
		보통살인기수(죄질부합설中 다수)

Case 11 방법의 착오

ⓒ 존속살해미수 + 과실치사 = 상·경
　　　　　　乙인식 ×

ⓛ 존속살해미수 + 보통살인기수 = 상·경

Case 12 법정적 부합설 中 구성요건부합설 & 죄질부합설 비교

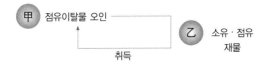

구성요건부합설	인식구성요건(미수)	≠	발생구성요건(과실)	
	점유이탈물횡령(§360)		절도(§329)	= 무죄
죄질부합설	점유이탈물횡령		절도	= 죄질부합
	타인점유		타인점유	∴ 점유이탈물횡령 기수

제 1 절 위법성의 일반이론

1 위법성의 의의

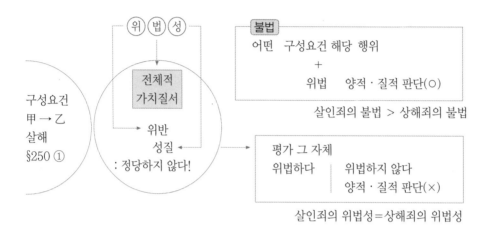

2 위법성의 본질

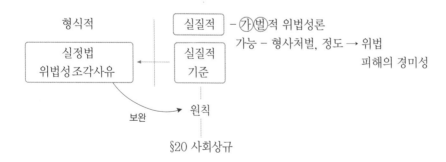

③ 위법성의 평가방법

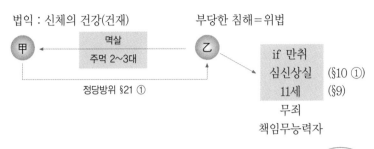

법익 : 신체의 건강(건재)   부당한 침해＝위법

멱살
주먹 2～3대

정당방위 §21 ①

if 만취
심신상실 (§10 ①)
11세 (§9)
무죄
책임무능력자

정당방위 가능한가? 그렇다

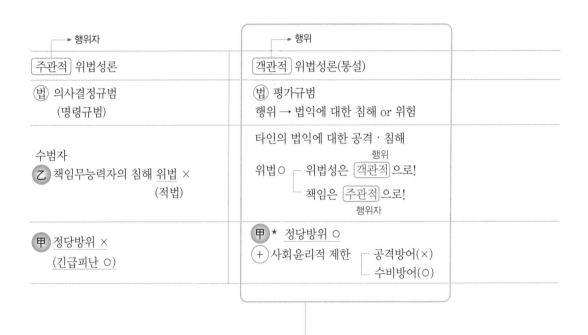

→ 행위자	→ 행위
주관적 위법성론	객관적 위법성론(통설)
법 의사결정규범 (명령규범)	법 평가규범 행위 → 법익에 대한 침해 or 위험
수범자 乙 책임무능력자의 침해 위법 × (적법)	타인의 법익에 대한 공격·침해 위법○ ┌ 위법성은 객관적으로! (행위) └ 책임은 주관적으로! (행위자)
甲 정당방위 × (긴급피난 ○)	甲 ★ 정당방위 ○ (+) 사회윤리적 제한 ┌ 공격방어(×) └ 수비방어(○)

무죄인 행위에 대해서도
정당방위할 수 있다.

제 **2** 절 **정당방위**

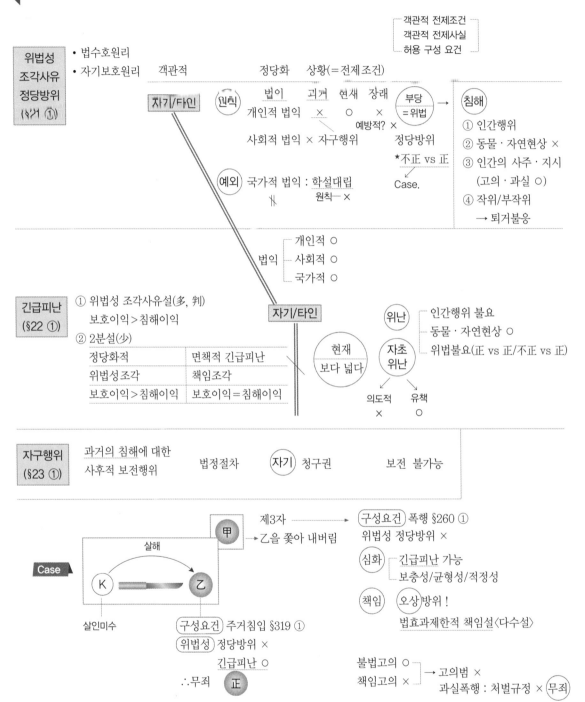

┌ 객관적 전제조건
│ 객관적 전제사실
└ 허용 구성 요건

위법성 조각사유 정당방위 (§21 ①)
• 법수호원리
• 자기보호원리   객관적

(자기/타인)

(인식) 정당화   상황(＝전제조건)

법이   과거   현재   장래   (부당 = 위법) → (침해)

개인적 법익   ×   ○   ×
예방적? ×

사회적 법익 × 자구행위

국가적 법익 : 학설대립
(예외)   원칙ㅡ ×

정당방위
★不正 vs 正
Case.

① 인간행위
② 동물·자연현상 ×
③ 인간의 사주·지시
   (고의·과실 ○)
④ 작위/부작위
   → 퇴거불응

┌ 개인적 ○
법익 ─ 사회적 ○
└ 국가적 ○

긴급피난 (§22 ①)
① 위법성 조각사유설(多, 判)
   보호이익＞침해이익
② 2분설(少)

정당화적	면책적 긴급피난
위법성조각	책임조각
보호이익＞침해이익	보호이익＝침해이익

(자기/타인)

(현재 보다 넓다)

(위난) ┌ 인간행위 불요
(자초 위난) ├ 동물·자연현상 ○
       └ 위법불요(正 vs 正/不正 vs 正)

의도적   유책
  ×   ○

자구행위 (§23 ①)
과거의 침해에 대한 사후적 보전행위   법정절차   (자기) 청구권   보전 불가능

Case

(甲)
제3자 ─────→ (구성요건) 폭행 §260 ①
乙을 쫓아 내버림   위법성 정당방위 ×

살해

(K) ──칼── (乙)

(심화) ┌ 긴급피난 가능
       └ 보충성/균형성/적정성

(책임) (오상)방위 !
법효과제한적 책임설〈다수설〉

살인미수   (구성요건) 주거침입 §319 ①
          (위법성) 정당방위 ×
          긴급피난 ○
          ∴무죄 (正)

불법고의 ○ ┐→ 고의범 ×
책임고의 × ┘   과실폭행 : 처벌규정 × (무죄)

긴급피난 = 적법 ⇒ 정당방위 ×

주관적 정당화 요소 : 행위반가치조각	상당한 이유(＝상당성)

	주관적 정당화 요소 : 행위반가치조각	상당한 이유(＝상당성)
정당 방위	방위의사 (인식＋의사) '행위불법' 조각 2원적 · 인적 불법론 주관적 ＋ 객관적 ＝ 우연적방위 　×　　　○　　→ 불능미수(多)	필요성(＝적합성)　　〈필. 적. 사〉 사회윤리적 제한(★) ┌ ① 행위불법이나 책임이 결여, 감소 │ ② 침해법익과 보호법익 간의 현저한 불균형 │ ③ 방위행위자에게 상반된 보호의무 인정(부부, 친족) └ ④ 도발행위　의도적 ┃ 유책 　　　　　　　×　　┃　○
긴급 피난	피난의사	우월한 이익보호 보충성　　균형성(★) 최후수단성　보호이익＞침해이익 　　　　　　　※이익 교량 　　　　　　　　(형량)
자구 행위	그 청구권의 실행불능 　　　현저 · 실행곤란 　　　피하기 위한 의사 　∴ 자구행위 의사	상대적 최소피난 적합성 인간의 존엄성 ┌ 고문 　　　　　　│ 강제채혈 　　　　　　└ 강제적 장기적출 · 이식 　　　　　　　　↓ 　　　　　　　　위법

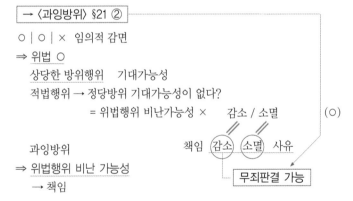

→ 〈과잉방위〉§21 ②
○ | ○ | × 임의적 감면
⇒ 위법 ○
　상당한 방위행위　기대가능성
　적법행위 → 정당방위 기대가능성이 없다?
　　　　＝ 위법행위 비난가능성 ×　　감소 / 소멸　(○)

　과잉방위
⇒ 위법행위 비난 가능성
　→ 책임

책임 (감소) (소멸) 사유
　　　　↓
　　무죄판결 가능

判 혀 절단 사건
　보호이익　　　침해이익
　성적 자기결정권 ≒ 신체의 중요기능

→ 야간 · 불안 §21 ③
　공포 · 경악 · 흥분 · 당황
　'벌하지 아니한다' → 책임조각

적법행위 기대가능성
벌 × ⇨ 무죄 ⇦ 책임조각사유
　　　　형법상(법조문에 있으니)
　　　　　↛
　　　'초'법규적 책임조각사유

제3절 긴급피난

1 서설

§22 ① ⇐ 위법성조각사유설(多·判)

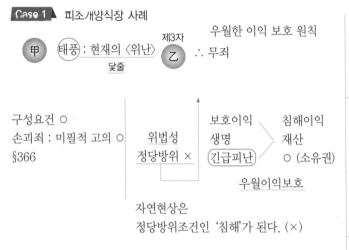

(1) 본질
① 책임조각사유설
   긴급피난 vs 정당방위(○)
   (위법)

② 이분설(少)

정당화적	면책적
위법성 조각	책임조각
보호 > 침해	보호 = 침해
보호이익	침해이익
불가능	가능

정당방위 : 위법한 행위에 대해 가능

③ 위법성조각사유설(多, 判)
   cf 초법규적 책임조각사유

2 성립요건

객관적 정당화상황	주관적 정당화요소	상당한 이유(보/균/적)
정당방위 = 자기/타인 ≠ 자구행위 법익 : 개인적/사회적/국가적 현재 : 정당방위의 현재성보다 넓다 → 계속적 위난 └ 홍수·지진 등 위난 ≠ 정당방위 침해 사람의 행위 不要 동물/자연현상 ○	피난의사 Case 2 돌 甲 → 乙 유독가스 객관적 정당화상황 ○ + 주관적 정당화요소 × = 우연적 피난	보충성 : 최후수단성 ↓ 다른 수단 가능시 → 긴급피난 ×

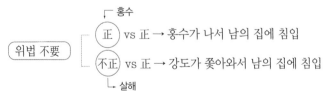

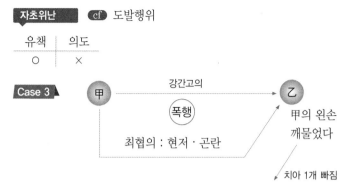

유책	의도
○	×

∴ 甲 : 강간미수 + 과실치상 ⇒ 강간치상 §301
　　　　　긴급피난 ×

상당한 이유

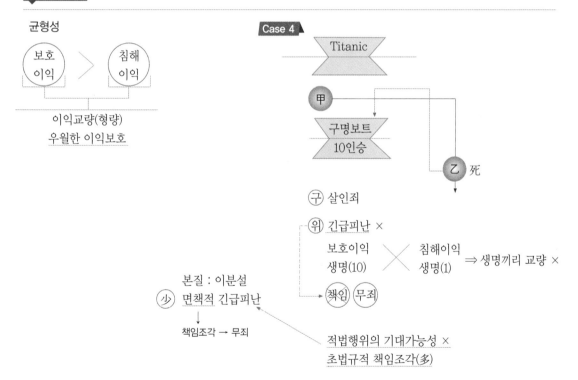

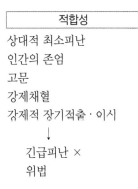

적합성
상대적 최소피난
인간의 존엄
고문
강제채혈
강제적 장기적출·이시
↓
긴급피난 ×
위법

과잉피난

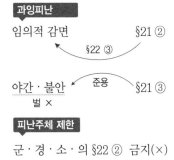

임의적 감면   §21 ②
        §22 ③
야간·불안   준용   §21 ③
     벌 ×

피난주체 제한

군·경·소·의 §22 ② 금지(×)
           제한(○)

③ 의무의 충돌 – 긴급피난의 특수한 경우(多)

	긴급피난	의무의 충돌 → 무죄
행위태양	작위	부작위 ★
행위강제	×	○
이익교량	우월한 이익	우월한 의무 or 동등한 의무

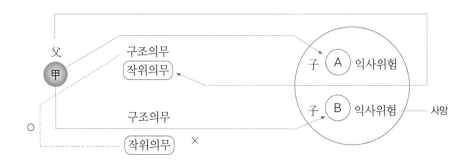

의무의 동시이행 불가능	
부작위에 의한 구성요건 ○ 살인죄 부진정부작위범	위법성 ∴ 무죄 정당방위 × → 현재의 부당한 침해 긴급피난 ×(생명 vs 생명) → 긴급피난은 행위의 강제성 × 의무의 충돌 ○ 작위에 의해 실현 행위강제

유형

Case 1 작위의무 vs 작위의무 ○

Case 2 부작위의무 vs 부작위의무 × → 의무 충돌 ×

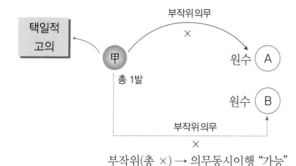

부작위(총 ×) → 의무동시이행 "가능"

Case 3 작위의무 vs 부작위의무 ○/× 부정설(多)

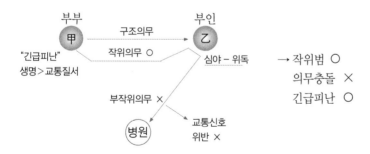

◎ 성립요건 : 정당화적 의무충돌

　① 2개 이상의 법적 의무의 충돌 → 의무 동시이행 불가능
　　　　　　　　∦
　　　종교, 도덕
　　작위 vs 작위

② 의무이행, 상당한 이유 = 고가치 or 동가치
　작위
　╳
　　　　　　　　낮은 가치 의무이행 : 위법
의무의 충돌 : 부작위
긴급피난 : 작위　　　　㉠ 의무의 법적 서열 착오　　　　　㉡ 불가피/부득이 기대가능성 ╳
　　　　　　　　　　법률의 착오　　　　　　　　책임조각 = 무죄
　　　　　　　　　　정당한 이유　　　　　　　　초법규적 책임조각
　　　　　　　　　　　　　　　　　　　　　　면책적 의무충돌

∪	╳
책임 ╳ – 무죄	책임 ○ – 유죄

③ 인식 : 주관적 정당화요소 → 행위불법조각
　　　　　생각

제 4 절 자구행위 §23 ①

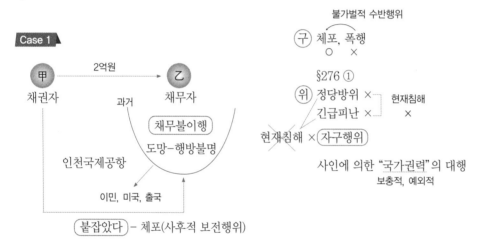

Case 1

불가벌적 수반행위
㉠ 체포, 폭행
　○　╳

§276 ①
㉨ 정당방위 ╳ ┐현재침해
　긴급피난 ─┘　╳
현재침해 ╳ 자구행위

사인에 의한 "국가권력"의 대행
　　　　　보충적, 예외적

甲 ──2억원──→ 乙
채권자　　　　　채무자
　　　　과거
　　　　　(채무불이행)
인천국제공항　도망–행방불명

이민, 미국, 출국
(붙잡았다) – 체포(사후적 보전행위)

성립요건

① 〈객관적 정당화상황〉 : 법정 절차에 의한 청구권 보전 불가능
　㉠ (불법한 청구권 침해) ⇒ 不正 vs 正 (=정당방위) ∴ 엄격한 균형성 不要
　　└ 채무불이행

　㉡ 법정절차
　㉢ 보전　　　　　　　　　　　　　　　╳
　≠ 청구권 ┬ ① 원상회복 가능 要 ∴ 생명·신체·자유·명예·신용·정조
　　　　　　│　　　　　　　　　　　　╳　　╳　　╳　　╳　　╳　　╳
　　　　　　└ ② 자기의 청구권 要 ∴ 타인을 위한 자구행위 ╳
　　　　　　　　≠
　　　　　　　§21 ① §22 ①
　　　　　　　자기 or 타인

　㉣ 불가능★ → 보충성　공시송달 가능 : 자구행위 ╳

주관적 정당화요소

㉠ 자구행위 (의사)

그 청구권의
실행불능
or
현저곤란

권리보전 행위 ○
피하기 위한 의사

권리보전	권리실행	대체물취거
○	×	×

㉡ 충분한 인적 · 물적 담보 : ×

상당한 이유

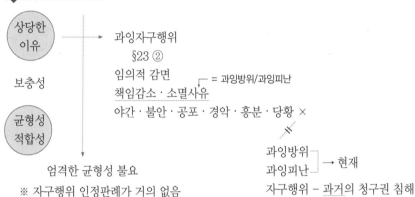

상당한
이유

보충성

균형성
적합성

과잉자구행위
§23 ②
임의적 감면   ┌ = 과잉방위/과잉피난
책임감소 · 소멸사유 ┘
야간 · 불안 · 공포 · 경악 · 흥분 · 당황 ×

엄격한 균형성 불요
※ 자구행위 인정판례가 거의 없음

과잉방위 ┐
과잉피난 ┘ → 현재
자구행위 – 과거의 청구권 침해

제 5 절 피해자의 승낙

① 양해

Case 1 – '구성요건' 해당성 조각사유(기망, 강박에 의한 양해 ○)

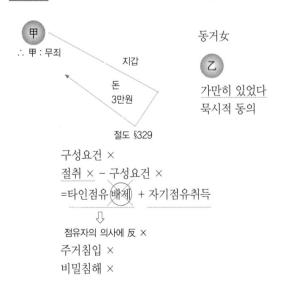

甲
∴ 甲 : 무죄
지갑
돈
3만원
절도 §329

동거女

乙
가만히 있었다
묵시적 동의

구성요건 ×
절취 × – 구성요건 ×
= 타인점유 배제 + 자기점유취득
⇩
점유자의 의사에 反 ×
주거침입 ×
비밀침해 ×

② 피해자의 승낙 §24 : 위법성조각사유(구성요건에는 해당)

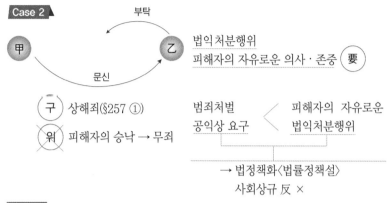

Case 2

부탁

甲 ⇄ 乙

문신

법익처분행위
피해자의 자유로운 의사 · 존중 (要)

구 상해죄(§257 ①)

범죄처벌   피해자의 자유로운
공익상 요구 < 법익처분행위

위 피해자의 승낙 → 무죄

→ 법정책화〈법률정책설〉
사회상규 反 ×

Case 3

허락
甲 ⇠ ⇢ 乙   '잡귀'
폭행   死

구 폭행치사 §262
위 승낙 × – 사회상규 위반 §24 명문규정 ×
                                └ 해석상 필요 ○

判 84세, 11세   종교적 명목
    안수기도   기도행위
    중과실치사   폭행치사
    → 과실범   → 정당행위 ×

Case 4

보험사기 공모
甲 ⟶ 乙   구 상해
상해   승낙 위 ~~승낙~~ → 사회상규 反

◎ 성립요건

처분할 수 있는 자	승낙	다른 사람 도움 ×	법익	

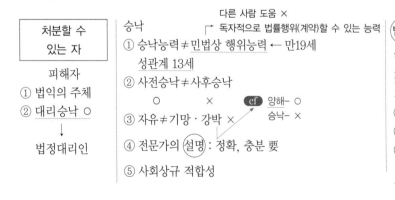

처분할 수
있는 자

피해자
① 법익의 주체
② 대리승낙 ○
  ↓
법정대리인

승낙   다른 사람 도움 ×
                ┌ 독자적으로 법률행위(계약)할 수 있는 능력
① 승낙능력 ≠ 민법상 행위능력 ← 만19세
  성관계 13세
② 사전승낙 ≠ 사후승낙
  ○   ×   cf 양해 – ○
③ 자유 ≠ 기망 · 강박 ×   승낙 – ×
④ 전문가의 (설명) : 정확, 충분 要
⑤ 사회상규 적합성

법익

행위
개인적 법익 中
처분가능한 것
① 생명 ×
② 태아의 생명 ×
③ 신체 ○

원칙 | ○
예외 | 사회상규

사
회
상
규

└ §24
명문규정 ×
해석상–필요

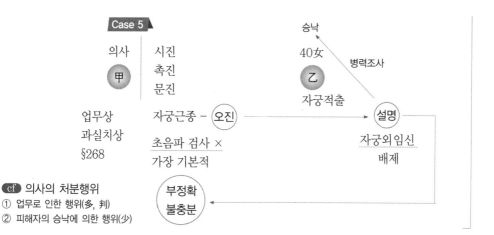

Case 5

의사 │ 시진   승낙
甲 │ 촉진   40女
 │ 문진   乙   병력조사
 │   자궁적출
업무상 │ 자궁근종 – 오진 ──────→ 설명
과실치상 │   자궁외임신
§268 │ 초음파 검사 ×   배제
 │ 가장 기본적
cf 의사의 처분행위   부정확
① 업무로 인한 행위(多, 判)   불충분 ←────
② 피해자의 승낙에 의한 행위(少)

법률규정	
동의 ○ → 죄 ×	
양해	**승낙**
대부분의 개인적 법익	(신체)
• 절도 · 횡령 등 – 재산죄	• 상해 • 폭행치상
• 주거침입비밀침해 등 – 사생활 평온에 대한 죄	• 과실치상 • 명예훼손(通)
• 협박, 감금 등 – 자유에 대한 죄	• 업무방해(判) • 문서위조(判)
cf 손괴–양해	(사회적 법익)

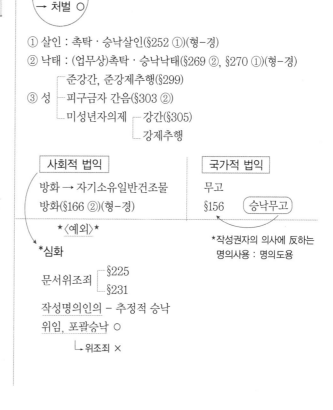

동의 ○
→ 처벌 ○

① 살인 : 촉탁 · 승낙살인(§252 ①)(형–경)
② 낙태 : (업무상)촉탁 · 승낙낙태(§269 ②, §270 ①)(형–경)
  ┌ 준강간, 준강제추행(§299)
③ 성 ─ 피구금자 간음(§303 ②)
  └ 미성년자의제 ┬ 강간(§305)
          └ 강제추행

사회적 법익

방화 → 자기소유일반건조물
방화(§166 ②)(형–경)
  ★〈예외〉★

*심화

문서위조죄 ┌ §225
     └ §231
작성명의인의 – 추정적 승낙
위임, 포괄승낙 ○
 └ 위조죄 ×

국가적 법익

무고
§156   승낙무고

*작성권자의 의사에 反하는
 명의사용 : 명의도용

③ 추정적 승낙

독자적 위법성조각사유(多)
≠사후승낙

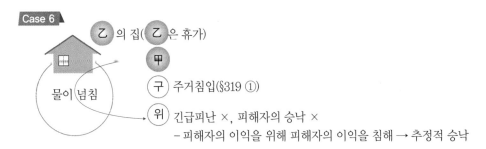

Case 6

乙의 집(乙은 휴가)

甲

구 주거침입(§319 ①)

위 긴급피난 ×, 피해자의 승낙 ×
  – 피해자의 이익을 위해 피해자의 이익을 침해 → 추정적 승낙

물이 넘침

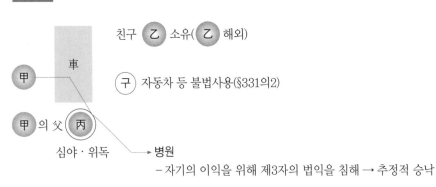

Case 7

친구 乙 소유(乙 해외)

車

甲

구 자동차 등 불법사용(§331의2)

甲의 父 丙
심야 · 위독 → 병원
  – 자기의 이익을 위해 제3자의 법익을 침해 → 추정적 승낙

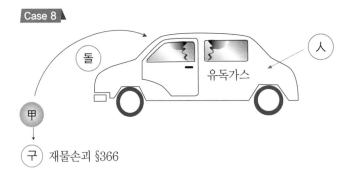

Case 8

돌

人

유독가스

甲

구 재물손괴 §366

위 차의 소유자	제3자 丙	피해자 乙
甲	긴급피난 제3자의 법익을 침해	추정적 승낙 ≠피해자의 승낙 ≠긴급피난

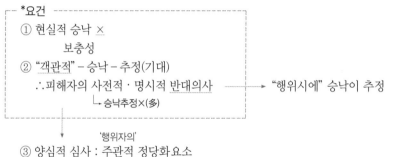

*요건

① 현실적 승낙 ×

　　　　보충성

② "객관적" – 승낙 – 추정(기대)

　∴ 피해자의 사전적 · 명시적 반대의사　　━━➤　"행위시에" 승낙이 추정

　　　└ 승낙추정×(多)

　　　　　　　'행위자의'

③ 양심적 심사 : 주관적 정당화요소

　cf 보충성

　① 형법의 보충성 → 법익보호 기능

　② 긴급피난

　③ 자구행위

　④ 추정적 승낙

　⑤ 정당행위

　⑥ 강요된 행위

　⑦ 보충관계

　⑧ 부작위범의 보충성

제 6 절 　정당행위

1 법령에 의한 행위(공/징/사/노/모/감/복/뇌/카/총/모)

① 公무원의 직무집행행위

법률	상관의 적법명령
• 민사집행법 　→ 집행관 · 강제집행 • 형소법 　→ 검사 · 사경 • 통비법 　→ 감청	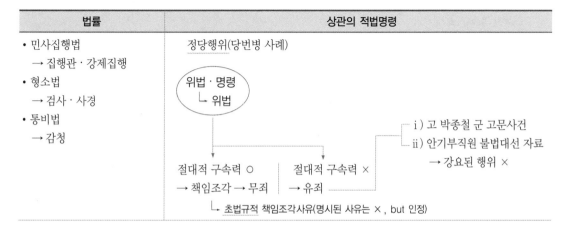

② 징계행위

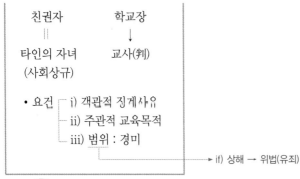

친권자　　　　　학교장
　‖　　　　　　　↓
타인의 자녀　　　교사(判)
(사회상규)

- 요건 ┌ i) 객관적 징계사유
　　　 ├ ii) 주관적 교육목적
　　　 └ iii) 범위 : 경미
　　　　　　　　　　　　┈┈► if) 상해 → 위법(유죄)

★ 체벌 : 전면부정설 ×
　　　　 제한적 허용설(多, 判)
- 학교장의 교칙위반 학생 뺨 → 무죄
- 여중 체육교사 : 모욕 ≠ 슬리퍼 → 폭행죄+모욕죄

③ 사인의 현행범 체포행위

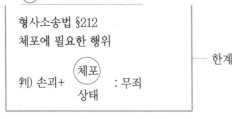

형사소송법 §212
체포에 필요한 행위
　　　　　　　　　　　　┄┄┄ 한계
判) 손괴+ (체포) : 무죄
　　　상태

- 상해, 살인
- 제3자의 주거침입
　(범인의 父)　　　　　┄┄┄ 위법
- 장시간 감금 – 형소법 §213 ① 위반

④ 노동쟁의행위(★)

헌법 §33 노동3권 ─ 단결권, 단체교섭권, 단체행동권
　　└ 노동법상 정당행위
※ 요건　i) 주체 : 단체교섭이 주체(노조)　　┌ 정리해고
　　　　 ii) 목적 : 근로조건 개선(임금인상) → 구조조정　실시자체 반대목적
　　　　 iii) 절차 : 합법 – 투표要　　　　　　　　　　　 위법
　　　　　　　　　└ 조정기간, 냉각기간, 서면신고
　　　　 iv) 범위(수단) : 사용자의 재산권과 조화
　　　　　　　　　비폭력

점거	전면적 · 배타적	부분 · 병존적
	위법	적법

　　　　 v) 확성기 적정사용 – 허용

⑤ ⓜ자보건법상 인공임신중절행위
⑥ ⓖ염병예방법에 의한 의사의 질병신고행위
⑦ ⓑ권법령에 의한 복권발행행위
⑧ 장기이식법에 의한 ⓝ사자의 장기적출행위
⑨ 정선 ⓚ지노
⑩ 경찰관의 ⓣ기 사용행위   ⓒ ⓔ ⓜ ⓖ
   └ 경직법 §10의4   죄 장 기 첩
⑪ 이혼한 ⓜ의 면접교섭권 행사행위

② 업무로 인한 행위(의/안/변/성/재/기)

① ⓘ사의 치료행위
　ⓐ 업무행위설(多, 判)
　　• 목적 : 환자 건강 개선
　　• 수단 : 객관적 의술법칙
　　└ ※ 비판 : 환자의 의사 '무시'!　　　자궁적출
　　　　　　　　　　　　　　　↗
　ⓑ 피해자의 승낙에 의한 행위설(少, 일부판례) – 의사의 정확, 충분한 설명 要

② ⓐ락사–업무 ×

적극적 안락사	소극적 안락사(★)
적극적 작위 　└ 살인 위법 촉탁살인죄 §252 ①	소극적 부작위 생명 연장 치료중단 예외적 요건 ○ 　└ 위법 ×(위법성 조각) ∴ 사회상규 – 정당행위 식물인간 뇌사 → 가족 中 대표자 ┬ 결정 × 　　　　　　　　└ 본인의 평소 의사 추정

③ ⓥ호인의 변론
　• 의뢰인의 보호(ⓥ호인의 변론)
　• 명예훼손 ┐
　• 업무상 비밀누설 ┘ 업무 : 무죄
　• 허위사실적시명예 ┐
　• 범죄은닉죄/도피★(判) │
　• 위증교사 ├ 위법
　• 증거인멸 ┘

④ ⑤직자의 업무행위

국·보·법 위반

신고 ×	은신처, 도피자금 제공
② 국·보·법상 불고지죄 ○	범죄은닉·도피(§151 ①)
④ 성직자의 업무 → 무죄	성직자 → 초법규적 존재 × 위법

⑤ ㉂건축 조합장의 철거행위

⑥ ㉐자의 취재행위

㉐자의 취재·보도행위

원칙	X파일 사건	
업무로 인한 행위	PD 수첩 유죄	非언론인 – 노회찬 의원 유죄

  cf 광우병 : 무죄

  cf 운동경기(判) → 사회상규

③ 사회상규에 위배되지 않는 행위(소/징/권/경…)
 └ 수/도

① ㉛극적 방어행위

 멱살, 주먹 2~3대

적극적 방어행위	소극적 방어행위
주먹 한 대 + 상해 §262	벗어나기 위해 뿌리쳤다.
② 폭행치상	폭행치상
④ 위법성 × → 정당방위	인간의 본능적 저항수단 사회상규 → 정당행위

② ㉛계권 없는 자의 징계행위
  • 연장자 – 연소자(타인의 자녀)
  • 교사 – 법령에 의한 행위(判)
  • 군인 – 상사 → 부대원

③ 자기/타인 ㉠리 실행행위

Case 1

채권자
甲
채무자
乙

청구권 ○ ◄──────── 채무불이행

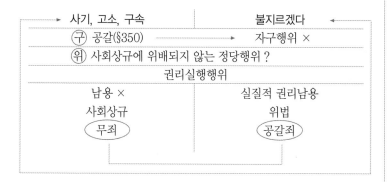

사기, 고소, 구속   불지르겠다
㉠ 공갈(§350) ──────────► 자구행위 ×
㉠ 사회상규에 위배되지 않는 정당행위 ?
권리실행행위

남용 ×   실질적 권리남용
사회상규   위법
(무죄)   (공갈죄)

공갈 = 폭행, 협박
+
재산취득
불법영득의사 ×
‖
협박죄설(多)

④ ㉢미한 불법

Case 2

甲
┌─── 커피 ── 乙
한 모금 ◄─┘

⑤ 무면허 · 자격 ㉺지침 · 부항 시술

원칙	예외
무면허 의료 행위죄	경미 사회상규–무죄

⑥
여관주인의
친구들
식사비
㉣박

구성요건	도박 §246 ①	풍속영업법 위반
위법성 단서	일시오락 └► 무죄	경미한 불법 사회상규(정당행위) 무죄

제 **1** 절 **책임이론**

① **책임의 의의**

- 위법한 행위를 한 행위자에 대한 비난가능성
  └ "행위책임" : 원칙
- 不法행위자 ← 비난가능성

$$不法 \xmapsto{\text{상응}} 책임 \xmapsto{\text{상응}} 형벌$$
책임주의

⑩ 무과실책임-양벌규정(위헌)

② **책임의 근거**

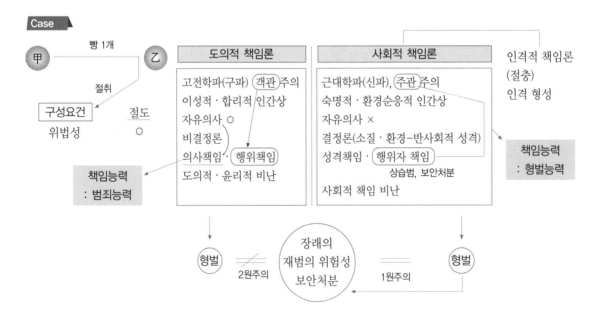

- 책임무능력자의 행위 : 위법-객관적 위법성론
- 책임무능력자 : 처벌 띠-사회적 책임론

제 **2** 절 **책임능력**

책임능력
　　　　　고의 ⌒⌒⌒⌒ 사실의 착오
위법성의 인식(×) ──── 법률의 착오
책임　고의
　　　　과실

┌───┐
│　　　기대 불가능성 : 책임조각사유 의 부존재 → 책임조각사유가 없어야 한다 │
│　／＼　　　　　　　　　　　　　　　　　　　　　　│
│적법행위의 │
└───┘

책임무능력자(책임 × = 무죄) → 간접정범의 피이용자 ○

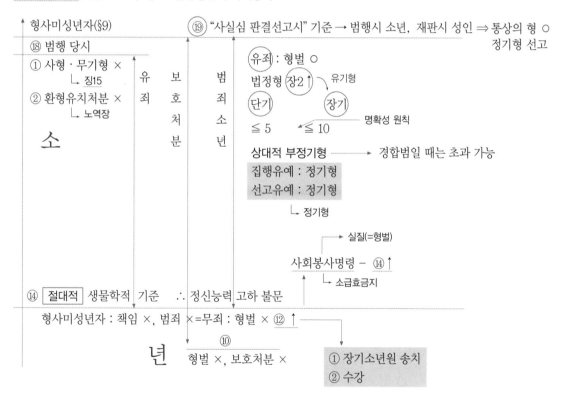

형사미성년자(§9)　　　　　　⑲ "사실심 판결선고시" 기준 → 범행시 소년, 재판시 성인 ⇒ 통상의 형 ○
⑱ 범행 당시　　　　　　　　　　　　　　　　　　　　　　　　　　　　　정기형 선고
① 사형 · 무기형 ×　　　　　　　유죄 : 형벌 ○
　　└ 징15　　　　　　　　　　법정형 장2↑ ─── 유기형
② 환형유치처분 ×　　　　　　　단기　　　　　장기
　　└ 노역장　　　　　　　　　≦ 5　　←≦ 10　　명확성 원칙
　소　　유죄　보호처분　범죄소년　상대적 부정기형 ───→ 경합범일 때는 초과 가능
　　　　　　　　　　　　　　집행유예 : 정기형
　　　　　　　　　　　　　　선고유예 : 정기형
　　　　　　　　　　　　　　　└ 정기형
　　　　　　　　　　　　　　　　　　　　　　　→ 실질(=형벌)
　　　　　　　　　　　　　사회봉사명령 - ⑭↑
　　　　　　　　　　　　　　　　└ 소급효금지
⑭ 절대적 생물학적 기준　∴ 정신능력 고하 불문
형사미성년자 : 책임 ×, 범죄 ×=무죄 : 형벌 × ⑫↑
　　　년　⑩　　　　　　　　　① 장기소년원 송치
　　　　형벌 ×, 보호처분 ×　② 수강

성폭력 소년
　　└ 집·유 ┌ 보호관찰
　　　　　　　사회봉사　필요적
　　　　　　└ 수강

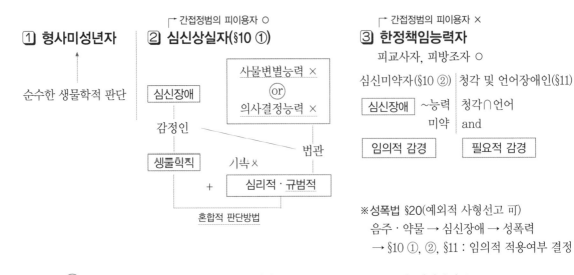

① **형사미성년자**

순수한 생물학적 판단

② **심신상실자(§10 ①)** ─ 간접정범의 피이용자 ○

심신장애 → 사물변별능력 ×
(or)
의사결정능력 ×

감정인

생물학칙 + 심리적·규범적 ← 법관 기속×

혼합적 판단방법

③ **한정책임능력자** ─ 간접정범의 피이용자 ×

피교사자, 피방조자 ○

심신미약자(§10 ②) | 청각 및 언어장애인(§11)

심신장애 ~능력 | 청각 ∩ 언어
미약 | and

임의적 감경 | 필요적 감경

※성폭법 §20(예외적 사형선고 可)
음주·약물 → 심신장애 → 성폭력
→ §10 ①, ②, §11 : 임의적 적용여부 결정

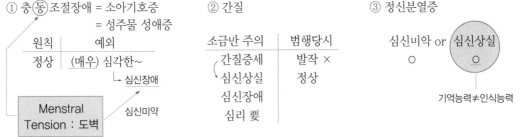

① 충(동)조절장애 = 소아기호증
= 성주물 성애증

원칙	예외
정상	(매우) 심각한~

└→ 심신장애

Menstral Tension : 도벽 ─ 심신미약

② 간질

소금반 주의	범행당시
간질증세	발작 ×
↳심신상실	정상
심신장애	
심리 要	

③ 정신분열증

심신미약 or 심신상실
○ ○

기억능력≠인식능력

④ 명정(만취)
　└ 술에 '만취'하여 의식이 없었다는 주장 : 심신장애 – 주장 : 판단 (要)
　└ 술에 '취'하여 기억이 나지 않는다는 주장 : 심신장애 – 주장 × : 판단 불요(단순한 범행부인)
　※ 음주사실만 → 심신장애(×)

④ **원인에 있어 자유로운 행위** –"책임능력"

§10 ③ ★입법–해결 → 고의/과실/작위/부작위 불문
　　　　　　　　　　　 ○　　○　　○　　○

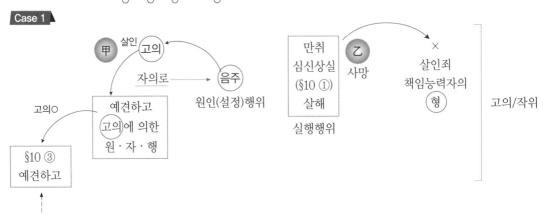

Case 1

甲 살인 고의
자의로 → 음주
원인(설정)행위

고의○ → 예견하고 고의에 의한 원·자·행

§10 ③ 예견하고

만취 심신상실(§10 ①) 살해 ─ 실행행위

乙 사망 → ×

살인죄 책임능력자의 (형)

고의/작위

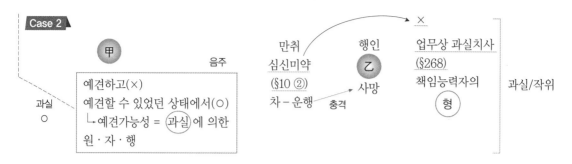

Case 2

甲 음주

예견하고(×)
예견할 수 있었던 상태에서(○)
└예견가능성 = 과실 에 의한
원·자·행

과실
○

만취
심신미약
(§10 ②)
차 – 운행 충격

행인
乙
사망

×
업무상 과실치사
(§268)
책임능력자의
형

과실/작위

Case 3 철도역장

甲

음주

심신상실
만취
철로변경 ×
↓ 망각범
"과실/부작위"

화물열차
충돌사고
기관사
乙 사망

결론 : 고의, 과실, 작위, 부작위 전부 원·자·행 可
‖
「정당방위」§21의 침해
‖
cf 결과적 가중범의 기본범죄

고의	과실	작위	부작위	
○	×	○	○	(유기 치사)

① 가별성의 근거

원인행위설

㉠ 간접정범 과의 구조적 유사 성설 (少)

Case 1

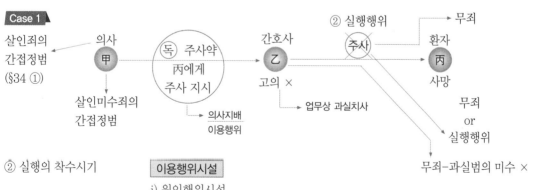

살인죄의
간접정범
(§34 ①)

의사
甲

살인미수죄의
간접정범

독 주사약
丙에게
주사 지시

→ 의사지배
이용행위

간호사
乙

고의 ×

→ 업무상 과실치사

② 실행행위
주사

환자
丙
사망

→ 무죄

무죄
or
실행행위

무죄–과실범의 미수 ×

② 실행의 착수시기   **이용행위시설**

i) 원인행위시설
(주관설) 多(과거의 다수설)
음주시 : 살인미수 ○

ⓐ 행위와 책임은 동시존재 원칙	일치(일치설, 일치모델)
ⓑ 구성요건적 정형성	反(죄형법정주의) ×
	"보장적 기능"

ⓛ 원인행위 ○ 실행행위

불가분적 관련성설(多)

간접정범	원·자·행
2인 이상 ≠	1인
공범론	단독정범

〈가벌성의 근거 도해〉

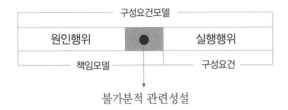

구성요건모델		
원인행위	●	실행행위
책임모델		구성요건

불가분적 관련성설

ⅱ) 실행행위시설(객관설)=구성요건 행위시설

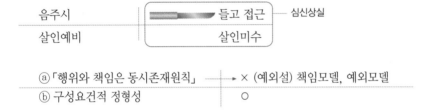

음주시	들고 접근	심신상실
살인예비	살인미수	

ⓐ 「행위와 책임은 동시존재원칙」 ──▶ × (예외설) 책임모델, 예외모델
ⓑ 구성요건적 정형성 ○

제 3 절) 위법성의 인식

① 의의

자기행위가 실질적으로 법질서에 위반된다는 행위자의 인식
→ 사회정의·조리 反 – 인식 – 충분
→ 미필적 불법인식 ○
→ 확신범·양심범(有)
→ 분리가능

Case 1

야구배트
팼다

甲 ──▶ 乙 (처) 무단외박

징계권 ○-오인   전치 12주 상해
정당 ◀──

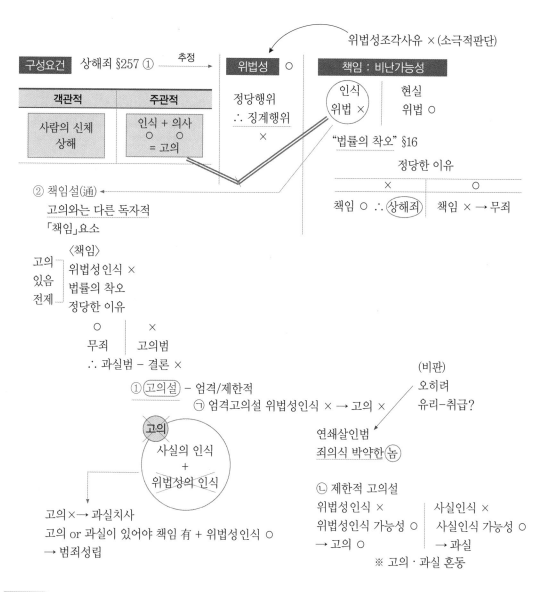

위법성조각사유 ×(소극적판단)

구성요건　상해죄 §257 ①　—추정→　위법성 ○　　책임 : 비난가능성

객관적	주관적
사람의 신체 상해	인식 + 의사 ○　○ = 고의

정당행위
∴ 징계행위
×

인식 위법 × | 현실 위법 ○

"법률의 착오" §16

정당한 이유

×	○
책임 ○ ∴ (상해죄)	책임 × → 무죄

② 책임설(通)◀—
　고의와는 다른 독자적
　「책임」요소

고의
있음
전제
　〈책임〉
　위법성인식 ×
　법률의 착오
　정당한 이유

　　○　　　　×
　　무죄　　고의범
　∴ 과실범 – 결론 ×

　①(고의설) – 엄격/제한적
　　　㉠ 엄격고의설 위법성인식 × → 고의 ×

고의
사실의 인식
+
위법성의 인식

(비판)
오히려
유리-취급?

연쇄살인범
죄의식 박약한(놈)

고의×→ 과실치사
고의 or 과실이 있어야 책임 有 + 위법성인식 ○
→ 범죄성립

㉡ 제한적 고의설
위법성인식 × | 사실인식 ×
위법성인식 가능성 ○ | 사실인식 가능성 ○
→ 고의 ○ | → 과실
※ 고의·과실 혼동

제 4 절 법률의 착오

1 의의

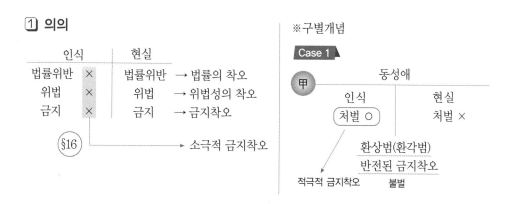

인식		현실	
법률위반	×	법률위반	→ 법률의 착오
위법	×	위법	→ 위법성의 착오
금지	×	금지	→ 금지착오

§16 ──────────────→ 소극적 금지착오

※구별개념

Case 1

甲　　　동성애

인식	현실
(처벌 ○)	처벌 ×

환상범(환각범)
반전된 금지착오

적극적 금지착오　불벌

〈적극적 착오〉

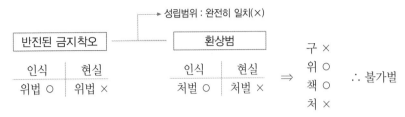

성립범위 : 완전히 일치(×)

반진된 금지착오			환상범				
인식	현실		인식	현실	⇒	구 ×	
위법 ○	위법 ×		처벌 ○	처벌 ×		위 ○	∴ 불가벌
						책 ○	
						처 ×	

Case 2

甲 ── 절취 ── 乙 父

처벌 ○ 오인 ◄── 환상범 ○ / 반전된 금지착오 ×

② 자기의 행위가 법령에 있어서

§16 죄가 되지 않는 것으로 오인한 행위 → 예외적 처벌 ×

직접적(금지규범) 착오			간접적(금지규범) 착오
법률의 부지	효력의 착오 "위헌" 오인	포섭★의 착오	위법성 조각사유에 대한…
判 通 × ○			존재 · 한계 / 전제사실★
~허가대상인 줄 몰랐다		이 정도는 괜찮겠지	

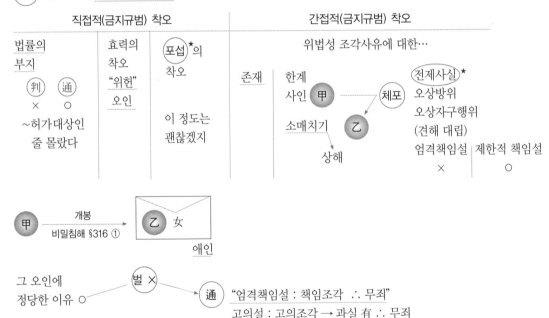

그 오인에
정당한 이유 ○ ─── 벌 × ─── 通 "엄격책임설 : 책임조각 ∴ 무죄"
고의설 : 고의조각 → 과실 有 ∴ 무죄

① ⑪대장의 허가 – 유류저장 ≠ 상관의 명령이 명백히 위법 : 유죄
② ⑪원의 판례 신뢰 ≠ 사안(사실관계) 유사 but 서로 다른 판례 신뢰 : 유죄
③ ⑰등학교장 – 초·교·위 교과식물 양귀비
④ ⑪인 – 휴가 – 이복동생 이름 – 복귀 ×
　⑪가 담당 공무원 – "허가 불요" 잘못 알려준 경우 ≠ 확실히 답변×(주택관리사)"보" – 아파트관리소장
　　　　　　　　　　　　　　　　　　　└→ 유죄　　　　　　　　　　　　　　　×
⑤ 발가락 양말 – 변리사 감정과 특허심판 ≠ 변리사 – Bio Tank – 상표등록
⑥ 미숫가루 제조

⑦ 장의사

⑧ 골프장

⑨ 자수정 채광 – 산림훼손허가 ≠ 허가 – 벌채

└─ 허가 목적이 다름 **cf** 잔존목 – 별도의 허가 × – 벌채 = 유죄

⑩ 국유재산 – 건축물, 신축

⑪ 외국인 직업소개

⑫ 광역시의회 의원 – 선관위 공무원의 지적 · 수정 의정보고서 ≠ 국회의원 의정보고서 – 선거운동 = 유죄

⑬ 나대지 – 토석 적치

⑭ 예비군 대원신고 – 동일주소 – 재차 × ≠ 대원신고 × : 법률의 부지 – 유죄

⑮ 한약 – 십전대보초 제조 · 판매 – "무혐의"

  가감삼십전 대보초

    ≠ 무도교습소, 회원 ≠ 교육, 무혐의, 비회원 상대로 교습소 운영 : 유죄

⑯ 비디오물감상실 업자, ←──────→ ≠ 천지창조 유흥업소 성인나이트클럽 ⑱

  19세 미만 : 청소년

  음 · 비계법 18세 미만   단속 대상 18세 미만&재학생 ×

⑰ 변호사, 관할공무원, 기업사채

  ≠ 변호사 – 대강 자문 – '표시'의 효력 없다. §140 ① 공무상 비밀표시무효죄 ○

⑱ 교통부 장관의 허가 – 교통사고상담센터 직원 → 화해의 중재 · 알선 ≠ ~장관의 회신 : 유죄
                                                                고시

⑲ 민사소송법 기타 공법의 해석 잘못

  표시의 적법성 · 유효성 없다고 오인 → 범의(고의)조각 → 공무상 표시무효 × ∴무죄

③ 위법성조각사유의(객관적) 전제사실에 관한 착오

  = 객관적 정당화 상황

  = '허용구성 요건'   예 오상방위
                         오상피난

  Case

  乙을 모함
  甲을 이용   유도3단   대화시도
                        남동생

누나 Ⓐ ─ ─ → 甲 ─ ─ ─ ─ ─ ─ ─ ─ 乙

                ★"경솔"   (상해)

→ 〈상해죄〉   강간하려 한다고
                        오인

구성요건 ○

객관적 구성요건	주관적 구성요건
사람의 신체 상해	고의 인식 + 의사

cf 구성요건적 고의 ×「부정」
i) 소극적 구성요건표지이론
ii) 제한적 책임설 中 유추적용설

위법성

정당방위 §21 ① ✕

객관적 정당화상황 '허용구성요건'	주관적 정당화요소	상당한 이유
자기/타인의 법익 현재 부당 침해 (○ : 오인)	방위의사 ○	○ 필요성 (=저합성) 사회윤리적제한

책임

① 엄격고의설

고의
사실의 인식
위법성의 인식

→ 고의 ×→ 과실치상 ○
∴ Ⓐ 교사범× 상해죄의 간접정범 §34 ①

부주의
객관적
주의의무 위반

② 소극적 구성요건표지이론
2단계 범죄론 체계

총체적 불법구성요건		책임
적극적 구성요건요소	소극적 구성요건요소	
甲 → 乙 상해 ○ 해당	정당방위 × ↑ 해당 ○	

— 위법성조각사유에 해당되지 않아야 함

객관적 : 구성요건 ○
⇧
주관적 : 인식 ○-甲의 생각 : 정당방위 ○
"구성요건 ×" 오인 ◀

구성요건 착오
구성요건적 고의 ×
↓
甲 과실치상 ∴상해죄의 간접정범
정범이 과실범

고의 ≠ 위법성 인식 "책임설"
└→ 독자적 책임요소

③ 엄격 책임설〈가장 중한 형 나옴〉

〈법률의 착오〉

인식	현실
정당방위 ○	정당방위 ×
위법 ×	위법 ○

§16

정당한 이유

○	×
책임 ×	책임 ○
무죄	유죄 : 상해죄★

(A) 상해죄의 교사범

甲

≠ 제한적 책임설

구성요건 착오 (사실의 착오)★

법률의 착오	사실의 착오
사실 ← 인식 ○	사실-인식 ×
법적 평가 ← 잘못	민들레-오인
	고의 ×
	과실 ○

cf 초등학교장
    └→ 양귀비 인식 ○
  도교위 지시-처벌 ×-오인
  ⇒ 법률의 착오

if) 양귀비가 아니라 민들레라고 생각
   사실-인식 ×=고의 ×=사실의 착오

---

④ 유추적용설(少)

사실 의 착오
구성요건 의 착오   : 구성요건 고의 ×
    ⇩ 유추적용

전제 사실 착오
허용 구성요건 착오   : 구성요건 고의 ×

甲 과실치상

(A) 상해죄의 간접정범 ○
    교사범 ×

상해죄의

⑤ 법효과제한적 책임설 多★

이중기능	고의	구성요건적 고의 : 사람의 신체를 상해한다는 인식+의사	구성요건 + 위법성

└ 책임고의

제한적 종속형식 : 사람을 상해한다는 의사에 뒤따르는 양심가책/미안함(심정반가치)

⇒ 고의범 × ⇒ 甲 : 과실치상 ○

(A) ┌ 간접정범   과실범을 이용한 간접정범 ○
    or
    └ 교사범 ○
         └ 제한적 종속형식 : 교사범 가능

cf 고의의 이중기능을 인정하는 학설은 법효과제한적 책임설 외에도 있다.

제 5 절 책임조각사유 : 기대불가능성

```
            책위책기 : 책임능력
                    위법성의 인식책임
                    책임 ┌ 고의   (위·전·착·제한적 책임설 중
                         └ 과실    법효과제한적 책임설)
            있으면 →  기대 불가능성의 부존재
            무죄                소극적 책임요소
```

1 형법상 책임조각사유
(규정 ○)

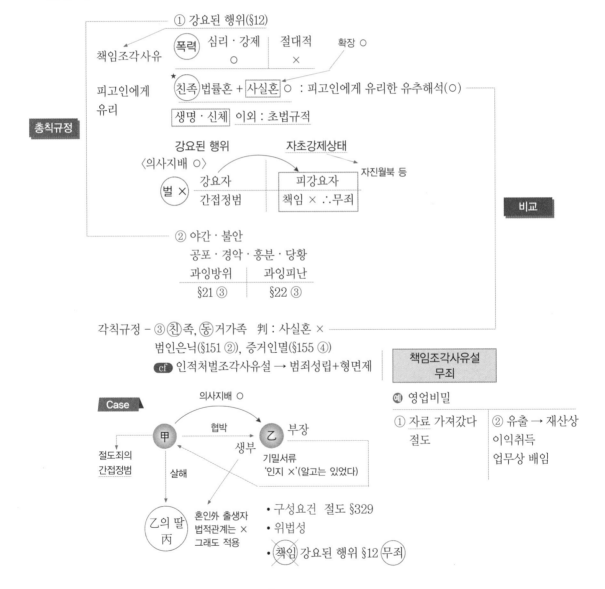

```
총칙규정

① 강요된 행위(§12)
책임조각사유   폭력  심리·강제 │ 절대적   확장 ○
                     ○     │   ×
피고인에게    친족  법률혼 + 사실혼 ○ : 피고인에게 유리한 유추해석(○)
유리         생명·신체  이외 : 초법규적

          강요된 행위        자초강제상태
        〈의사지배 ○〉                    자진월북 등
        벌 ×  강요자      │ 피강요자
              간접정범    │ 책임 × ∴무죄

② 야간·불안
   공포·경악·흥분·당황
   과잉방위 │ 과잉피난
   §21 ③  │ §22 ③
```

각칙규정 - ③ 친족, 동거가족 判 : 사실혼 ×
범인은닉(§151 ②), 증거인멸(§155 ④)
cf 인적처벌조각사유설 → 범죄성립+형면제

비교

책임조각사유설
무죄

예 영업비밀
① 자료 가져갔다 │ ② 유출 → 재산상
   절도   │   이익취득
               │   업무상 배임

```
Case
                의사지배 ○
        甲  ───협박───→  乙  부장
   절도죄의      생부      기밀서류
   간접정범               '인지 ×'(알고는 있었다)
        │살해    ↖
        ↓         혼인外 출생자
      乙의 딸 丙   법적관계는 ×
                  그래도 적용

· 구성요건  절도 §329
· 위법성
· 책임 강요된 행위 §12 무죄
```

② 초법규적 책임조각사유 → 긍정(多, 判)

① (절대적) 구속력 있는 상관의 위법명령을 따른 부하의 행위 : 위법 × cf 실제 판례 : 거의 無
② 의무충돌 상황에서 부득이(불가피하게) 낮은 가치 의무 이행 ⇒ 면책적 의무충돌
③ 자기 or 친족의 생명 · 신체 이외의 법익에 대한 위해를 방어할 방법 없는 협박에 의하여 강요된 행위
④ 생명 vs 생명 : <u>소위 면책적 긴급피난(少)</u>
⑤ <u>우연한 기회에 국가시험문제 입수 + 응시</u>
　　　　　　　　위계에 의한 공무집행방해 §137
⑥ 맘모스 나이트, 34명 중 청소년 1명
⑦ 초병 2명, 만 4일 6시간 동안 총 3~5시간 수면, 교대 수면
⑧ 최선의 노력 다했으나 임금 지급 ×

책임경감사유

기대가능성 감소 → 책임감경
　　　　　　　　(→ 형이 경해진다)
• 살인죄 > 영아살해죄 §251
• 유기죄 > 영아유기죄 §272
• 위조통화행사죄 ＼　위조통화 취득 후
　　§207 ④　＞　지정행사죄 §210
• 도주원조죄 §147 > 단순도주죄 §145 ①

책임감소 · 소멸사유

기대가능성 결여 · 감소
→ 책임감경 · 면제
　(→ 임의적 감면)
• 과잉방위 §21 ②
• 과잉피난 §22 ③
• 과잉자구행위 §23 ②

책임능력

기대가능성 관련 ×
형사미성년자
심신상실자/심신미약자
청각 및 언어장애인

연습 기대가능성의 구현 ×?
① 형사미성년자
② 강요된 행위
③ 과잉방위
④ 영아살해
　　　　답) ① : 책임능력

CHAPTER 05

제 1 절 범행의 실현단계

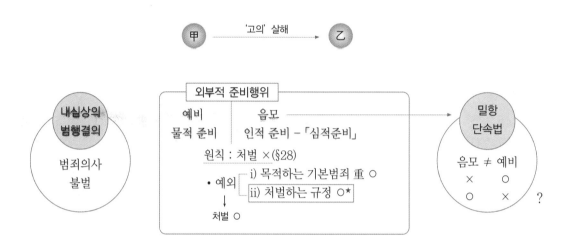

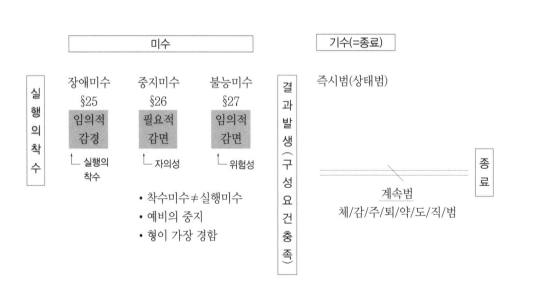

제 2 절) **예비죄** ─ 예비·음모죄 총칙

① **처벌규정** → (당연히 미수범 처벌규정○)

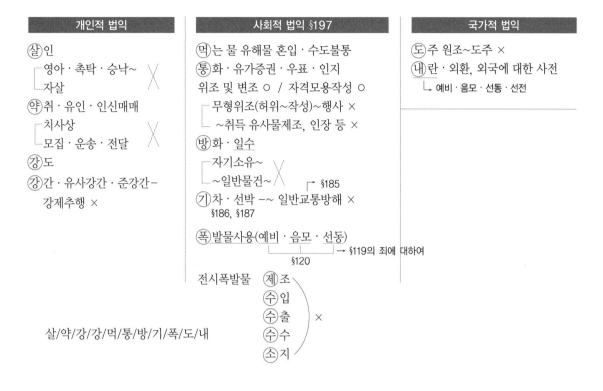

개인적 법익	사회적 법익 §197	국가적 법익

개인적 법익
- ㉢인
  - ┌영아·촉탁·승낙~ ✕
  - └자살
- ㉠취·유인·인신매매
  - ┌치사상 ✕
  - └모집·운송·전달
- ㉢도
- ㉢간·유사강간·준강간─
  - 강제추행 ✕

사회적 법익 §197
- ㉢는 물 유해물 혼입·수도불통
- ㉢화·유가증권·우표·인지
  위조 및 변조 ○ / 자격모용작성 ○
  - ┌무형위조(허위~작성)~행사 ✕
  - └ ~취득 유사물제조, 인장 등 ✕
- ㉢화·일수
  - ┌자기소유~
  - └~일반물건~ ✕ ┌ §185
- ㉢차·선박 ─~ 일반교통방해 ✕
  §186, §187
- ㉢발물사용(예비·음모·선동)
  └──────┘ → §119의 죄에 대하여
  §120

국가적 법익
- ㉢주 원조~도주 ✕
- ㉢란·외환, 외국에 대한 사전
  └→ 예비·음모·선동·선전

전시폭발물 ㉢조
　　　　　 ㉢입
　　　　　 ㉢출 ✕
　　　　　 ㉢수
　　　　　 ㉢지

살/약/강/강/먹/통/방/기/폭/도/내

② **예비죄의 법적 성격(★, 난이도↑)**

① 예비죄와　　　기본범죄의 관계
　 살인예비죄 §255　 살인죄 §250

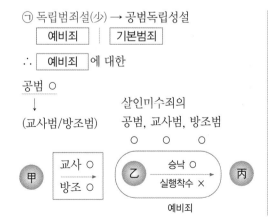

㉠ 독립범죄설(少) → 공범독립성설

　[예비죄]　[기본범죄]

∴ [예비죄] 에 대한

공범 ○
↓
(교사범/방조범)

　　　　　　살인미수죄의
　　　　　　공범, 교사범, 방조범
　　　　　　　○　　○　　○

甲 ┌교사 ○┐→ 乙 ─승낙 ○→ 丙
　 └방조 ○┘　　실행착수 ✕
　　　　　　　　　　예비죄

㉡ 발현형태설(多, 判) → 공범종속성설

　　　　　　　　　　　기본범죄
　　예비죄

　독자적
　성격 ✕

예비죄에 대한 ㉢범 ✕
예비죄에 대한 교사범 ✕
예비죄에 대한 방조범 ✕

② 예비죄의 실행행위성

실행착수 전 └ 정형성/고정성

발현형태설을
취한다면   so, 부정설(少)

         but   긍정설(多)

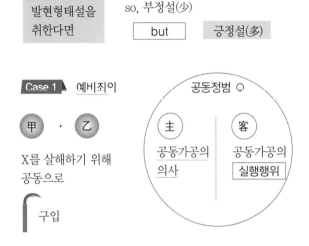

Case 1 ▶ 예비죄이

공동정범 ○

主   客
공동가공의   공동가공의
의사   실행행위

甲 · 乙

X를 살해하기 위해
공동으로

└ 구입

③ 예비죄의 성립요건

주관적 요건(생각)		객관적 요건(행위)
고의 +	목적	외부적 준비행위
인식 + 의사 └ 과실에 의한 예비죄 × 독립행위설 → ① 준비자체고의설 발현형태설(多·判) ② 기본범죄고의설	기본범죄를 범할 목적 : 모든 예비죄는 목적범	① 물적 예비 : ○ ② 인적 예비 : ○ ③ 자기 예비 : ○ ④ 타인 예비 : ×

≠ 내심상 범죄의사(처벌 ×)
: 실질적 위험성 要
    실행의 착수 × ≠ 미수

Case

甲 ──────────→ 乙

칼 ○ → ○
   실행결의의 강화

A

甲 기수	미수(실행착수 ○)	예비(실행착수 ×)
A 살인죄의 종범 §32 └ 살인예비죄?	살인미수죄의 종범	(except 살인예비죄의 공동정범) "예비죄에 대한 방조범 ×" ∴ 무죄

제 3 절) 미수범의 일반이론

1 미수범 처벌근거
(=가벌성 근거)

Case

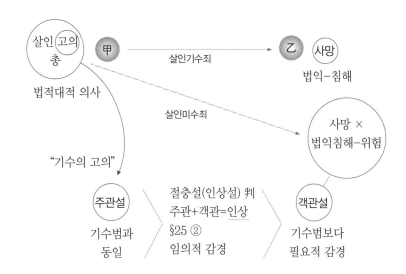

◎ 고의

기수의 고의	미수의 고의
○	×

기수	미수
○	○

빗나가게 하려고 : 살인미수죄 ×
겁을 주겠다는 협박기수의 고의 : (특수)협박(기수)죄 – 위험범

심화

◎ 불능미수의 처벌규정의 존재

객관설 설명 ×	주관설 설명 ○ ── 자체
객관설 불벌	불능미수 : 임의적 감면 "절충설"

주관설
기수

Case

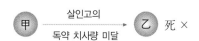

乙 死 ×

〈불능미수(§27)〉
• 처벌규정의 존재 → ┌ 객관설의 표현(×) – 객관주의는 보장적 기능에 가깝다.
　　　　　　　　　└ 주관설의 표현(○) – 주관주의는 보호적 기능에 가깝다.
• 임의적 감면 → 절충설

② 미수범 처벌규정 총정리

개인	사회	국가
㉔인	• 공공의 안전을 해하는 죄 ×	㉙란
㉛해	㉘발물	㉠환
• 폭행 : ×	• 소요죄 등 공안 : ×	• 전시군수계약불이행 : ×
• 중상해 : ×	• 전시폭발물 제조 · 수입 ·	• 국기 : ×
• 과실치사상 : ×	수출 · 수수 · 소지 : ×	㉘국에 대한 사전
• 유기 · 학대 : ×	㉘화	국교죄 중 유일 : ○
• 낙태 : ×	• 자기소유 · ×	㉘법체포 · 감금
㉠박	• 일반물건 : ×	공무원 직무범죄 중 유일 : ○
㉚요	일수	~㉘효
• 중강요 : ×	현주건조물일수치사상 : ○	• ~방해 : ×
• 인질치사상 : ○	㉚통방해	• ~모욕 : ×
㉠포	~방해 중 교 · 기 · 가 : ○	
중체포 · 중감금 : ○	㉠화	
㉠금	위조통화취득후 지정행사 : ×	
㉘취 · 유인	㉠가증권 · 우표 · 인지	
모 · 운 · 전 : ×	소인말소 : ×	
강㉘· 추행	㉘서	~㉘해
• §301~§303 : ×	사문서부정행사 : ×	~㉘괴
• 위계 · 위력 : ×	㉘장	㉘주
• 상해 · 치상 · 살인 · 치사 : ×	모두 : ○	• 집합명령위반 : ○
• 명예 · 신용 · 업무 : ×	㉘독	• 범인은닉 : ×
• 비밀침해 : ×	• 먹는 물 사용방해 : ×	• 위증 : ×
㉠거침입	• 먹는 물 유독물혼입 : ○	• 증거인멸 : ×
㉠도	• 수도불통 : ○	• 무고 : ×
㉘도	㉘편	
• 강도치사상 : ○	• 단순소지 : ×	
• 해상강도치사상 : ○	• 성풍속 : ×	
• 점유강취 : ○	• 도박 · 복표 : ×	
㉘기	㉘묘발굴	
부당이득 : ×	• 장례식방해 : ×	
㉘갈	• 사체오욕 : ×	
㉘령	• 변사체검시방해 : ×	
점유이탈물횡령 : ×	㉘체유기	
㉘임		
㉘괴		
• 장물 : ×		
• 중손괴 : ×		
• 경계침범 : ×		
• 권리행사방해 : ×		
• 강제집행면탈 : ×		

국가 열 ~㉘효 항목 우측 표:

~방해	대부분 ○
×	교통방해
	기차 · 선박
	교통방해
	가스 · 전기
	공급방해

제 **4** 절 장애미수 §25

① 성립요건

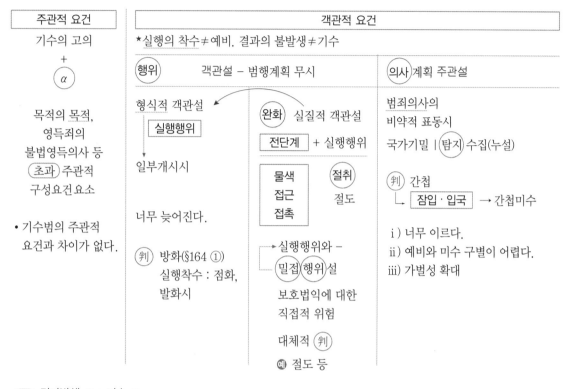

주관적 요건	객관적 요건
기수의 고의	★실행의 착수 ≠ 예비, 결과의 불발생 ≠ 기수

객관적 요건

★실행의 착수 ≠ 예비, 결과의 불발생 ≠ 기수

(행위) 객관설 – 범행계획 무시 | (의사) 계획 주관설

형식적 객관설 → (완화) 실질적 객관설

실행행위

일부개시시

너무 늦어진다.

(判) 방화(§164 ①)
실행착수 : 점화, 발화시

전단계 + 실행행위

물색
접근
접촉

(절취) 절도

→ 실행행위와 –
밀접 (행위)설

보호법익에 대한
직접적 위험

대체적 (判)

(例) 절도 등

범죄의사의
비약적 표동시

국가기밀 (탐지) 수집(누설)

(判) 간첩
└ 잠입·입국 → 간첩미수

i) 너무 이르다.
ii) 예비와 미수 구별이 어렵다.
iii) 가벌성 확대

주관적 요건

기수의 고의
+
α

목적의 목적,
영득죄의
불법영득의사 등
(초과) 주관적
구성요건요소

• 기수범의 주관적
요건과 차이가 없다.

(cf) 결과발생 ○ : 미수 ○

(例) ┌ 인과관계 ×
     └ 우연적 방위

Case ▶ 甲 ── 살인고의 총 ──→ 乙 死 ×

인식 × ←──────── 甲을 살해하려고 하는 순간

주관적 정당화요소	객관적 정당화상황
방위의사 ×	자기 or 타인 법익 현재 부당 침해 ○
행위불법 ○	결과불법 × ⇒ 불능미수(多)

절충설 (주관적 객관설·개별적 객관설) (通)

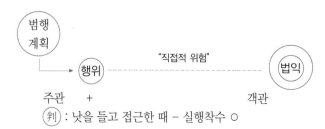

범행
계획
  └→ 행위 ──── "직접적 위험" ──── 법익

주관 +   객관

(判) : 낫을 들고 접근한 때 – 실행착수 ○

제 5 절 중지미수 §26

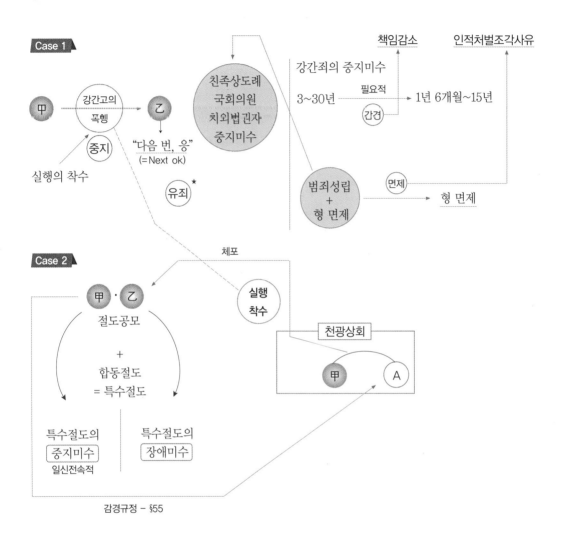

Case 1

甲 ---- 강간고의 폭행 ----> 乙

실행의 착수

(중지)

"다음 번, 응" (=Next ok)

(유죄)★

친족상도례 국회의원 치외법권자 중지미수

강간죄의 중지미수

3~30년 → (필요적)(감견) → 1년 6개월~15년

책임감소 / 인적처벌조각사유

범죄성립 + 형 면제 --(면제)--> 형 면제

Case 2

甲·乙 절도공모 + 합동절도 = 특수절도

체포 / 실행 착수

천광상회

甲 ---- A

특수절도의 [중지미수] 일신전속적

특수절도의 [장애미수]

감경규정 – §55

Case 3

甲 ---- 살인고의 낫들고 접근 ----> 乙

후회 중지

살인죄의 중지미수

필요적 감경	면제
책임감소사유	범죄성립 + 인적 처벌조각사유
법률	정책

① 본질

① 형사정책설(황금교설 : 황금의 다리 이론)
② 보상설(공적설, 은사설)
③ 형벌목적설(일반예방, 특별예방)
④ 법률설 ┌ 위법성감소 · 소멸설
         └ 책임감소 · 소멸설

② 성립요건

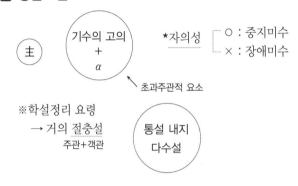

主   기수의 고의 + α   ★자의성 ┌ ○ : 중지미수
                              └ × : 장애미수

초과주관적 요소

※학설정리 요령
  → 거의 절충설
     주관+객관

통설 내지
다수설

절충설× ① 객관적 위법성론
       ② 과실범의 주의의무의 표준 : 객관설
       ③ 간접정범의 실행착수시기 : 주관설(이용행위시설)
       ④ 원 · 자 · 행의 실행착수시기 : 학설대립

교재, 중지미수

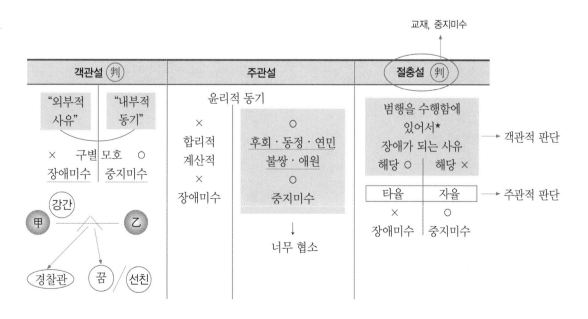

객관설 ㉙		주관설		절충설 ㉙	
"외부적 사유"	"내부적 동기"	윤리적 동기		범행을 수행함에 있어서★ 장애가 되는 사유	→ 객관적 판단
× 구별 모호 ○ 장애미수 중지미수		× 합리적 계산적 × 장애미수	○ 후회 · 동정 · 연민 불쌍 · 애원 ○ 중지미수	해당 ○ ∣ 해당 ×	
강간 甲 ──→ 乙 경찰관 꿈 / 선친			↓ 너무 협소	타율 ∣ 자율 × ∣ ○ 장애미수 ∣ 중지미수	→ 주관적 판단

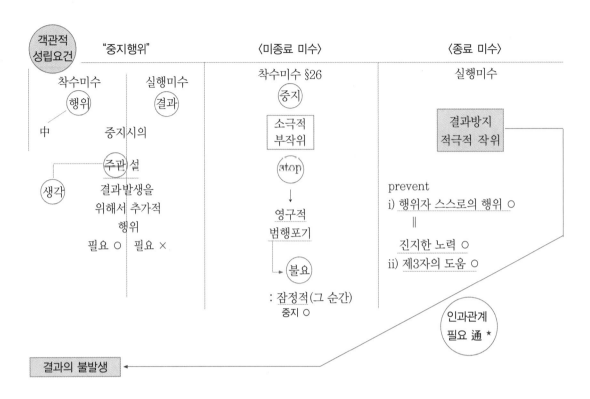

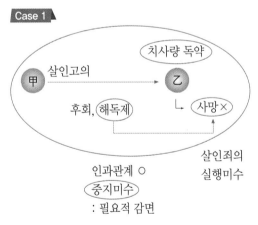

Case 1

인과관계 ○
중지미수
: 필요적 감면

살인죄의
실행미수

Case 2   불능미수의 중지미수?

살인고의
甲 ―― 치사량 미달 독약 乙 사망 ×
후회, 해독제   인과관계 ×

① 부정설(少)
　인과관계 × - 불능미수
② 긍정설(多)
　형의 불균형 방지-중지미수 ○

Case 3

甲 ―― 방화 §164 ①
독립연소 전 → 🏠 ×

"불이야" 도주 : 장애미수 ○
진지성 결여 → 중지미수 ×

Case 4

甲 ―― 방화 → 🏠 ×
후회

진지한 진화 노력 → 반소 : 기수
독립연소가 되어버림

③ 공범과 중지미수

①

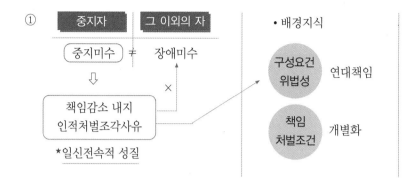

Case 1

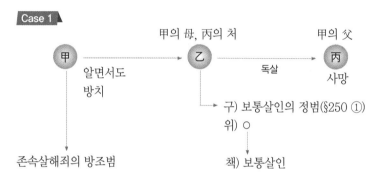

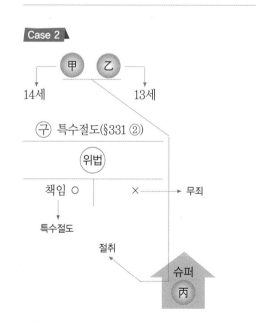

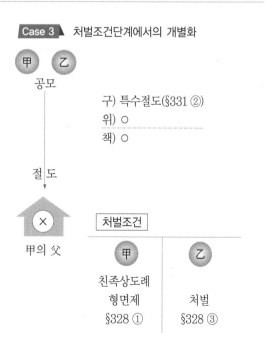

② 결과발생 ○ : 기수
  └ 결과방지 ○ (要)

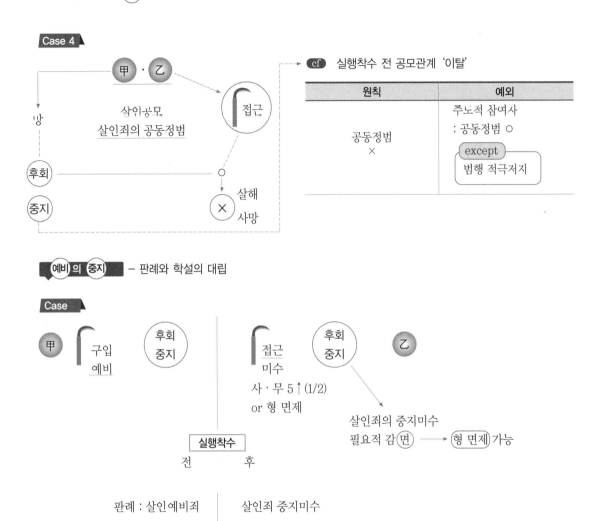

Case 4

甲 · 乙

살인공모
살인죄의 공동정범

접근

방 ↓

후회 ────── ○

중지 ──────→ × 살해 / 사망

cf 실행착수 전 공모관계 '이탈'

원칙	예외
공동정범 ×	주도적 참여자 : 공동정범 ○ (except) 범행 적극저지

예비의 중지 – 판례와 학설의 대립

Case

甲 구입 예비   후회 중지   접근 미수
사·무 5↑(1/2)
or 형 면제   후회 중지   乙

실행착수
전   후

살인죄의 중지미수
필요적 감(면) ──→ (형 면제) 가능

판례 : 살인예비죄 │ 살인죄 중지미수

※ 예비·음모단계에서도 중지미수의 필요적 형 감면 규정 준용

① (判) 부정설
   중지미수 §26 only
   실행착수 이후
   ⇒ 예비죄 ○ (살인예비 §255)
              10↑징역

② 긍정설 ○
   형의 불균형
   예비·음모 ← 필요적 감면 ○

가중적 미수의 문제

Case

甲 ──살인고의 치사량 독약──→ 乙

死亡 ×

후회
병원 위세척

┌─────────────────────────────────┐
│   살인죄의 중지미수에 대하여   │
└─────────────────────────────────┘
필요적 감경하는 경우 ┊ (형 면제) ★ 하는 경우
    살인미수 ○   ┊   상해기수 ○
                 ┊   (가중적 미수)
                 ◄────────────

법조경합 흡수관계
∴ 살인죄의 중지미수

제 6 절) 불능미수

$27

실행의 [수단/대상]의 착오	주체의 착오 ×	cf 구성요건 흠결이론
결과발생 不가능	가능 : 장애미수	• 주체의 흠결 – 불벌
위험성 有	無 : 불능범, 미신범	• 인과관계의 흠결 – 불능미수
처벌 임의적 감면	불벌	

Case   환상범(주체의 (적극적) 착오)

公 ×

甲 '자신을 공무원으로 착각'   수뢰죄의 주체? ×

구별개념

① 환상범 : 불벌   ② 미신범 ×
   인식   (현실)   superstition
   처벌 ○ (처벌 ×)   굿/부적 → 과학주의

성립요건

주관적 요건   실행의 착수   ┌ 저음부터 결과발생이
                            불가능함을 알고 있었다.
기수의 고의   → 기수의 고의 ×
   +   → 살인미수 ×
   α   결과발생의   → 불능미수 ×
초과주관적   불가능
구성요소   ┌─────┬─────┐
          │ 수단 │ 대상 │
          ├─────┴─────┤
          │ 주체 = × │
          └───────────┘

결과발생 ○, but 불능미수 ○
우연적 방위 (多)

: 행위불법 ○+결과불법 ×

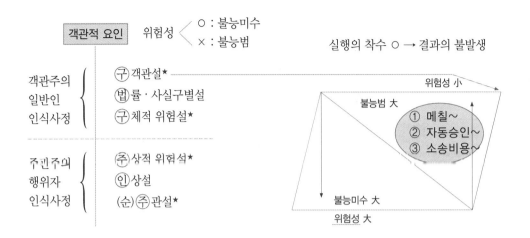

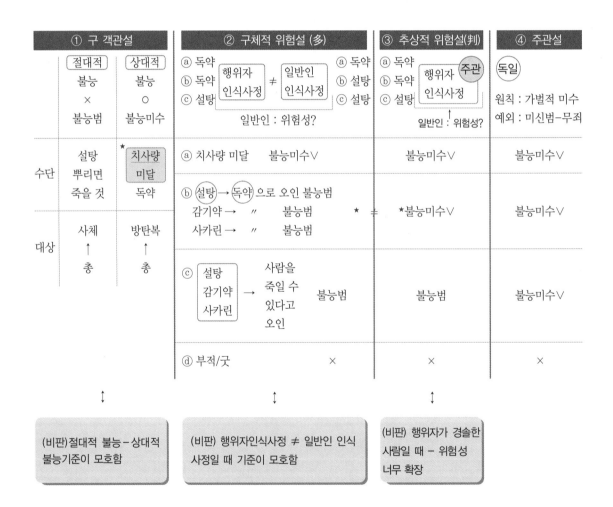

정범과 공범론

제1절 정범과 공범의 일반이론

① 공범의 유형

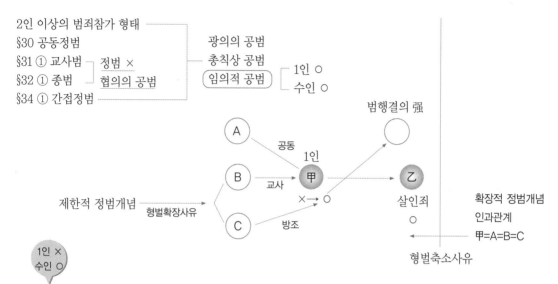

② 필요적 공범 – 2인 이상의 범죄참가가 필수적으로 요구되는 범죄유형
별도의 총칙상 규정 적용 ×

① 집합범	② 대향범		
○→ ○→ ○→	○＝○	＞ ○≠○	○－×
내란 §87 범죄단체조직 §114 소요 §115 다중불해산 §116	도박 §246 아동혹사 §274 인신매매 §289	수뢰－증뢰 §129 ① §133 ① 수수 약속 요구 × 공여 약속 공여의사표시 × 원칙 : 대향범 + 예외 : 개별범죄 배임수재 배임증재 §357 ① §357 ② 업무상 촉탁·승낙낙태 자기낙태 §270 §269	범인은닉－범인 (§151 ①) 음화반포·판매 －음화매수자(§243) 촉탁·승낙살인 －촉탁·승낙자(§252) 음행매개－간음자 누설(★) 처방전 작성교부 비변호사

③ 합동범

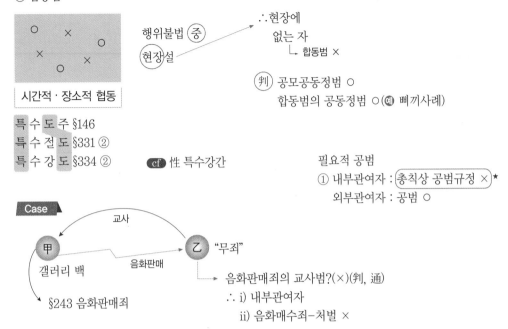

시간적 · 장소적 협동

특 수 도 주 §146
특 수 절 도 §331 ②
특 수 강 도 §334 ②   cf 性 특수강간

행위불법 (中)
현장설 → ∴현장에
없는 자
└ 합동범 ×

(判) 공모공동정범 ○
합동범의 공동정범 ○(예 삐끼사례)

필요적 공범
① 내부관여자 : 총칙상 공범규정 × ★
외부관여자 : 공범 ○

Case

교사
甲 ──────→ 乙 "무죄"
갤러리 백   음화판매
│
↓
§243 음화판매죄

음화판매죄의 교사범?(×)(判, 通)
∴ i) 내부관여자
ii) 음화매수죄−처벌 ×

③ 정범개념

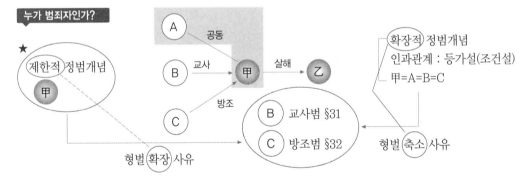

누가 범죄자인가?

★
제한적 정범개념
甲

A ── 공동
B ── 교사 → 甲 ── 살해 → 乙
C ── 방조

확장적 정범개념
인과관계 : 등가설(조건설)
甲=A=B=C

B 교사범 §31
C 방조범 §32

형벌 확장 사유

형벌 축소 사유

④ 정범과 공범의 구별

행위>객관설				의사>주관설		행위지배설(判, 通)	
형식적 객관설		실질적 객관설				객관 + 주관(절충)	
정범	공범	정범	공범	정범	공범	정범	공범
甲	(A)·B·C	우세한 원인 甲·A·(B)	열세한 원인	정범의사 자기이익	공범의사 타인이익	행위 지배 ○	행위 지배 ×
공동정범과 방조범 구별 ×		교사범과 간접정범 구별 ×		이타적범행 설명 ×		Roxin 직접정범 : 실행지배 간접정범 : 의사지배 공동정범 : 기능적 행위지배	
주관(범행계획) 무시				객관(실행행위) 무시			

⑤ 공범의 종속성
└ 협의 : 교사범, 종범

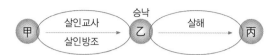

	공범독립성설	공범종속성설(判, 通)	현행형법
범죄이론	주관주의 (행위자의 위험성)	객관주의 (객관적 범죄사실)	기도된교사 §31 ② : 예비음모 처벌 (공범독립성설과 공범종속성실의 절충)
공범의 미수 [(乙)의 실행행위 ×]	공범성립 ○	공범성립 ×	
	살인미수죄의 교사	무죄	
	살인미수죄의 방조	무죄	§32 : ×(공범종속성설)
	§31 ② 당연예시규정	§31 ② 특별예외규정	
간접정범	공범 ○ → 부정	공범 ×→ 긍정	
공범과 신분	§33 단서	§33 본문	
자살관여죄 §252 ②	당연예시규정	특별예외규정	
비판	공범의 성립범위가 너무 넓어진다.	합리적 제한 보장적 기능 중시	

┌ 공범의 성립범위 합리적 제한 ○
공범종속성설 (通), (判)

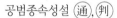

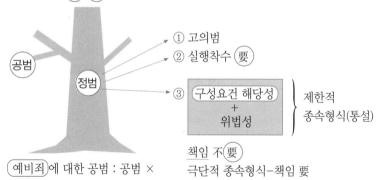

Case 1 정범의 행위는 구성요건에 해당하여야 한다.

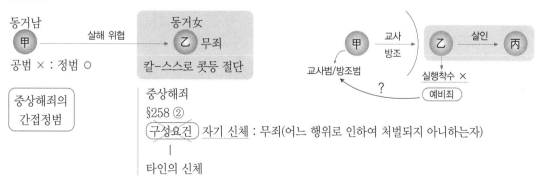

Case 2 정범의 행위는 위법하여야 한다.

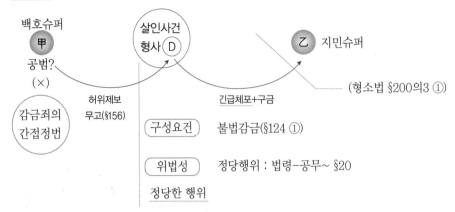

Case 3 기도된 교사

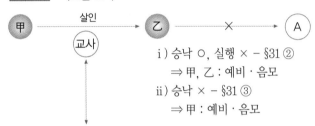

i) 승낙 ○, 실행 × – §31 ②
　⇒ 甲, 乙 : 예비 · 음모
ii) 승낙 × – §31 ③
　⇒ 甲 : 예비 · 음모

§32(종범)에서는 규정 ×
∴ 기도된 방조 – 不罰 ⇒ 특별예외규정

Case 4 간접정범과 교사범의 구별 : 정범개념의 우위성(정범＞공범)

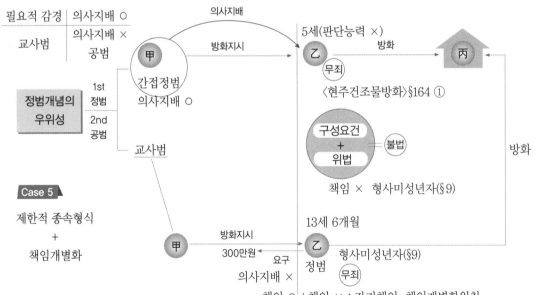

cf 극단적 종속형식 타당 ×
乙 → 책임 ×, 甲 → 공범 ×–간접정범으로 봐야하는데 의사지배 × → 무죄

Case 6 자살관여죄

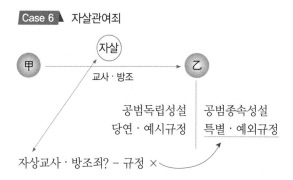

자상교사 · 방조죄? – 규정 ×

공범독립성설 공범종속성설
당연 · 예시규정 특별 · 예외규정

제 2 절 간접정범 §34 ①

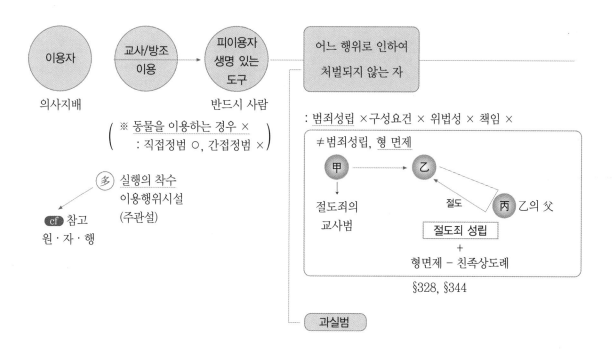

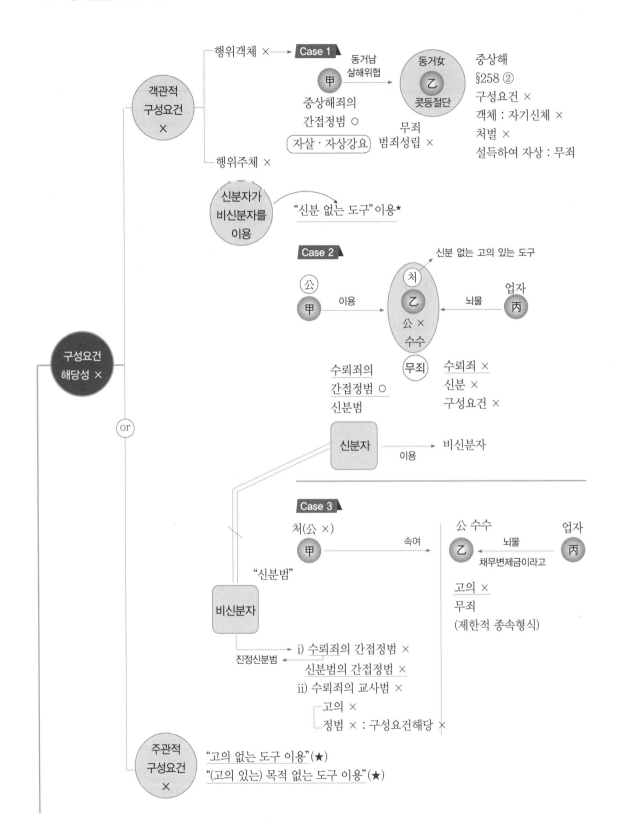

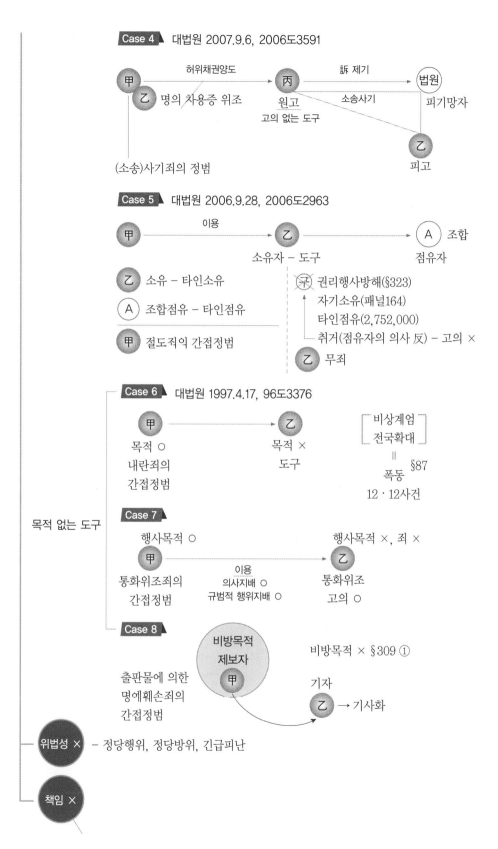

Case 4 대법원 2007.9.6, 2006도3591

甲 ─── 허위채권양도 ───→ 丙 ─── 訴 제기 ───→ 법원
乙 명의 차용증 위조   원고   피기망자
                          고의 없는 도구   소송사기
                                                    乙
                                                    피고

(소송)사기죄의 정범

Case 5 대법원 2006.9.28, 2006도2963

甲 ─── 이용 ───→ 乙 ─────────────→ A 조합
                  소유자 – 도구   점유자

乙 소유 – 타인소유   ㉿ 권리행사방해(§323)
A 조합점유 – 타인점유   자기소유(패널164)
                              타인점유(2,752,000)
甲 절도죄의 간접정범   취거(점유자의 의사 反) – 고의 ×
                              乙 무죄

목적 없는 도구

Case 6 대법원 1997.4.17, 96도3376

甲 ─────────────→ 乙   ┌ 비상계엄
목적 ○   목적 ×   └ 전국확대
내란죄의   도구   ‖
간접정범   §87
                                    폭동
                                    12 · 12사건

Case 7

행사목적 ○   행사목적 ×, 죄 ×
甲 ─── 이용 ───→ 乙
통화위조죄의   의사지배 ○   통화위조
간접정범   규범적 행위지배 ○   고의 ○

Case 8

                비방목적
                제보자   비방목적 × §309 ①
출판물에 의한   甲
명예훼손죄의   기자
간접정범   乙 → 기사화

위법성 × – 정당행위, 정당방위, 긴급피난

책임 ×

*합일태적
책임개념
(通)

책 임능력 × : 책임무능력자 ── 형사미성년자 ── 판단능력 없는 형사미성년자 이용: 간접정범 ○
　　　　　　　　　　　　　　　　　심신상실자 ── 판단능력 있는 형사미성년자 이용: ×(교사범 ○)
　　　　　　　　　　　　　　　　　　　　　　　　　　　　└ 의사지배 ×

　　　　　　　≠
　　한정책임능력자　　　이용 ×
　　심신미약자·청각 및 언어장애인(교사범 ○)　정당한 이유

위 법성의 인식 × ──유죄가능──→ 법률의 착오(§16) ── 무 : 책임 ○, 유죄, 간접정범 ×
　　　　　　　　　　　　　　　　　　　　　　　　　　　유 : 책임 ×, 무죄, 간접정범 ○

책 임고의 × ──→ 위·전·착(허용구성요건 착오) : 법효과제한적 책임설
고의의 이중기능　　　　　　예 오상방위　　　→ 구성요건고의, 책임고의 ×
　　　　　　　　　　　　　　　　　　　　　　　∴과실범 → 간접정범

기 대가능성 × : 강요된 행위 이용　　　　　　　　　　　의사지배
　　　　　　§12
　　　형법상 책임조각사유　　　　강요자 ────→ 피강요자

　　　　　　　　　　　　　　　　간접정범 ○　　│　책임조각
　　　　　　　　　　　　　　　　　　　　　　│　∴ 무죄

　　　　　　　　　　　　　　　　　　　의사지배 ×
간접정범 ×　　　甲 ────────→ 乙
(교사범 ○)
　　　　　　　　　인식　　　　　사실
　　　　　　　책임무능력자　≠　책임능력자
　　　　　　　책임능력자　≠　책임무능력자

　　　┌ 이용
과실에 대한 간접정범 ○
부작위에 대한 간접정범 ○

　　　　　┌ 형량
직접정범 ① 甲 ──상해──→ 乙 §257 ① : 7 징역↓

공동정범 §30 ①　1
교사범　§31 ①　1　──→ <특수교사 1.5(10년 6월 이하 징역)
방조범　§32 ②　─(3년 6월 이하)→ <특수방조 1
간접정범 §34 ①　1 ┐　　──→ <특수간접정범 ┌ 1.5
　　　　　　　　─ ┘　　　　　　　　　　　└ 1

§34 ②

cf
과실에 의한 간접정범 : ×
부작위에 의한 간접정범 : ×

　　　　　↓
일반적 가중사유

개정형법 반영

예 강간죄 §297조 3년~30년
직접정범 : 1
공동정범 : 1
교 사 범 : 1
종　　범 : ─ (1년 6개월~15년)
간접정범 : ┌ 1
　　　　　　└ ─

특수교사 : 1.5(4년6개월~45년)

If you　　then ①
A행위,　　B행위

　　A행위에 대한
　　공동정범 ×

제3절 공동정범 §30

기능적 행위지배설(通, 判)

主 공동가공의 의사
의사의 상호연락+이해
① 편면적 ×
② 동시범 ×
　(상해죄의 동시범)
③ 승계적 공동정범 : 가담 이후 ○
★④ 과실범의 공동정범　○(행위공동설)—判
　　　　　　　　　　　×(기능적 행위지배설)—通

客 공동가공의 실행
분업적 역할 분담+실행
① 공모관계의 이탈
★② 공모공동정범　○┌공동의사주체설──┐判
　　　　　　　　　　간접정범유사설　　│
　　　　　　　　　　기능적 행위지배설──┘
　　　　　　　×(기능적 행위지배설) 多
★③ 합동범의 공동정범　○/×
　　　　　　　　　　판례 　통설

공동 가공의 의사

○	×
① 부동산 이중매매–제2매수인	① 아무런 말도 없이 창 밖만 쳐다 보았다.
② 특수강도의 공동정범	② 아무런 대답도 하지 않고 따라 다니다가~
③ 공직선거후보자 공모	이야기만 나눈 경우
	③ 오토바이 훔쳐오면 사 주겠다.
	④ 감독관 허락
	⑤ 여권위조, 밀항공모 ×
	⑥ 밀수해오면 팔아주겠다.
	⑦ 재검토 지시 × → 공동정범 ×
	⑧ 논문심사–금품수수 → 배임수재 ×

① 편면적 공동정범 ×

Case 1

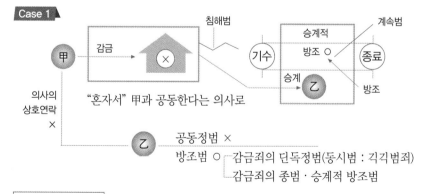

※ **편면적 방조 ○**

공동정범 ≠ ② 동시범　　⎛ see ⎞　　**cf** 중첩적(누적적)
의사연락 ○　　 의사연락 ×　⎝택일적(이중적)⎠　　　인과관계에서는 적용 ×
　　　　　　　　　　　　 인과관계
　　　　　　　　　　　　 §19 원칙

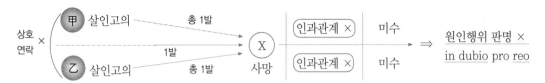

Case 2

③ 동시범의 특례

§263의 적용범위

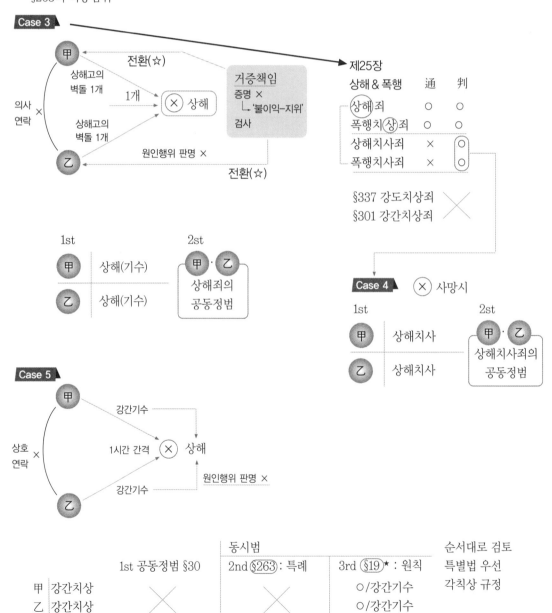

④ 승계적 공동정범

포괄일죄 경우만

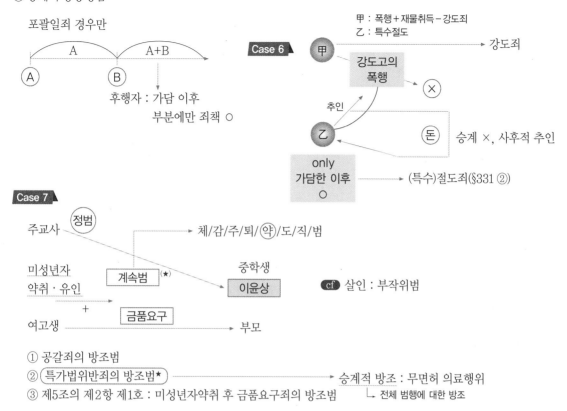

④ 승계적 공동정범

甲 : 폭행 + 재물취득 – 강도죄
乙 : 특수절도

Case 6
甲 ──────────────→ 강도죄
강도고의
폭행
×

추인

乙
(돈) 승계 ×, 사후적 추인

only
가담한 이후 ────→ (특수)절도죄(§331 ②)
○

후행자 : 가담 이후
부분에만 죄책 ○

Case 7

정범
주교사 ──────────→ 체/감/주/퇴/(약)/도/직/범

미성년자
약취 · 유인   계속범 (★)   중학생
이윤상   cf 살인 : 부작위범
+   금품요구

여고생 ──────────────→ 부모

① 공갈죄의 방조범
② 특가법위반죄의 방조범★ ────────→ 승계적 방조 : 무면허 의료행위
③ 제5조의 제2항 제1호 : 미성년자약취 후 금품요구죄의 방조범   └ 전체 범행에 대한 방조

⑤ 과실범의 공동정범

• 특가법상 도주차량 운전죄
  운전자 : 형법 §268 + 구호의무불이행
        ○   +   ○
        | |
  동승자 : ×   +   ○

Case 8

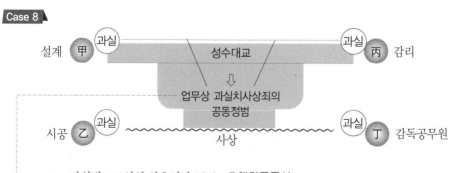

설계 甲 (과실) ──── 성수대교 ──── (과실) 丙 감리
⇩
업무상 과실치사상죄의
공동정범

시공 乙 (과실) ～～～ 사상 ～～～ (과실) 丁 감독공무원

esp. 과실범 : 고의의 상호연락 不要   ①행위공동설★
사실적, 前법률적, 자연적 (행위)의 (공동) ○→ 공동정범 ○
        ※비판 : 공동정범의 주관적 요건 완화 – 책임주의 원칙 反

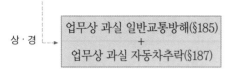

상·경 ──→

업무상 과실 일반교통방해(§185)
+
업무상 과실 자동차추락(§187)

긍정설
② 공동행위주체설
③ 과실공동 기능적 행위지배설
④ 과실공농 행위공농설

부정설　　**특정범죄** 에 대한
① 범죄 공동설 → 고의의 공동 + 실행행위의 공동
　　　　　　　　　　　　　　×
② 목적적 행위지배설
③ 기능적 행위지배설 通
　　의사의 상호연락 × → 기능적 행위지배 × → 공동정범 ×

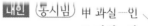

대인　**동시범**　甲 과실 ─ 인
　　　　　乙 과실 ─ 과　　결과 ┌ ○ : 업무상 과실치사상
　　　　　丙 과실 ─ 관　　　　 └ × : 무죄(과실미수 ×)
　　　　　丁 과실 ─ 계

⑥ 공모관계의 이탈

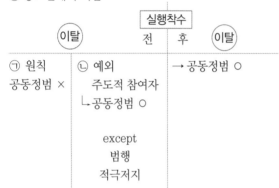

　　　　　　　실행착수
　　이탈　　전　　후　　이탈
ⓐ 원칙　ⓑ 예외　　　→ 공동정범 ○
공동정범 ×　주도적 참여자
　　　　　└ 공동정범 ○

　　　　　except
　　　　　범행
　　　　　적극저지

Case 9 ▶ 대법원 2008.4.10, 2008도1274

　　　　주도적 참여자
　　　　└ "적극적 범행저지" 要 ≠ "어?"
　　　　　　　└ 이탈 ○
　　　　　　　　　　　강도상해죄의
　　　　　　　　　　　공동정범 ○

⑦ 공모공동정범 ⇒ 조직범죄의 수괴
　: 공모 ○, 실행 × ⇒ 공동정범?

Case 10 ▶

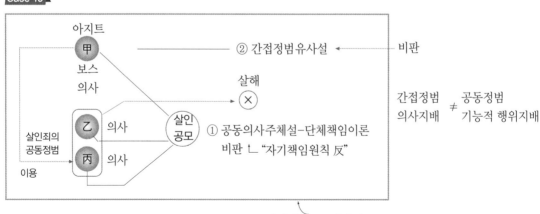

아지트
甲　　　　　　　　② 간접정범유사설 ←　　　비판
보스
의사　　　　　　　살해
　　　　　　　　　 ×
　　　乙　의사　살인
살인죄의　　　　공모　① 공동의사주체설-단체책임이론
공동정범　丙　의사　　　비판 └ "자기책임원칙 反"
이용

간접정범　　공동정범
의사지배　≠　기능적 행위지배

*비판 : 공동정범의
　　　객관적 요건 완화

긍정설

① 공동의사주체설
② 간접정범유사설
③ 적극이용설
④ 행위지배 ○
    └ 제한적 인정설

공모자

기능적 행위지배	
○	×
주도적역할 : 공동정범 ○	단순가담자 : 공동정범 ×
예 상급단체간부	

부정설

① 범죄공동설
② 행위공동설(★) ⎫ 공동실행행위 ×
    ‖   ⎭
③ 공동행위주체설
    多 ④ 기능적 행위지배설
         공동가공의 실행 ×
         → 공동정범 ×
대안 (특수)교사 · 방조 ○
      간접정범 × (처벌받지 않는 사람을 이용하므로)

⑧ 합동범의 공동정범

현장–시간적 · 장소적 협동 : 현장설

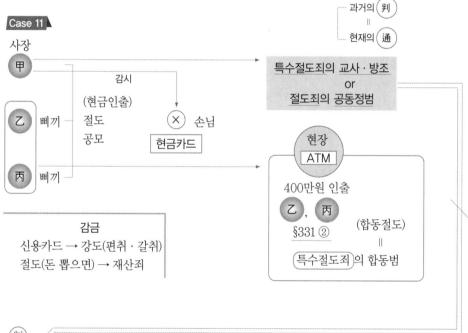

Case 11

사장
甲

乙 삐끼
丙 삐끼

감시
(현금인출)
절도
공모

× 손님
현금카드

과거의 判
   ‖
현재의 通

특수절도죄의 교사 · 방조
or
절도죄의 공동정범

현장
ATM

400만원 인출
乙 , 丙
§331 ②   (합동절도)
              ‖
특수절도죄 의 합동범

감금
신용카드 → 강도(편취 · 갈취)
절도(돈 뽑으면) → 재산죄

判
전 · 합 → 특수절도죄의 공동정범 ○
(=합동절도의 공동정범)
㉠ 3인 이상의 공모(2인의 공모 ×)
㉡ 그중 2인 이상의
   현장에서의 합동실행
   : 乙 · 丙 합동범 ○
㉢ 나머지 1인 이상의 공모만 한 자

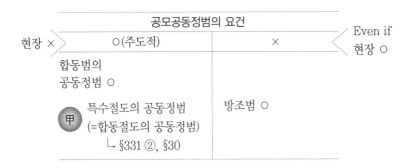

공모공동정범의 요건

| 현장 × | ○(주도적) | × | Even if 현장 ○ |

합동범의 공동정범 ○

甲 특수절도의 공동정범 (=합동절도의 공동정범)
∟ §331 ②, §30

방조범 ○

공동정범과 착오 공모한 범죄≠실행한 결과

Case 12

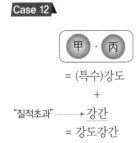

甲 · 丙
= (특수)강도
+
"질적초과" ----→ 강간
= 강도강간

乙
강도

참고

§329 절도
§330 야간주거침입절도
§331 특수절도
§331의2 자동차등불법사용
§332 상습범(상/협/체/성/절/사/장/아/도)

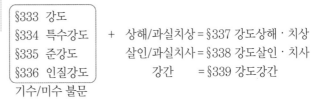

§333 강도
§334 특수강도   +   상해/과실치상 = §337 강도상해 · 치상
§335 준강도   살인/과실치사 = §338 강도살인 · 치사
§336 인질강도   강간   = §339 강도강간
기수/미수 불문

| §340 ① 해상강도 ② ③ | §341 상습범 | §342 미수범 | §343 : 강도 ↓ | §344 : 절도 §345 | §346 : 동력 |

유체성설   관리가능성설
특별규정   당연규정

(살/약/강/음/통/방/기/폭/도/내)   多

실행의 양적초과

Case 13

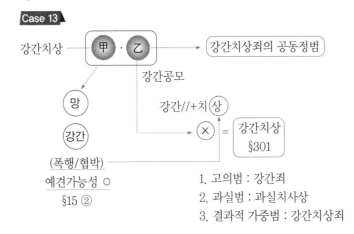

강간치상   甲 · 乙   ──→ 강간치상죄의 공동정범
                  강간공모

망

강간   강간//+치상
                            × = 강간치상 §301
(폭행/협박)
예견가능성 ○
§15 ②

1. 고의범 : 강간죄
2. 과실범 : 과실치사상
3. 결과적 가중범 : 강간치상죄

강간치상죄의 공동정범
결과적 가중범의 공동정범 ○
"기본범죄(강간)에 대한 공동 ○
or
결과에 대한 예견가능성 ○"
(과실)

cf 〈결과적 가중범〉

강 간 치 상

| 고의의 기본범죄 | 과실의 중한 결과 |

↓

상당인과관계
예견가능성

기본범죄에 대한 공동이 있 or 중한결과에 대한 예견가능
으면 결과적 가중범의 공동 성이 있으면 결과적 가중범
정범을 인정할 수 있다.(○) 의 공동정범을 인정할 수
있다.(○)

Case 14

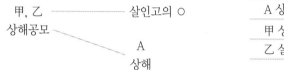

甲, 乙 ——— 살인고의 ○
상해공모

A
상해

A 상해	사망
甲 상해죄	상해치사죄
乙 살인미수	살인죄

※예견가능성 인정 판례

Case 15

Case 16

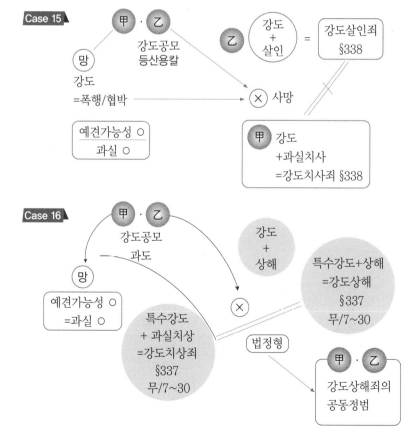

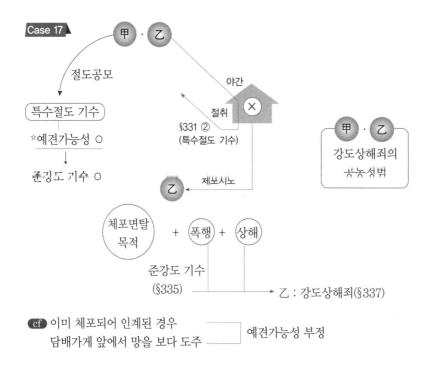

cf 이미 체포되어 인계된 경우
담배가게 앞에서 망을 보다 도주 ── 예견가능성 부정

제4절 ~ 제5절 교사범 & 종범

① 교사범의 성립요건 §31 ①

생각 主		행위 客	
이중적 고의		교사행위	
교사의 고의	정범의 고의	작위에 의한 교사 ○	부작위 에 의한 교사 ×
≠ 과실에 의한 교사 ×	∥ 기수의 고의 ≠ 미수의 교사 (함정수사) ×		

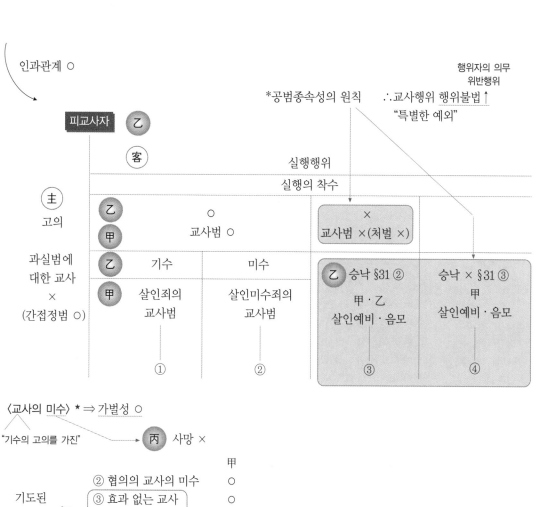

〈교사의 미수〉★ ⇒ 가벌성 ○

"기수의 고의를 가진" ➤ 丙 사망 ×

　　　　　　　　　　　　　　　　甲
　　② 협의의 교사의 미수　　　　○
기도된　③ 효과 없는 교사　　　　　○
교사　　④ 실패한 교사　　　　　　○
　　⑤ 미수의 교사 처벌　　　　　×

〈예비죄에 대한 교사〉★ ③번

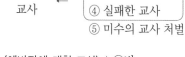

甲 ➤ 乙　승낙, 실행착수 × : 준비 ○

교사

교사범 ×
가벌성 ○　효과 없는 교사(§31 ②)　　　　甲 : 살인예비 – 처벌 ○

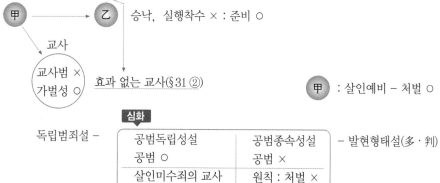

독립범죄설 –

공범독립성설	공범종속성설
공범 ○	공범 ×
살인미수죄의 교사	원칙 : 처벌 ×

– 발현형태설(多·判)

〈교사범 : 정범의 고의〉
• 막연히 범죄를 하라 : 교사 ×
• 특정범죄에 대한 교사 要 But 범행의 세부사항 특정 不要

현행형법 : 절충
교사범　　예비음모
　×　　　○ – 가벌성 ○

② 종범의 성립요건 §32 ①

×→○
甲 ─방조→ 乙 ─살해→ 丙
○→○

방조자
甲 │ 편면적 방조 ○ ────────── 인과관계 필요 →

客 방조행위

┌ 언어적 방조
| 물질적 방조 | 정신적 방조 |
| 유형적 방조 | 무형적(언어적 방조) |

主
이중고의

방조	정범
고의	고의
╫	╫
과실에	미수의
의한	방조
방조	×
×	

☆ (부작위)에 의한 (방조) ○ ≠   Case ▶ 보라매병원

법적 작위의무자 - "방치"
① 법원 경매 총무 : 업무상 횡령 방조
② 은행 지점장 : 업무상 배임 방조
③ 백화점 직원 : 상표법 위반 방조
④ 아파트 지하실 임대인 : 건축법 위반 방조
⑤ 사이트 운영 회사 : 전기통신기본법 위반 방조
　　　팀장, 직원

*작위에 의한
　살인죄의 방조범
의사 Ⓐ Ⓑ
강청　　　 허용　　　　기능적 행위지배 ×
　　　　　　　　　　　　인과관계 ○
보호자 甲 ─── 부작위에 의한
퇴원　　　　　　살인죄의 정범
　　　乙 환자
　　　사망　┌작위범 → 부작위범┐
　　　　　　　○　　　　　×
└→ 부작위범의 보충성

매도인　　　　매수인
甲 ⇄ 乙
부동산　계약금, 중도금
등기 ↘ 丙　제2매수인
　　　　　　　배임죄의 방조?(×)
* 배임적 거래행위의 상대방은 배임방조가 되지 않는다.

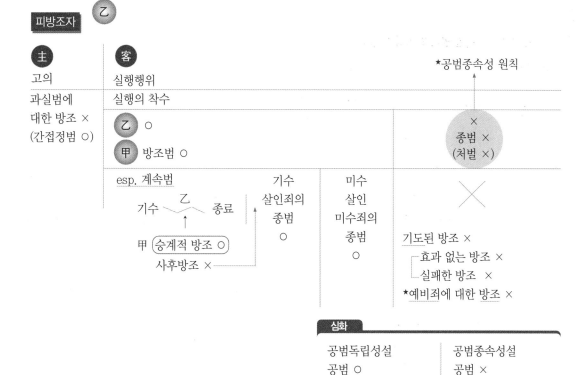

③ **교사의 착오** 〈교사자의 의도 ≠ 정범의 실행 결과〉
└▸ 피교사자

구체적 사실의 착오

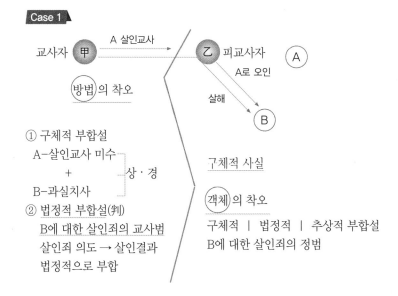

Case 1

교사자 甲 ── A 살인교사 ──▶ 乙 피교사자 Ⓐ

방법의 착오   A로 오인

살해

Ⓑ

① 구체적 부합설
　A-살인교사 미수─┐
　　　+　　　　　├ 상·경
　B-과실치사　　─┘
② 법정적 부합설(判)
　B에 대한 살인죄의 교사범
　살인죄 의도 → 살인결과
　법정적으로 부합

구체적 사실

객체의 착오
구체적 | 법정적 | 추상적 부합설
B에 대한 살인죄의 정범

추상적 사실의 착오

★교사한 범죄보다 경미한 범죄를 실행한 경우

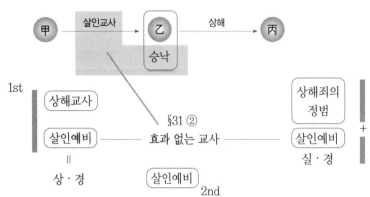

★교사한 범죄를 초과하여 실행한 경우

① 질적 초과

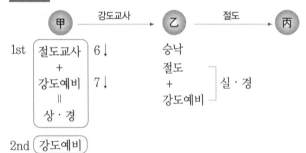

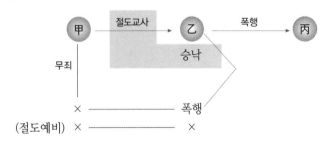

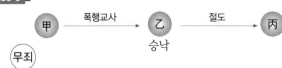

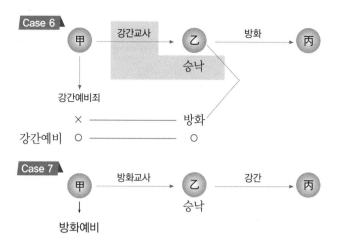

Case 6

甲 —강간교사→ 乙 —방화→ 丙
           승낙

甲 ↓
강간예비죄

강간예비 ○ —————— ○
    × —————— 방화

Case 7

甲 —방화교사→ 乙 —강간→ 丙
           승낙

甲 ↓
방화예비

연습

Case 8

甲 —강간교사→ 乙 —유사강간→ 丙
           승낙

甲 ↓
유사강간교사

Case 9

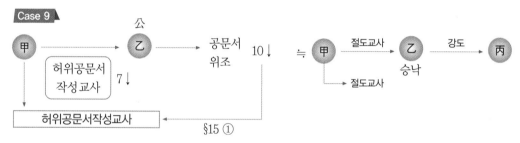

公
甲 ——→ 乙 → 공문서 위조 10↓ ≒ 甲 —절도교사→ 乙 —강도→ 丙
                                                승낙

허위공문서 작성교사 7↓

甲 ↓ → 허위공문서작성교사 ←——— §15 ①
                           甲 → 절도교사

② 양적 초과

Case 10 정신 차릴 정도로 때려줘라

"비교" ⎯ 예견가능성 ×
       ⎣ 상해교사

Case 11 교사자의 예견가능성(★)

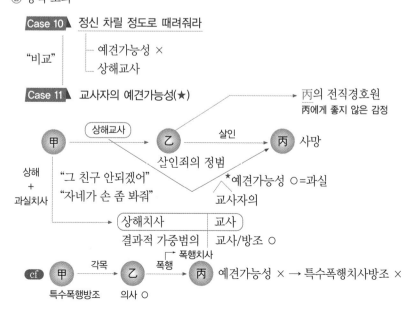

                                         → 丙의 전직경호원
                                          丙에게 좋지 않은 감정

甲 —(상해교사)→ 乙 —살인→ 丙 사망
              살인죄의 정범

상해
+
과실치사

"그 친구 안되겠어"
"자네가 손 좀 봐줘"
                       *예견가능성 ○=과실
                     교사자의

        └→ 상해치사 | 교사
            결과적 가중범의 | 교사/방조 ○

                     ┌→ 폭행치사
cf 甲 —각목→ 乙 —폭행→ 丙 예견가능성 × → 특수폭행치사방조 ×
특수폭행방조 의사 ○

제 6 절 공범과 신분

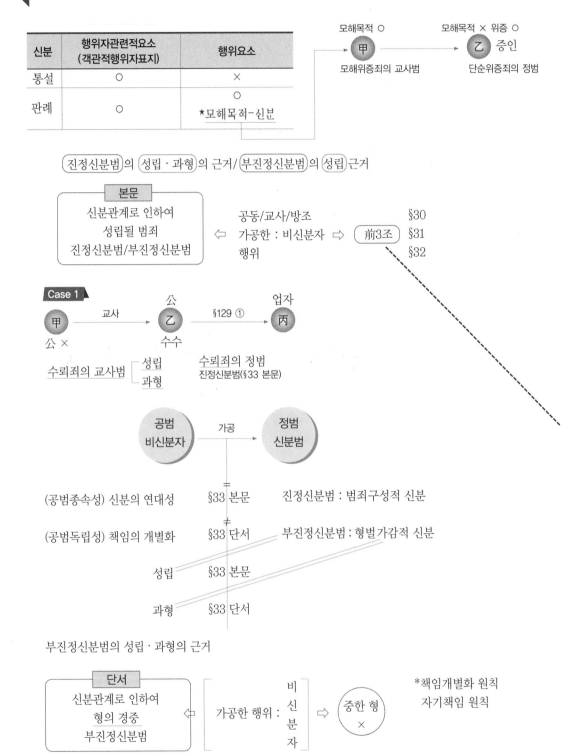

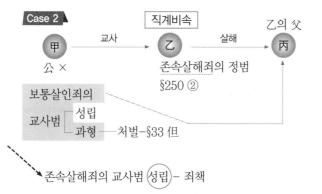

Case 2

甲 ──교사──▶ 乙 ──살해──▶ 丙

直系卑属 (직계비속)

乙의 父

公 ×

존속살해죄의 정범
§250 ②

보통살인죄의
교사범 ┌ 성립
       └ 과형 ── 처벌 – §33 但

▶ 존속살해죄의 교사범 (성립) – 죄책

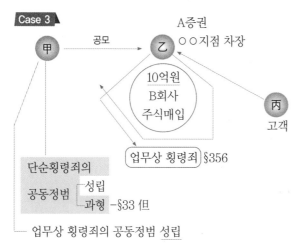

Case 3

甲 ──공모──▶ 乙

A증권
○○지점 차장

10억원
B회사
주식매입

丙
고객

업무상 횡령죄 §356

단순횡령죄의
공동정범 ┌ 성립
         └ 과형 – §33 但

── 업무상 횡령죄의 공동정범 성립

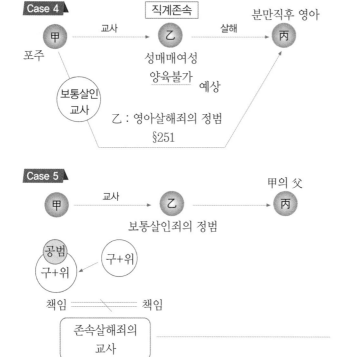

Case 4

甲 ──교사──▶ 乙 ──살해──▶ 丙

直系尊属 (직계존속)

분만직후 영아

포주

성매매여성
양육불가 예상

보통살인
교사

乙 : 영아살해죄의 정범
§251

Case 5

甲 ──교사──▶ 乙 ──▶ 丙

甲의 父

보통살인죄의 정범

공범
구+위

구+위

책임 ══════ 책임

존속살해죄의
교사

§33 단서 적용
〈책임개별화 원칙〉

⟨ 소극적 신분 과 공범 ⟩ – §33 적용 ×

죄가 안 되게 만드는 신분 스스로 정범 ×, 공범 ○	진정신분범 범죄구성적 신분	부진정신분범 형벌가감적 신분	무면허의료죄 의료인 범죄 불구성적 신분

Case 1

일반인
소극적 신분 ×
비신분자

甲 ─── 가담 ──→ 乙 행위
무죄   구성요건 ×

의사
소극적
신분자   무죄

Case 2

소극적
신분자
甲 ─── 교사
      공동 ──→ 乙 행위
"의사"   무면허의료죄의 정범
무면허의료죄의 공범

소극적 신분 ×
비신분자

※ 소극적 신분자라 하더라도 공범이 성립할 수 있다.(○)

제1절 과실범과 결과적 가중범

1 과실범 §14

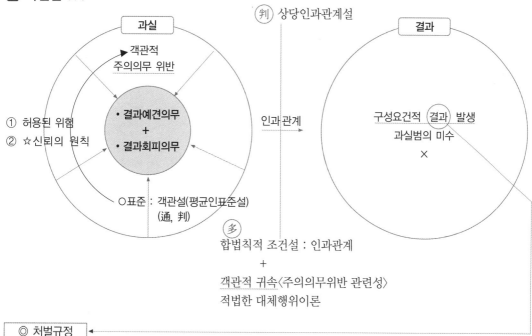

◎ 처벌규정

	보통과실 〈	업무상 과실	= 중과실
실⑭	○	○	○
★⑪수	○	×	×
⑭발성물건 파열	○	○	○
⑭통방해	○	○	○
~⑭	○	○	○
~⑭	○	○	○
★~⑭물취득	×	○(가중적 신분 ×)	○
⑭·진기방류	○	○	○
⑭·전기 공급방해	○	○	○

➡ 대체로 부진정신분범
예외 : 진정신분범
① 업무상 ⑭밀누설
② 업무상 ⑭실장물
③ 업무상 ⑭력간음

○ 과실의 종류

① 인식 없는 과실 <u>=</u> 인식 있는 과실 ⧧ 미필적 고의   구별 要 "의사의 정도"
　　　　└ 범죄의 성립 : 동일　　　　　　　　　　　　　⇒ 인용설

　　고의 = 인식 + 의사
　　　　× 　　　　: 인식 없는 과실 → 과실치사 §267
　　　　○　　×　: 인식 있는 과실 → 과실치사 §267

　　　　　　　　　　　　　┌ 중한 결과(×)
② 보통과실 < 업무상 과실 = 중과실

　　주체 │ 업무자　　　　　　　일반인, 특별한 상황
　　　　 │ <u>주의의무 · 예견의무 · 예견가능성 ↑</u>
　　　　 │ 조금만 주의를 기울였더라면
　　　　 │ 결과회피 가능

　　Q. 업무자의 중과실 : 업무상 과실 ○
　　　 ∴ 업무상 과실 + 중과실 : 상 · 경 ×

○ 객관적 주의의무위반과 주관적 주의의무위반

　　⑩ 운전경력

	3日	30年		
객관적 주의의무 위반 (신호, 차선...)		=	→ 구성요건적 　과실 추정 ×	⧧ 고의의 이중기능 구성요건적 고의 추정 ○
주관적 주의의무 위반 (개인적 능력)		<	→ 책임과실	책임고의

○ 신뢰의 원칙

① 의의　　┌ 모든 영역 확대되는 추세
　　스스로 교통 규칙 준수 ○
　　→ 타인의 교통규칙 준수를 신뢰하면 족하다!
　　→ ∴ 갑작스러운 타인의 위반에 대해서는 과실 ×

수평적	수직적
○	×
	의사 – 간호사
	주치의 – 수련의
	∴ 지휘 · 감독의무

判 명시적 채택

　　고속도로 ────────────────────→

　　자동차 전용도로(잠수교)

　　인도

　　무모한 추월

　　신호등 + 중앙선

　　육교 밑

　　소방도로

　　횡단보도 건너편 → 횡단보도에서의 사고 : 사고 당시 신호등 색깔 기준

　　교차로 : 통행의 우선순위

무단횡단 운전자	
원칙	예외
무죄	① 미리 예상 　　and ② if 감독·급제동 　　→ 사고 × : 유죄

② 한계(신뢰의 원칙 적용 ×)

　㉠ 스스로 규칙 위반 → 신뢰원칙 ×

　　　　　　甲-유죄

　　　　　　신뢰의 원칙적용 ×

but) 스스로 규칙 위반 → 신뢰원칙 적용여지 없다. ×

　　　　　　　　: 사고발생의 직접적 원인을 따져봐야 하므로 여지가 없다고는 할 수 없다.

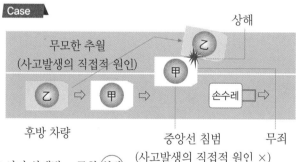

　　후방 차량　　　　　중앙선 침범　　　무죄

　　　　　　　　(사고발생의 직접적 원인 ×)

　㉡ 이미 상대방 - 규칙 위반

　　　형법상

　　　├ 과실상계 ×

　　　└ ∵ 공법

　　　국가 → 개인

　　　　　공

　　　　　형

　　　　　벌

　㉢ 노약자, 어린 아이

　　교통사고 빈발지역 : 교통규칙에 합당한 행태

　　　　　　　기대가능성 無

　　　　봤다면

　　　　방어운전 要

업무상 과실치상 ○

주관적 위법성 조각사유

甲 →(과실치상)→ 乙
甲 ←————— 乙
　　　　　　　　살인고의 (총)

과실범-주관적 정당화 요소?

	① 필요설(少)	② 불요설(多)
	행위불법 + 결과불법 　○　　　　× : 불능미수, but 　과실범의 미수 : × ∴ 무죄	객관적 정당화상황 ○ └ 충분(주관적 정당화요소 不要) : 정당방위 ○ ∴ 무죄

② 결과적 가중범 §15 ②

Case 1

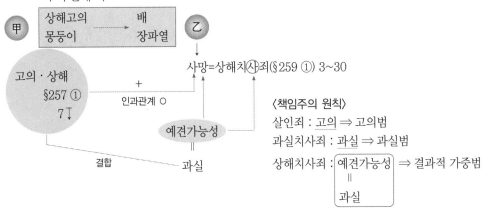

甲의 본래 의도

甲 → [상해고의 / 몽둥이 → 배 / 장파열] → 乙

사망=상해치(사)죄(§259 ①) 3~30

고의 · 상해
§257 ①
7↑

+ 인과관계 ○

결합 ——— 과실

예견가능성

〈책임주의 원칙〉
살인죄 : 고의 ⇒ 고의범
과실치사죄 : 과실 ⇒ 과실범
상해치사죄 : [예견가능성 ∥ 과실] ⇒ 결과적 가중범

결과적 가중범의 처벌규정

-치-	보통의 결과적 가중범 　└ 과실치사상 × : 고의의 기본범죄 無 ∴ 단순과실범	
중-	상해 유기 강요	생명위험
	손괴	생명 · 신체 위험
중	체포 · 감금	× - 별도의 가혹행위 要 §277 미수 ○
연-	연소 §168 (자기소유 + α) ↓ 고의의 기본범죄	

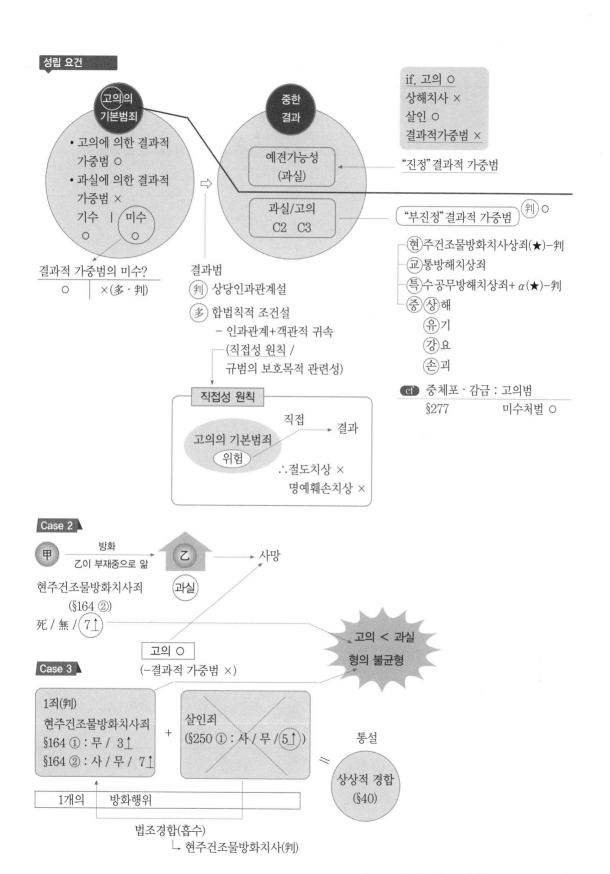

성립 요건

고의의 기본범죄
• 고의에 의한 결과적 가중범 ○
• 과실에 의한 결과적 가중범 ×
기수 | 미수
○ | ○

중한 결과
예견가능성 (과실)
과실/고의 C2 C3

if. 고의 ○
상해치사 ×
살인 ○
결과적가중범 ×

"진정" 결과적 가중범

"부진정" 결과적 가중범 ㉟ ○

├ ㉤주건조물방화치사상죄(★)-㉟
├ ㉐통방해치상죄
├ ㉦수공무방해치상죄+α(★)-㉟
└ ㉜상해
   ㉴기
   ㉵요
   ㉶괴

cf 중체포·감금 : 고의범
   §277   미수처벌 ○

결과적 가중범의 미수?
○ | ×(多·判)

결과범
㉟ 상당인과관계설
多 합법칙적 조건설
   – 인과관계+객관적 귀속
   (직접성 원칙 / 규범의 보호목적 관련성)

직접성 원칙

고의의 기본범죄
위험
직접 → 결과
∴절도치상 ×
명예훼손치상 ×

Case 2

甲 ―방화―→ 乙 ―→ 사망
乙이 부재중으로 앎   (과실)

현주건조물방화치사죄
   (§164 ②)
死 / 無 / 7↑

고의 ○
(–결과적 가중범 ×)

고의 < 과실
형의 불균형

Case 3

1죄(判)
현주건조물방화치사죄
§164 ① : 무 / 3↑
§164 ② : 사 / 무 / 7↑

+

살인죄
(§250 ① : 사 / 무 / 5↑)

통설
=
상상적 경합
(§40)

1개의 | 방화행위

법조경합(흡수)
└ 현주건조물방화치사(判)

더 알아보기 (*)부진정결과적 가중범과 고의범의 죄수 공식

① 부진정결과적 가중범 ≥ 고의범 : 법조경합 中 특별관계
    부진정결과적 가중범의 1죄
② 부진정결과적 가중범 < 고의범 : ○ + ○
    상상적 경합

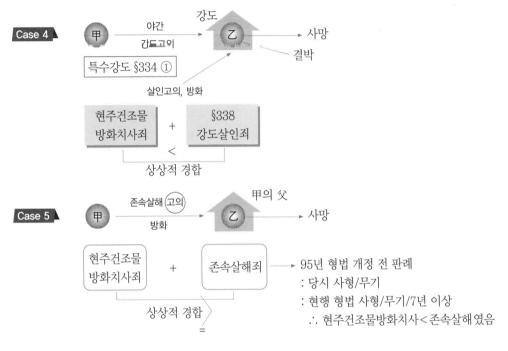

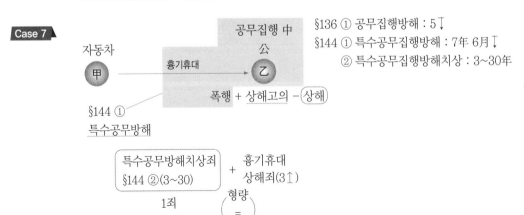

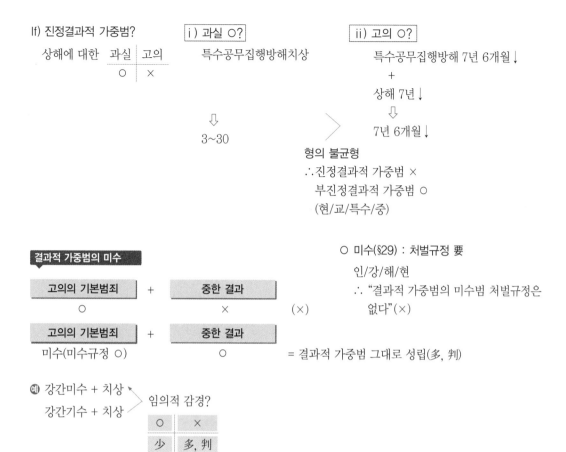

If) 진정결과적 가중범?

상해에 대한

과실	고의
○	×

i) 과실 ○?
특수공무집행방해치상

⇩

3~30

ii) 고의 ○?
특수공무집행방해 7년 6개월↓
+
상해 7년↓

⇩

7년 6개월↓

형의 불균형
∴진정결과적 가중범 ×
부진정결과적 가중범 ○
(현/교/특수/중)

결과적 가중범의 미수

고의의 기본범죄	+	중한 결과	
○		×	(×)

○ 미수(§29) : 처벌규정 要
인/강/해/현
∴ "결과적 가중범의 미수범 처벌규정은
없다"(×)

고의의 기본범죄	+	중한 결과	
미수(미수규정 ○)		○	= 결과적 가중범 그대로 성립(多, 判)

예 강간미수 + 치상
강간기수 + 치상

임의적 감경?

○	×
少	多, 判

제 2 절 부작위범

1 부작위범의 일반이론

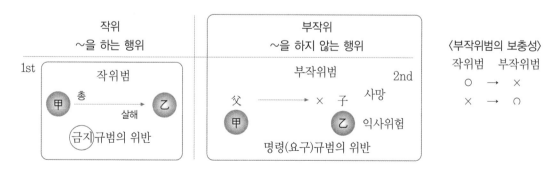

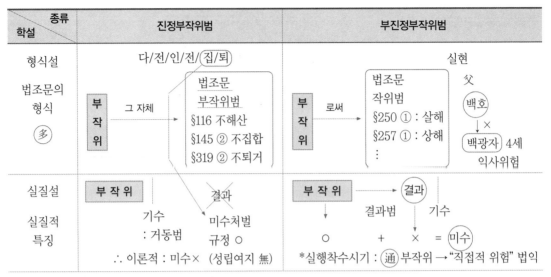

종류 학설	진정부작위범	부진정부작위범
형식설 법조문의 형식 (多)	다/전/인/전/집/퇴 부작위 → 그 자체 → 법조문 부작위범 §116 不해산 §145 ② 不집합 §319 ② 不퇴거	실현 부작위 → 로써 → 법조문 작위범 §250 ① : 살해 §257 ① : 상해 ⋮ 父 백호 × 백광자 4세 익사위험
실질설 실질적 특징	부작위 ┬ 결과 기수 미수처벌 : 거동범 규정 O ∴ 이론적 : 미수× (성립여지 無)	부작위 → 결과 결과범 기수 O + × = 미수 *실행착수시기 : (通) 부작위 → "직접적 위험" 법익

• 진정부작위범은 미수범 처벌규정이 없다. (×)
• 부작위범의 미수는 성립하지 않는다. (×)

비판 : §271 유기죄는 거동범이면서 부진정부작위범

② 부작위범의 성립요건

① 부작위범의 구성요건

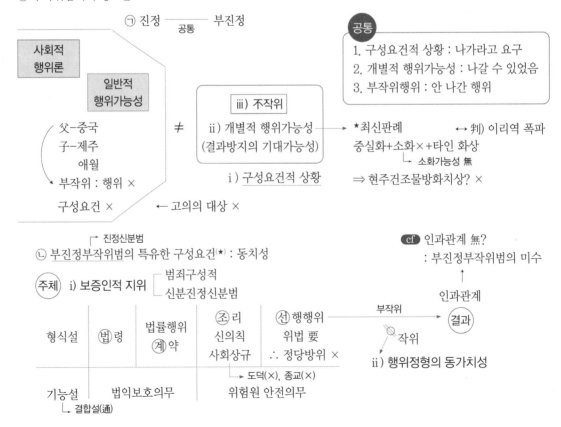

작위의무의 체계적 지위

① 위법성요소설

"작위의무자의

부작위는

(위법)하다"

- 비판

작위의무 없는 자의 부작위도

모두 구성요건에 해당된다고

보게 되는 문제점

= 구성요건해당성 너무 (확대)

② Nagler 구성요건요소설(보증인설)

"작위 의무자의 부작위는

(살인)이다"

‖

구성요건

- 비판

작위범과의 체계적 균형 反

위법성을 고려하지 않고 구성요건만 고려

cf

	작위범	(부진정) 부작위범
구성요건	작위	보증인적 지위를 가진 자의 부작위
위법성	정당방위? 정당행위? 부작위의무	보증인적 의무 (작위의무) 강제 ○ 강제 × 위법 ○ 위법 ×

③ 2분설(통설)

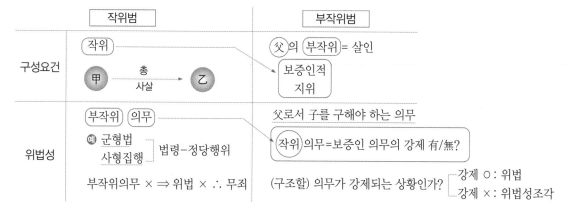

	작위범	부작위범
구성요건	(작위) 甲 ──총─── 乙 사살	父의 (부작위)= 살인 → 보증인적 지위
위법성	(부작위) (의무) 예 균형법 사형집행 } 법령-정당행위 부작위의무 × ⇒ 위법 × ∴ 무죄	父로서 子를 구해야 하는 의무 (작위)의무=보증인 의무의 강제 有/無? (구조할) 의무가 강제되는 상황인가? ┌강제 ○ : 위법 └강제 × : 위법성조각

③ 부작위범의 위법성

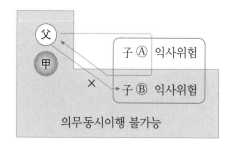

父
甲
子 Ⓐ 익사위험
× → 子 Ⓑ 익사위험
의무동시이행 불가능

⇒ A를 구하느라 B를 구할 수 없었던 상황(의무충돌)

= B에 대한 작위의 의무 강제 無

= 부작위해도 위법하지 않음

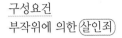

```
구성요건                      위법성 ×
부작위에 의한 (살인죄)          정당방위 ×        (무죄)
                            긴급피난 ×
:(부진정)부작위범              의무의 충돌 ○
   보증인적 지위              A ←— B
        ○                  의무   의무
                            ○     ×
```

④ 부작위범의 책임
└ 착오

Case 1

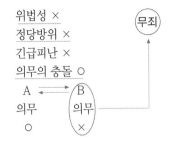

① (자기 子인 줄) (몰랐다)
= 자신이 乙의 父의 지위에 있다는 사실 인식 ×

= 보증인적 지위 (착오)

= 구성요건(착오) – 인식 ×
　　　　　　　　　 고의 ×
⇒ 구성요건적 고의가 조각
　∴ 과실범의 성부 문제
　　　　　　　　　　　과실치사

고의○
② (자기 子인 줄 알았다)
but 구조의무 없다고 오인

인식	현실
×	구조의무 ○
×	작위의무 ○ → 위법성요소
×	(보증인 의무) ○
위법 ×	위법 ○

→ 금지착오 §16 (★)
⇒ 정당한 이유 × /회피가능성 ○
⇒ 책임 ○ ————→ 살인죄

Case 2 과실의 부작위범

과실범 — 부작위범
　　　 망각범 ○ ≠ 환각범
과실의 부진정부작위범 ○, 처벌 ○
부작위에 의한 작위범
 (소화)
과실치사죄 + 실화죄
　　　○

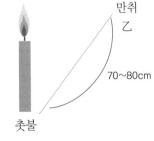

만취
乙
70~80cm
촛불

제 1 절 죄수론의 일반이론

① 죄수결정의 기준

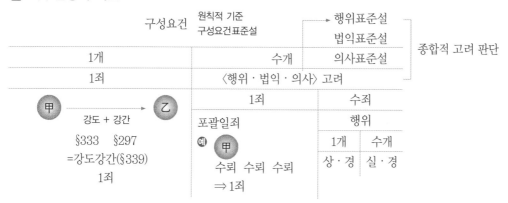

① 행위표준설

강력처벌시(실 · 경多)

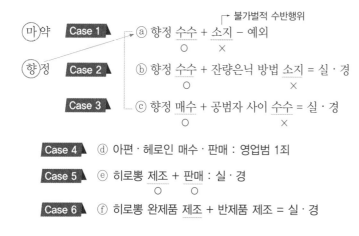

(대)마

(관)세 　　　　　　실 · 경
　　　Case 7　　㉠ 무신고 수입　　㉠ 관세대상물 ← 절도
　　　Case 8　　㉡ 허위신고 수입　　⇒ 관세법 위반 + 절도 = 상 · 경
　　　Case 9　　㉢ 관세부정환급　　㉡ 관세대상물 ← 강도
　　　　　　　　　　　　　⇒ 관세법 위반 + 강도 = 상 · 경

　　　　　Case 10　　㉢ 무면허 수입 + ┌ 관세포탈 ┐ =1죄
　　　　　　　　　　× └→ (조세포탈) ┘
　　　　　　　　　　　흡수

(피)라미드 다단계판매업법, 방문판매법 : 실 · 경

(카)드깡 → 불법자금융통(여신전문금융업법상) : 할 때마다 별개의 죄 성립

(무)면허운전 : 일수기준(수죄) ≠ 무면허의료 : 영업범 1죄

　　　Case 11　　○ ○ ○ ○ : (수죄)일수 기준

② 법익표준설(대부분 상 · 경)

　　Case 12

　　　　3개의 살인죄의 상 · 경

　　Case 13

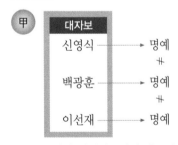

　　　3개의 명예훼손죄의 상 · 경

　　Case 14

A백화점
식품부 차장
(甲)

각 피해자별 판매행위 → 수개의 행위
　　　　　　　피해자의 수
　　신선한 것처럼　　　　↑

　　　　　　　수많은　　수개의
　　　　　　　백화점　　사기죄의
　　　　　　　고객들　　실 · 경
　　　　판매

★ ── 행사죄 + 사기죄　| tip | 행사죄는 거의 실 · 경
　　└→실 · 경

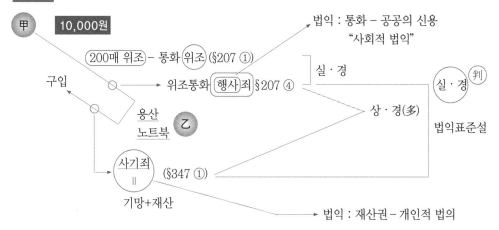

Case 15

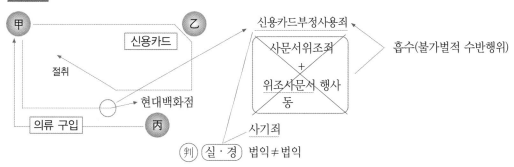

Case 16

③ 의사표준설

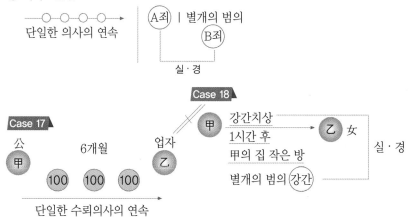

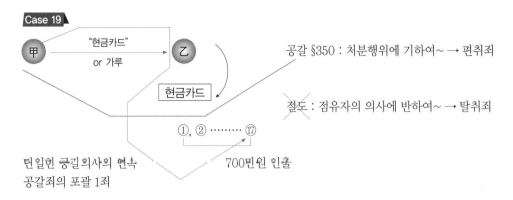

Case 19

甲 — "현금카드" or 가루 → 乙

현금카드

공갈 §350 : 처분행위에 기하여~ → 편취죄

~~절도~~ : 점유자의 의사에 반하여~ → 탈취죄

①, ② ……… ⑰

단일한 공갈의사의 연속
공갈죄의 포괄 1죄

700만원 인출

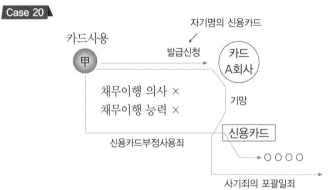

Case 20

카드사용

자기명의 신용카드

甲 — 발급신청 → 카드 A회사

채무이행 의사 ×
채무이행 능력 ×

기망

신용카드부정사용죄

신용카드

○○○○

사기죄의 포괄일죄

연속범 or 영업범 : 1죄

(수)뢰
(공)갈 : 가루로 만들어 버리겠다.
(사)기 ┬ 자기명의 신용카드 : 카드채무 이행의사 없이 사용
        └ 1인의 피해자 ↔ 수인의 피해자 : 의사가 동일하더라도 수죄
(증)권거래 ┬ 불공정거래 행위
          └ 시세조종, 허위매수주문, 고가매수주문
(의)료 ┬ 무면허의료(영업법)
       └ 의료매개사주   **cf** 비영리목적 무면허의료 + 영리목적 무면허의료
                            의료법 위반 ×   보건범죄단속 특별조치법 위반 ○
(약)사법 → 담합
(오)락실·게임장
업무상(횡)령 : 단일한 횡령의사 下 계속적 동종행위 반복
(신)용카드 부정사용죄 : ① ② ③ ④ 1죄

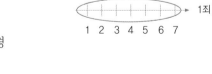

1억

1 2 3 4 5 6 7 1죄

cf

	1죄	실·경
A가게	신용카드 부정사용	사기
B가게	신용카드 부정사용	≠ 사기
C가게	신용카드 부정사용	≠ 사기

실·경

④ 구성요건표준설
　┌→ 원칙
　└ 법조문

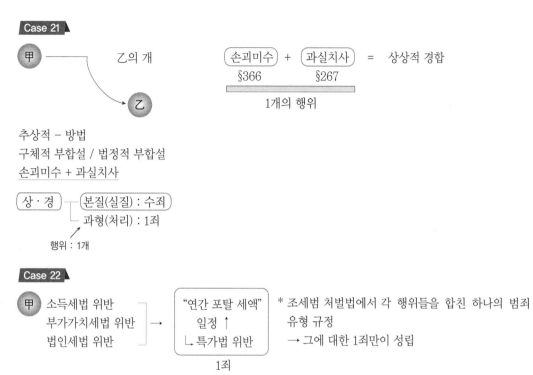

Case 21

甲 ──── 乙의 개

乙

(손괴미수) + (과실치사) = 상상적 경합
　§366　　　　§267
　────────────────
　　　　1개의 행위

추상적 – 방법
구체적 부합설 / 법정적 부합설
손괴미수 + 과실치사

(상·경) ┬ 본질(실질) : 수죄
　　　　 └ 과형(처리) : 1죄
　　行위 : 1개

Case 22

甲 소득세법 위반
　　부가가치세법 위반
　　법인세법 위반
　　　→

"연간 포탈 세액"
　일정 ↑
　└ 특가법 위반
　　　1죄

* 조세범 처벌법에서 각 행위들을 합친 하나의 범죄
　유형 규정
　→ 그에 대한 1죄만이 성립

제 2 절 일죄

① 법조경합

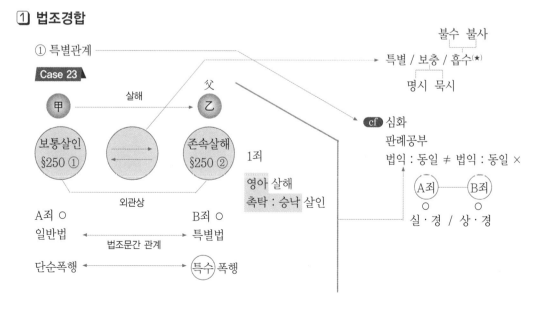

① 특별관계

Case 23

甲 ──살해──→ 乙 (父)

보통살인　　　　　　존속살해
§250 ①　←--→　§250 ②
　　　　　외관상

A죄 ○　　　　　　　　B죄 ○
일반법　←───────→　특별법
　　　法조문간 관계

단순폭행　←───→　(특수)폭행

1죄
영아 살해
촉탁 : 승낙 살인

　　　　　불수 불사
　　　　　　┌─┐
특별 / 보충 / 흡수(★)
　　　　명시 묵시

cf 심화
판례공부
법익 : 동일 ≠ 법익 : 동일 ×

(A죄)──(B죄)
　○　　　○
실·경 / 상·경

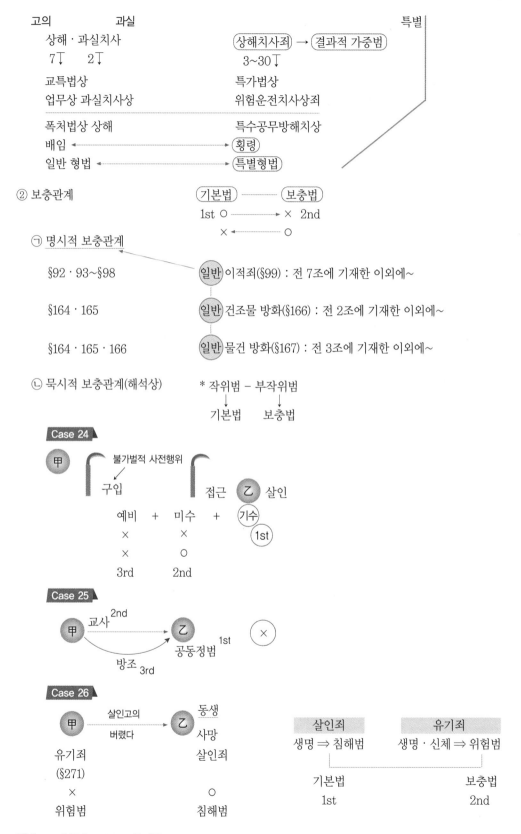

고의   과실   특별

상해 · 과실치사   상해치사죄 → 결과적 가중범
7↧   2↧   3~30↧

교특법상   특가법상
업무상 과실치사상   위험운전치사상죄

폭처법상 상해   특수공무방해치상
배임 ◀───────────────── 횡령
일반 형법 ◀───────────────── 특별형법

② 보충관계   기본법 ──────── 보충법
                                        1st ○ ─────▶ × 2nd
                                              × ◀───── ○

㉠ 명시적 보충관계

§92 · 93~§98   일반 이적죄(§99) : 전 7조에 기재한 이외에~

§164 · 165   일반 건조물 방화(§166) : 전 2조에 기재한 이외에~

§164 · 165 · 166   일반 물건 방화(§167) : 전 3조에 기재한 이외에~

㉡ 묵시적 보충관계(해석상)   * 작위범 – 부작위범
                                        ↓   ↓
                                      기본법   보충법

Case 24

甲   불가벌적 사전행위
      구입   접근   乙 살인
     예비   +   미수   +   기수
      ×   ×   1st
      ×   ○
     3rd   2nd

Case 25

甲 교사 2nd → 乙 공동정범 1st   ×
    방조 3rd

Case 26

甲 살인고의 → 乙 동생
    버렸다   사망
유기죄   살인죄
(§271)
 ×   ○
위험범   침해범

살인죄		유기죄
생명 ⇒ 침해범		생명 · 신체 ⇒ 위험범
기본법		보충법
1st		2nd

Case 27

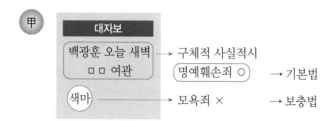

甲

```
        대자보
  백광훈 오늘 새벽  ── 구체적 사실적시
   □□ 여관          명예훼손죄 ○    → 기본법
    색마      ──────  모욕죄 ×      → 보충법
```

Case 28

A죄   준A죄
 ×   ○
강간 §297 ──────────── §299
점유강취 §325 ① ─────── ②
강도 §333 ──────────── §335
사기 §347 ──────────── §348

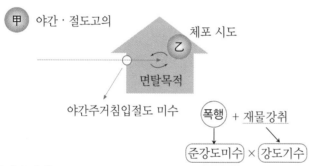

甲 야간 · 절도고의

乙 체포 시도

면탈목적

야간주거침입절도 미수   폭행 + 재물강취

준강도미수 × 강도기수

③ 흡수관계

전부법
부분법

ⓐ 불가벌적 수반행위

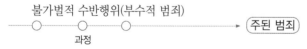

불가벌적 수반행위(부수적 범죄) ──────── 주된 범죄
           과정

Case 29

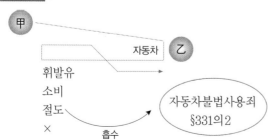

甲

자동차 乙

휘발유
소비
절도 ──── 흡수 ──→ 자동차불법사용죄
 ×   §331의2

Case 30

㉑장위조 < ㉒서위조 < ㉓용카드 부정 사용
　동행사　　유가증권

Case 31

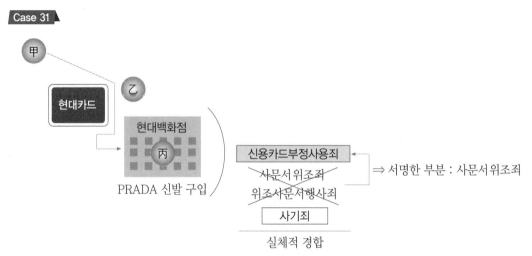

⇒ 서명한 부분 : 사문서위조죄

ⓑ 불가벌적 사후행위 ★ – 판례 난이도↑

※ 요건
　ⅰ) 일정한 범죄 해당 ○ ⟨要⟩

Case 32

Case 33

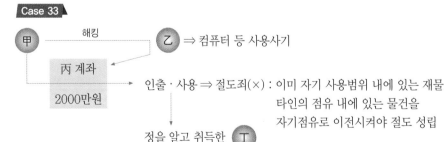

甲 ——해킹—— 乙 ⇒ 컴퓨터 등 사용사기

丙 계좌

2000만원

→ 인출·사용 ⇒ 절도죄(×) : 이미 자기 사용범위 내에 있는 재물
　　　　　　　　　　　　　　타인의 점유 내에 있는 물건을
　　　　　　　　　　　　　　자기점유로 이전시켜야 절도 성립

정을 알고 취득한 丁

⇒ 장물 취득(×)
∵ 재산범죄로 인해 영득한 재물이어야 함

ii) 선행범죄가 침해한 법익의 양을
초과해서는 ×要 → 초과하면 별개의 죄 성립

초과한 경우 예
절도+신용카드 부정사용 ㄱ
절도+영업비밀 부정사용
절도+공기호 부정사용 } 실·경
재산범죄+세금포탈 ㄴ

☆
iii) 후행행위가 제3자의
독자적인 법익을 침해 ×要

별도의 피해자 ×
예 절취한 도품을 선의의
제3자에게 매각한 행위

Case 34

甲 ──상해──→ 乙 | 살인 ○ ⇒ 상해 ─ 1. 일정한 범죄 해당 ○
2. 상해＜살인 ∴ 살인죄
3. 동일한 피해자

○ [1죄]⇒ 불가벌적 사후행위 인정

㉠ 절취한 재물을 손괴·소비·매각
절도 ○ ×

환금성↑

㉡ 절취한 자기앞수표/기차승차권 환불
○ ☆ ×

㉢ **Case 35** 대법원 2013.2.21, 2010도10500

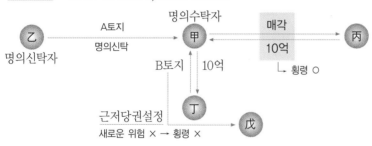

乙 ──A토지──→ 甲 ──매각──→ 丙
명의신탁자 명의신탁 명의수탁자 10억
B토지 ↓ 10억 └ 횡령 ○

근저당권설정
새로운 위험 × → 횡령 × 丁 戊

㉣ **Case 36** ≠ **Case 37**

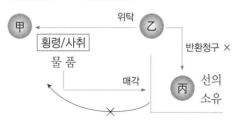

甲 ←──위탁── 乙
횡령/사취 반환청구 ×
물품 ↓
매각 丙 선의
× 소유

× [수죄: 실·경] = 불가벌적 사후행위 부정

*사문서 위조+동행사 될 수도 있음

ⓐ 절취한 예금통장/전당표로 예금인출 / 전당물 반환
절도 ○ 사기죄

ⓑ 살해한 사체 적극 매장
○ 사체유기 ○ ──────→ cf 장제의 의례 갖춘 경우
§161 ① 별개의 '사체에 관한 죄' 성립 ×

ⓒ

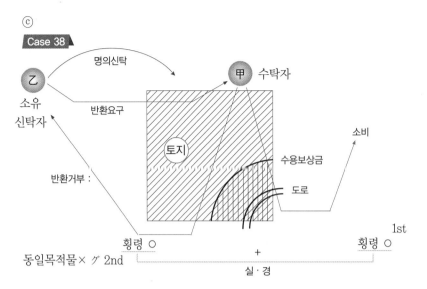

Case 38

乙 수탁자 명의신탁 → 甲 수탁자

소유
신탁자
반환요구

토지

소비

수용보상금

반환거부 : 도로

횡령 ○   횡령 ○
                                            1st
동일목적물× グ 2nd +
                실·경

Case 39

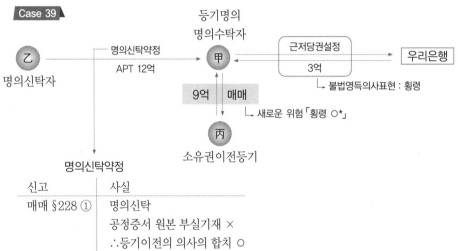

등기명의
명의수탁자

乙 ── 명의신탁약정 ──→ 甲 ←── 근저당권설정 ──→ 우리은행
명의신탁자   APT 12억   3억
                                    └ 불법영득의사표현 : 횡령
            9억 매매
            └ 새로운 위험「횡령 ○*」
            丙
        소유권이전등기

명의신탁약정

신고	사실
매매 §228 ①	명의신탁
	공정증서 원본 부실기재 ×
	∴등기이전의 의사의 합치 ○

④ **Case 40**

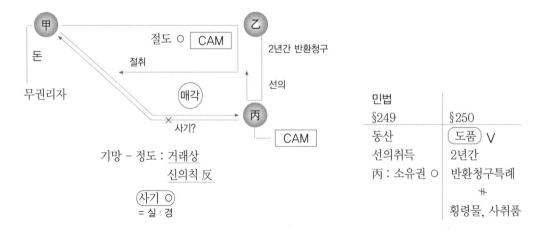

甲 ┄┄ 절도 ○ CAM   乙
돈   절취   2년간 반환청구
무권리자   선의
        매각
        × 사기? 丙
                    CAM

기망 - 정도 : 거래상
            신의칙 反

사기 ○
= 실·경

민법	
§249	§250
동산	도품 ∨
선의취득	2년간
丙 : 소유권 ○	반환청구특례
	∦
	횡령물, 사취품

② 포괄일죄 〈결/계/접/연/집(직/영/상)〉

(1) 포괄일죄의 유형

① 결합범
Ⓐ+Ⓑ=Ⓒ죄

> cf   1.   2.   1.   2.
>   강도+강간 ≠ 강간+강도
>   (강도강간)   (실체적 경합)
>   §339

Case 41

甲   乙

강도+강간   =강도강간(§339)

분묘발굴+사체영득   =분묘발굴사체영득(§161 ②)

Case 42

강간(기수)+강도=강간죄와 강도죄의 실 · 경

강도+상해=강도상해 §337

강도+살인=강도살인 §338

강도+과실치사상 = 강도치사상죄(§337 · 338)

    부분범죄   결과적 가중범 : ┌ 법조경합 中 ┐
                                    └ 특별관계 ┘

- 강간미수+강도+강간기수 → 강도강간기수
- 강간미수+폭행협박 없이 재물탈취+강간기수
             ↓
    폭행협박 --------------- =강도강간기수

② 계속범
체/감/주/퇴/약/도/직/범

Case 43

감금죄의 포괄일죄

Case 44

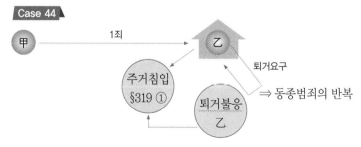

⇒ 동종범죄의 반복

※ 주의 : 주거침입+(판결확정 후 계속) 퇴거불응 : 실 · 경
         신용카드정보보유+처벌 후 계속 정보보유 : 실 · 경

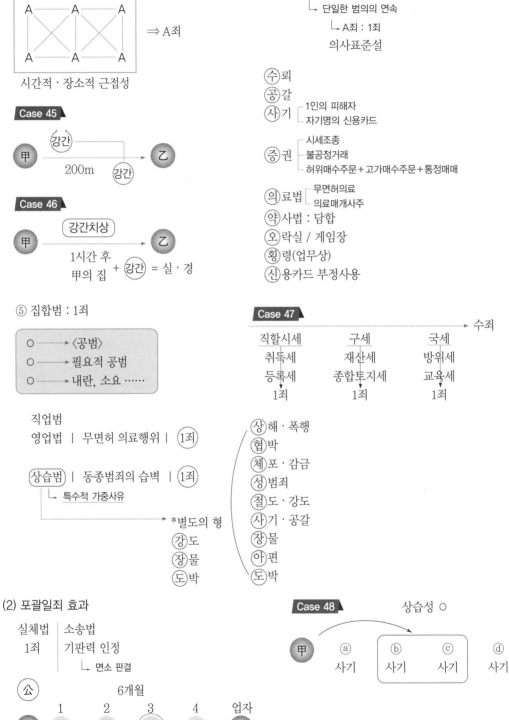

③ 접속범

⇒ A죄

시간적 · 장소적 근접성

Case 45

甲 —강간—→ 乙
200m 강간

Case 46

甲 —강간치상—→ 乙
1시간 후
甲의 집 + 강간 = 실 · 경

⑤ 집합범 : 1죄

○ → 〈공범〉
○ → 필요적 공범
○ → 내란, 소요 ……

직업범
영업법 | 무면허 의료행위 | 1죄

상습범 | 동종범죄의 습벽 | 1죄
└ 특수적 가중사유
→ *별도의 형
강도
장물
도박

≠ ④ 연속범 判

── A ── A ── A ──→
└ 단일한 범의의 연속
└ A죄 : 1죄
의사표준설

수 뢰
공 갈
사 기 ┌ 1인의 피해자
        └ 자기명의 신용카드
증 권 ┌ 시세조종
        ├ 불공정거래
        └ 허위매수주문 + 고가매수주문 + 통정매매
의 료법 ┌ 무면허의료
        └ 의료매개사주
약 사법 : 담합
오 락실 / 게임장
횡 령(업무상)
신 용카드 부정사용

Case 47
──────→ 수죄
직할시세   구세   국세
취득세   재산세   방위세
등록세   종합토지세 교육세
1죄   1죄   1죄

상 해 · 폭행
협 박
체 포 · 감금
성 범죄
절 도 · 강도
사 기 · 공갈
장 물
아 편
도 박

(2) 포괄일죄 효과

실체법 | 소송법
1죄 | 기판력 인정
        └ 면소 판결

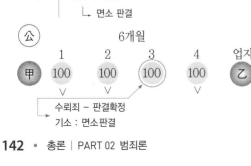

公 6개월
甲 1 100 2 100 3 (100) 4 100 업자 乙
       ∨   ∨   ∨
수뢰죄 – 판결확정
기소 : 면소판결

Case 48 상습성 ○

甲 ⓐ 사기 [ⓑ 사기 ⓒ 사기] ⓓ 사기

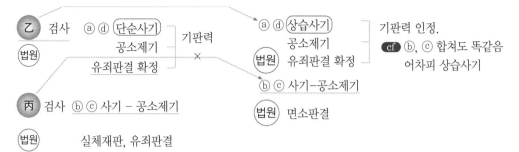

⑦ 검사 ⓐ ⓓ 단순사기 ──┐   ──→ ⓐ ⓓ 상습사기 ──┐ 기판력 인정.
                     ├ 기판력   공소제기   ├ cf ⓑ, ⓒ 합쳐도 똑같음
㊂ 공소제기   × │   ㊂ 유죄판결 확정 ──┘ 어차피 상습사기
   유죄판결 확정 ──┘
                                          ──→ ⓑ ⓒ 사기–공소제기

⑦ 검사 ⓑ ⓒ 사기 – 공소제기   ㊂ 면소판결

㊂ 실체재판, 유죄판결

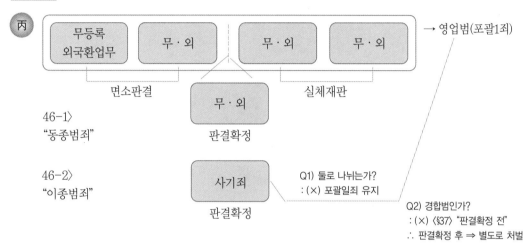

㊁

| 무등록 외국환업무 | 무·외 | 무·외 | 무·외 |

→ 영업범(포괄1죄)

     ├─ 면소판결 ─┤   ┌ 무·외 ┐   ├─ 실체재판 ─┤
                    판결확정

46-1〉
"동종범죄"

46-2〉
"이종범죄"

┌ 사기죄 ┐
판결확정

Q1) 둘로 나뉘는가?
: (×) 포괄일죄 유지

Q2) 경합범인가?
: (×) 〈§37〉 "판결확정 전"
∴ 판결확정 후 ⇒ 별도로 처벌

제 3 절 수죄

㊫정수표단속~   ㊲임 →㊳상적 경합

㊫정수표단속~
㊢의약품~   ㊃기 →㊼체적 경합

㊌천 관련 금품수수   ㊃기 →㊳상적 경합

㊨사수신행위   ㊃기 →㊼체적 경합

㊀(변호사빕)
  선수재   ㊃기 →㊳상적 경합

㊲임(업무상)   ㊃기 →㊳상적 경합
                   문서위조 ㊼체적 경합
                   ·동행사

배-사-상 예외판례 1

Case 51

甲 —근저당권 미끼 / 기망→ 乙
乙 —계약금 · 중도금→ 甲
甲 —근저당권→ 丙

乙에 대한 사기
+ 乙에 대한 배임
: 실체적 경합

배-사-상 예외판례 2

Case 52

甲 —계약→ 乙
乙 —계약금→ 甲
丙 —계약금 중도금→ 甲
甲 —처분→ 丁

乙에 대한 사기
+ 丙에 대한 배임
: 실체적 경합

1 상상적 경합

Case 53 추 / 방

甲 → 乙의 개
    → 丙

구성요건
표준설

구/법
손괴미수 + 과실치사 = 상상적 경합
고의   과실

• 본질(실질) 수죄	*요건 • 1개의 행위 • 수개의 죄
• 과형(처리) 일죄	• 법조경합 ✕

구체적 적용

① 고의범 ——○—— 과실범
② 결과적 가중범 —— 고의범

Case 54

甲 —체포시도→ 乙 직무 中 경찰관
甲 폭행 + 치상 → 乙

| 폭행치상죄 (§262) | + | 공무집행방해 (§136 ①) | = 상 · 경 |

현주건조물방화치사 + 강도살인 = 상 · 경
         〃   + 존속살해 = 〃   부진정결과적 가중범 < 고의범

현주건조물방화치사 + 살인 = 1죄
특수공무방해치상죄 + 상해 + 1죄

cf 현주건조물방화치사 + 존속살해 = 상 · 경
: 과거에는 현주건조물 방화치사죄보다 존속살해죄의 형량이 더 컸음. 그 당시 판례

③ 작위범 – 작위범 : ○
④ 부작위범 – 부작위범 : ○

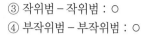

* tip : 과실재물손괴+재물파손 ⇒ 대부분 상·경

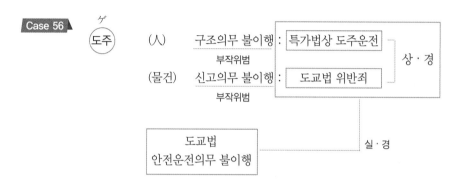

Case 57   인권옹호직무명령불준수죄+직무유기죄=상·경

⑤ 작위범 ——————— 부작위범 : 작위범 처리
　　　○　　　　　　×　　　　×

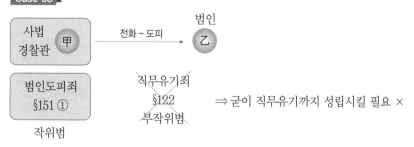

⇒ 군이 직무유기까지 성립시킬 필요 ×

☆(형소법) ┃ 직무유기–공소제기 ┃ : 적법
　　　　　　┃ 소추재량

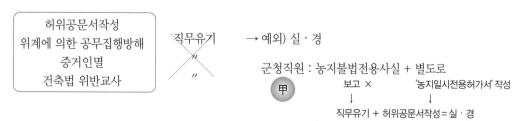

⑥ 계속범 ─────── 즉시범
    수단   목적

Case 59 강간하기 위해 감금

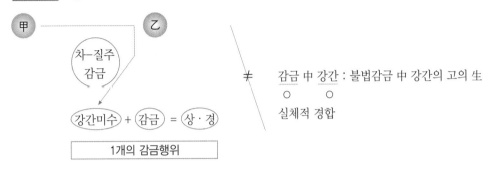

⑦ 연결효과에 기한 상·경

Case 60

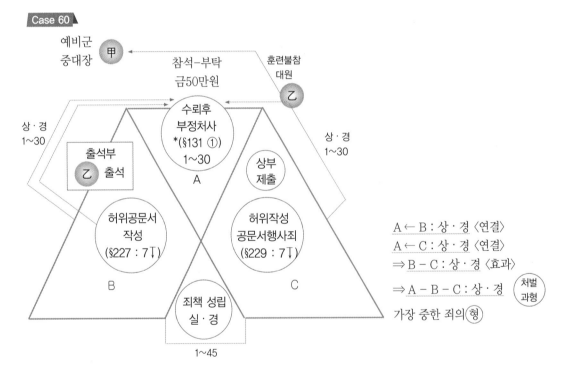

A ← B : 상·경 〈연결〉
A ← C : 상·경 〈연결〉
⇒ B – C : 상·경 〈효과〉
⇒ A – B – C : 상·경 （처벌 과형）
가장 중한 죄의（형）

⑧ 도로교통 관련문제

Case 61

Case 62

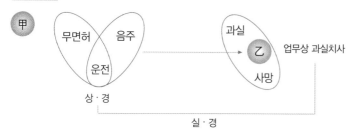

Case 63

甲 → 무면허 / 음주 / 운전 → 과실 / 사망 乙 업무상 과실치사

상·경

실·경

상상적 경합의 법적 효과

① 실체법 : 형법 §40
　'가장 무거운 죄의 형'

A죄　　　B죄 → if) B죄+벌금/몰수추징
⌢　　⌢　　　　　↓
30년　＞　10년　　가장 무거운 죄 아닌 죄에 정한
⌇　　　⌇　　　형의 부가형활용 가능
1년　　　1개월

30년　＞　10년
⌇　　　⌇
1개월　　1년
전체적 대조주의(결합주의)

② 소송법 : 형소법
　　기판력

Case 64

甲 - 총 → 乙의 개 → 丙 사망

손괴미수 + 과실치사
　　상·경
검사 손괴미수 - 공소제기
　└ 판결확정
　　→ 공소제기 : 면소판결

---

② 경합범 : 실체적 경합법 §37

(1) 동시적 경합범(전단)

Case 65

甲 → A죄 사기 10↑　　B죄 공갈 10↑

판결확정　　×
공소제기　　○
병합심리가능　○
　　15↑

(2) 사후적 경합범(후단)

Case 66

A죄　　B죄 → 징역10년 확정

§39 ① 형평고려, 임의적 감면(★)
　　5↑ - 재량
　② 삭제

동시적 경합범의 처리

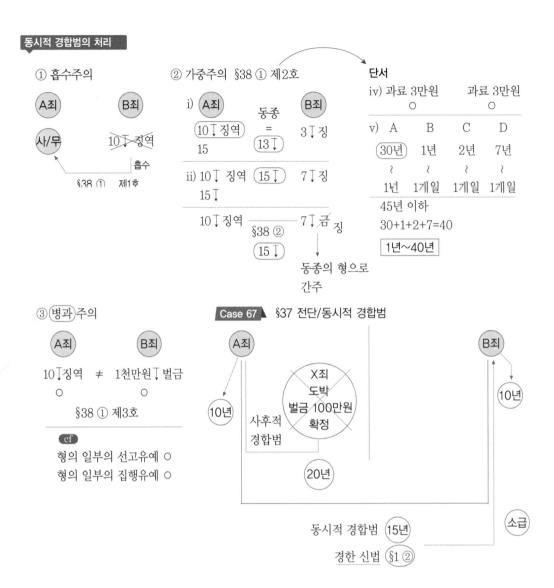

① 흡수주의

A죄 B죄

사/무

10↑징역

흡수

§38 ① 제1호

② 가중주의 §38 ① 제2호

단서

i) A죄 동종 B죄
10↑징역 = 3↑징
15 13↑

ii) 10↑징역 15↑ 7↑징
15↑

10↑징역 7↑ 금 징
§38 ②
15↑

동종의 형으로
간주

iv) 과료 3만원 과료 3만원
○ ○

v) A B C D
30년 1년 2년 7년
~ ~ ~ ~
1년 1개월 1개월 1개월
45년 이하
30+1+2+7=40
1년~40년

③ 병과주의

A죄 B죄

10↑징역 ≠ 1천만원↑벌금
○ ○

§38 ① 제3호

cf
형의 일부의 선고유예 ○
형의 일부의 집행유예 ○

Case 67 §37 전단/동시적 경합범

A죄
10년

사후적
경합범

X죄
도박
벌금 100만원
확정

20년

B죄
10년

동시적 경합범 15년

경한 신법 §1 ②

소급

MEMO

형법총론

PART

03

형벌론

제 1 절 서설

§41

- 과태료 : 형벌 ×
    행정벌 ○
- 추징 : 형식상 형벌–규정(×)
    실질상 형벌의 성격(○)

생명형	사형
자유형	징역, 금고, 구류
명예형	자격상실, 자격정지
재산형	벌금, 과료, 몰수

제 2 절 사형 判 합헌

형법 §66 – 집행방법 규정(○)

형소법 – 규정(×)
- ~살인
- 내란 · 외환   강도치사 ×
- 폭발물 사용 §119   강간치사 ×
- 해상강도 강간 §340 ③
- ~치사죄 ┌ 해상강도치사
         └ 현주건조물방화치사 §164 ②

제 3 절 자유형

〈2010.4.15. 개정〉

	징역　　금고	구류
형기	무기 or 유기 1개월~30년 → 50년	1일~29일
정역	○	*행형법 : 신청 ○-○

*단기자유형 ≠ 특별예방
   6개월 이하
   경미범죄자
      ↘ 제한 · 폐지하는 것이
        = 특별예방(사회복귀, 재사회화)에 좋다.

제 4 절 재산형

액수	벌금	과료	몰수
	5만원 ↑	2천원	
	감경시 5만원 ↓	~5만원 미만	

도박
(§246 ①)
        5만원
          ~
      도박 1000만원 ↓
        벌금   감경↑   2만 5천원
                 ~500만원

                1/2

도박죄의 방조범 §32 ②
  필요적 감경 §55 ① 6호

§69 ②
〈환형유치처분〉
재산형
Y / Ⓝ → 자유형

甲 ← 벌금 1,000만원 선고 – 500만원 납입
   5만원＝1일, ⟨200일⟩ – 100일 : 노역장 유치

현행	개선책
총액벌금형	일수벌금형
100일	100일
	일수×수입
↓	↓
소득격차 무시	실질적 평등 ○

예
    백호 ＜ 송강호
        음주운전
  500만원 —— 500만원

벌금분납	✕
벌금형의 집행유예	✕

* §70 ② : 황제 노역 방지규정 신설(2014)

몰수와 추징
  ↳ 형식적 : 형벌/실질적 : 대물적 보안처분

cf 압수 ┌ 증거물 : 환부
       └ 몰수대상 : 환부✕

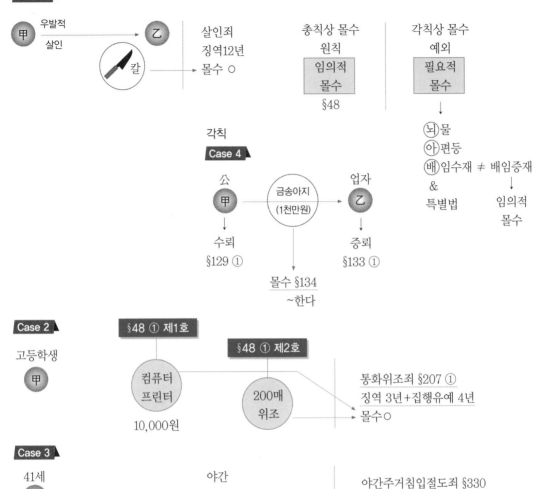

§48 ① 제3호   제1호 또는 제2호의 대가로 취득한 물건

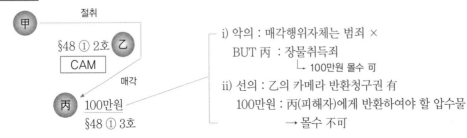

몰수 인정 O	몰수 인정 X
〈대물적 요건〉 ⓐ 범죄행위에 제공하였거나 제공하려고 한 물건	
1 사기도박에 참여하도록 유인하기 위해 고액의 수표 제시 (위 수표가 도박자금에 사용되지 아니하였다 할지라도) 2 사행성게임기의 기판·본체–그 전부가 범죄에 제공된 물건 3 압수 ≠ 몰수 : 검찰에 의해 압수된 후 피고인에게 환부된 물건 4 관세법상 무신고수입죄 : 신고를 하지 아니하고 물품을 국내에 반입하려는 행위 → 행위의 대상물? 관세범칙물 5 허가없이 수출한 대상물 – 외국환관리법 vs 형법 : 토지개발채권 – 외국환관리법(×) : 허가없는 수출 미수행위로 인하여 비로소 취득하게 된 것은 아님 – 형법(O) : 피고인의 허가없는 수출 미수행위에 제공된 물건에 해당 §48 ① 1호 ⇒ 무허가수출	1 체포 당시 미처 송금하지 못하고 소지하고 있던 수표&현금 ≠ 2 관세법상 허위신고수입죄(일제오토바이 사례) : 허위신고죄는 신고행위로써 이루어지는 범죄 → 행위의 대상물? 신고서 ∴ 소정의 물품은 신고의 대상물에 지나지 않음
〈대물적 요건〉 ⓑ 범죄행위로 인하여 생겼거나 취득한 물건(권리, 이익 포함)	
6 통화위조행위로 만들어 낸 위조통화 7 문서위조행위로 작성한 위조문서 8 절취한 장물이나 도박행위로 인하여 취득한 금품 9 부정임산물단속에 관한 법률 위반으로 취득한 임산물 10 불법 벌채한 목재 11 통일부장관의 반입승인 없이 북한으로부터 수입한 물건 12 몰수하여야 할 압수물에 대한 '대가보관금' =압수물 13 향정신성의약품을 타인에게 매도한 경우, 매도의 대가로 받은 대금 = 범죄행위로 인한 수익금 (필요적 몰수–마약)	3 외국환관리법 – 외국환을 수출하는 행위 : 수출행위 자체로 인해 취득한 외국환이 있을 수 없음 4 외국환관리법 – 미등록행위 : 미등록행위 자체에 의하여 미화를 취득한 것은 아님 (원래 가지고 있던 돈) 5 외국환관리법 – 카지노에서 사용되는 칩 : 외국환리법의 몰수·추징 대상은 대외지급수단으로서 현실적으로 대외거래에서 채권·채무 결제 수단 사용 가능해야 하고, 사용이 보편성을 가지고 있어야 함 → 카지노 '칩'은 표시 금액 상당을 보관한다는 증표일 뿐 6 범인이라 하더라도 범행(업무상 비밀이용)으로 취득한 재물/재산상 이익을 보유하지 아니한 자 7 정치자금법–금품무상대여 통한 위법한 정치자금 기부 : 범인이 받은 부정한 이익은 무상 대여금에 대한 금융 이익(이자) → 무상으로 대여받은 금품 그 자체 × 8 부동산 미등기 전매계약에 의해 제 3자로부터 받은 대금은 처벌대상인 '제1차 계약에 따른 소유권이전등기를 하지 않은 행위'로 취득한 것 × ⇒ 몰수, 추징 × ∵ 몰수 : 미등기로 인해 얻은 이익 = 납부하지 않은 세금

〈대물적 요건〉 ⓒ 제1호 또는 제2호의 대가로 취득한 물건(⇒ 범죄에 의한 부정한 이득)

14 장물을 매각하여 얻은 금전

15 범인 이외의 자의 소유가 아닌 것
: 공범자 소유물, 무주물, 금제품(아편), 소유자 불명 물건
: 불법원인급여에 해당 −소유자에게 반환청구권 없는 물건
: 소유자가 반환청구권을 포기한 물건
: 압수되었다가 피고인에게 환부된 물건

16 범인의 점유 : 몰수 ○
(관세법 위반*)
└─ 관세법 §282 ②(형법의 몰수에 대한 특별규정)
범인이 점유만 해도 몰수 ○(소유자가 누구이든, 선의·악의 여부 불문하고)

17 범죄 후 범인 이외의 자가 정을 알면서 취득한 물건

18 외국환관리법 위반
: 피고인이 회사의 기관으로서 외환을 차용하고 몰수대상물인 외국환 등을 수수
→ 그 차용금에 관한 권리는 회사에 귀속한다 하더라도 몰수·추징 가능

9 장물을 매각하여 그 대가로 받은 금전이지만, '피해자에게 반환하여야 할 압수물' → 피해자에게 교부

10 재산범죄로 인하여 군부에서 부정유출된 소위 장물 → 몰수 불가. 피해자에게 환수

11 범인 이외의 자의 소유인 것
: 피해자 소유, 다른 사람으로부터 차용한 물건, 군PX에서 군인(공무원)이 그 권한에 의해 작성한 월간 판매실적보고서 내용에 일부 허위기재되어 있는 경우
: 국고 수표 및 범행 후 판결선고 전에 범인의 사망에 의해 물건의 소유권이 상속인에게 이전되었을 경우
: 강도상해 범행에 사용된 범인의 '처 명의·처 소유' 자동차

12 국가소유물
: 부실기재된 등기부, 허위신고로 작성된 가호적부, 국가에 환부할 국고수표, 매각위탁받은 엽총

13 외국환관리법 위반
: 피고인이 외화를 비거주자에게 증여한 경우
→ 증여한 범인의 입장에서 몰수 대상인 외국환 등의 취득이 없어 그 가액에 해당하는 추징 불가

14 피고인이 공동피고인에게 도박자금으로 대여한 금액
→ 대여해준 때부터 그 금원은 피고인 소유가 아니라 공동 피고인들의 소유에 귀속하게 됨

〈원칙〉
범죄수익 박탈
↓
보통
균분추징 ○
공동연대추징 × → ○

〈예외〉
징벌적 추징
범죄수익 × → 추징 ○
ⓜ약법
재산 ⓖ외도피사범
ⓟ세법
ⓞ국환관리법
ⓜ항단속법
└─ ⓙ벌적 추징

※ 마약법

Ⓐ   Ⓑ   Ⓒ
| | |
6억   6억   6억 ⇒ 공동연대추징(연대책임 ○)

〈공동피고인에 대한 추징〉
                Ⓐ   Ⓑ   Ⓒ
원칙−개별추징 3억   2억   1억 = 6억

예외−균분추징 2억   2억   2억 = 6억
           └─ 누가 얼마인지 명확하지 않을 때
               공범자 中 1인에게 전액 추징 불가

몰수·추징의 부가성

§49 본문

주형 + 몰수/추징

↓

예 시효만료 ┌ 불기소처분 + ×
          └ 면소판결 + ×

단서

유죄재판 × + 몰수 ○ : 고등학생이 지폐를 위조했을 때 유죄는 아니더
                  라도 위조지폐, 그로 인해 취득한 것 몰수 ○

↓

① 주형
  └ 선고유예 + 몰수 ○ : 선고유예더라도 만능열쇠 몰수 ○
② 주형
  └ 선고유예 + 몰수(필요적 몰수) : 필요적 몰수더라도 전체적으로
                    └ 선고유예 ○   선고유예이므로 몰수도 선고유예

─────────────────────────────────

③ 주형   +   몰수   (×)
  └ 선고유예 ×   └ 선고유예 ○
    (형 선고 ○)

제 5 절 명예형

CHAPTER 02 형의 경중

제1절 형의 경중의 기준

제2절 처단형·선고형의 경중

① §50 기준

② 구체적인 경중의 비교 判

(1) 형집행유예 < 형 │ 집행면제
　　　　　 ○　│　 ×
　　　　　 　예 특별사면

(2) 징역형의 선고유예 < 벌금형
　　　　　　　×

　　징역형의 선고유예 > 벌금형의 선고유예

(3) 징역3년　　〈　　징역2년
　　+ 집행유예4년　　　　　 (×)

(4) 부정기형과 정기형

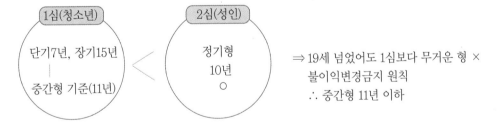

⇒ 19세 넘었어도 1심보다 무거운 형 ×
　불이익변경금지 원칙
　∴ 중간형 11년 이하

(5) 피고인만 상고하여 원심이 파기된 경우, 환송 전 원심판결과의 관계

⇒ 환송 후 원심판결의 형이 무거우면 ×

CHAPTER 03 형의 양정

제1절 형의 양정의 의의

제2절 형의 양정의 단계

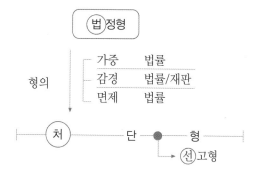

제3절 형의 가중·감경·면제

총칙

일반적 가중사유		
특수교사·방조	누범	경합법
§34 ②	§35 ②	§38 ① 2호
교사 1.5	장기	1.5
방조 1	×	≤○+○
	2	

각칙 → 1/2 가중 　　※ 별도의 형　강도/장물/도박

특수적 가중사유				
상습범〈상습성 ┌포괄일죄 中 집합범〉 / ├부진정신분범 / └행위자 책임			특수범죄 ┌행위방법의 특수성 / └행위불법이 중함	
개인	사회	국가	합동범	×
상해·폭행 / 협박 / 체포·감금 / 성폭력 / 절도·강도 / 사기·공갈 / 장물	아편 / 도박		특수도주 / 특수절도 / 특수강도 / + / 성폭력	단체 or 다중의 위력 or 위험한 물건 휴대

① 법률상 감면사유 정리(심 · 장 · 범 · 석/과 · 불 · 사 · 자/심 · 청 · 방/중 · 예 · 위 · 장)

	임의적 감경	임의적 감면	필요적 감경	필요적 감면
총칙	① 심신미약자 (§10 ②) ② 장애미수 (§25 ② : 인상설) =절충설	① 과잉방위 (§21 ②) ② 과잉피난 (§22 ③) ③ 과잉자구행위 (§23 ②) ┐ 책임감소소멸사유 ④ 불능미수(§27) ⑤ 사후적 경합범★ (§39 ①) ⑥ 자수 · 자복(§52)	① 청각 및 언어 장애인(§11) ② 방조범(§32 ②) 한정책임능력자	중지미수 (§26 : 책임감소 or 인적처벌조각사유)
각칙	① 범죄단체조직 (§114 단서) ② 피인취자 석방 (§295의2) ③ 인질 석방 (§324의6) **cf** §336 인질강도 無	✕	✕	① 예비죄의 자수 ⑭란 ⑭환 ⑭국에 대한 사전 ⑭화(일수 ×) ⑭발물 사용 ⑭화위조의 예비 (유가증권 ×) → 자수/실행 ┌ 예비 · 음모 └ 자수 ← 필요적 감면 ② 위증 등의 자백 · 자수 ⑭증 자백 · 자수 ⑭위감정 재판, 징계처분 ⑭고 → §153 └ 필요적 감면 ③ 장물범 → 본범 §365 ② 필요적 감면 직/배/동/동/배(★) §328 ①

② 재판상 감경(정상참작감경) §53 ◄

<table>
<tr><td rowspan="6">§56</td><td>㉮칙 : 특수적 가중</td></tr>
<tr><td>㊓수교사 · 방조</td></tr>
<tr><td>㊄범 가중</td></tr>
<tr><td>㊤률상 감경</td></tr>
<tr><td>㊫합범 가중</td></tr>
<tr><td>㊇상참작감경</td></tr>
</table>

거듭 ×

§55 ① 1. 사형 → 무 or 20~50
2. 무기 → 10~50
3. 유기 → 1/2
⋮

② 수개 → 거듭 감경

1000만원↑

도박 방조① , 자수②

§246 ①

500만원   125만원

Ⓐ 살인미수의 방조, 자수

법정형	§56	ⅱ 방조감경 §32	정상참작감경
§250 ① 사형 or (무기) or 5년↑ §54 ⅰ 형종선택	각 × 특 × 누 × (법) 경 × (정)	10~50 ⅲ 미수감경 §25 ② 5~25 ⅳ 자수감경 ×	법률상 감경의 방법 (§55 ① 3호) 2년 6개월 ~12년 6개월 ↑ 처단형
	§55 ② 법률상 감경		

징역과 벌금의 병과시 정상참작감경의 방법

① 원칙

甲 절도죄 §329

징역6↓   벌금 1천만원↑

정상참작감경   1천만원↓ (×)
3↓
○

⇒ 두가지 형 모두 감경해야 하는데
   하나만 감경하면 ×

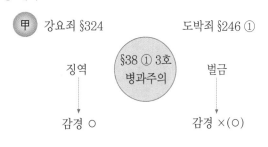

② 예외

甲 강요죄 §324   도박죄 §246 ①

징역   §38 ① 3호 병과주의   벌금

감경 ○   감경 ×(○)

③ 형의 면제

형 면제
×

형 | 집행면제
○ | ○ → ×

인적처벌   ⓔ 특별사면
조각사유 재판확정(전)   재판확정(후)

④ 자수 · 자복

> **더 알아보기** 판결선고 전 구금일수의 산입과 판결의 공시

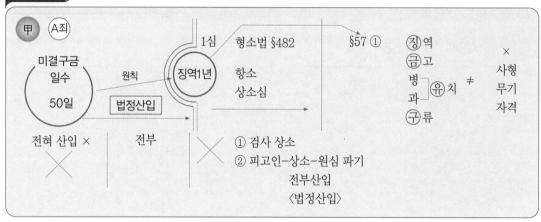

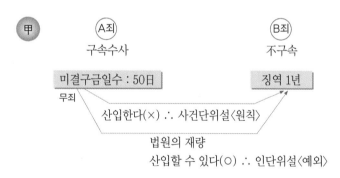

cf 구속영장의 효력

	이중구속	별건구속
① 원칙 : 사건단위설	○	×
② 예외 : 인단위설	×	○

甲 절도죄 〈전범〉
    징역 1년 확정

형집행 종료	만기출소
	가석방기간 만료
형집행 면제	재판확정 후(§1 ③)
	형의 시효의 완성(§77)
일반사면 ──→	특별사면
×	복권

누범시효
3년

강간죄
§297 : 3~ 30
× 2
└ 3~50 ← §42 단서
처단형

상습사기 15↑ (§351)
×2
└ 30↑

사기 ─상 습─ 사기

cf 사후적 경합범

① 성립요건

형선고 효력
상실

	① 징역 1년 + 선고유예 2년		② 징역 1년 + 집행유예 2년		③ 가석방		判
	中	경과 후	中	경과후	中	경과 후	특별법상 +○
누범의 성립여부	×	×	×	×	×	○	누범 ○
	↓	↓	↓	↓	↓	(★)	
	선고유예 실효사유	면소간주	집행유예 실효사유	형선고 효력상실	가석방 실효	형집행 종료	

1 선고유예 요건

• 요건

① 1년 이하 ─── 징역
　　　　　　　　 금고　　　 구류 · 과료
　　　　　　　　 자격정지　　 ×
미결구금일수
징 금 유 구　≠　벌금 ──→ 노역장 유치기간 1년 넘는 경우
　　　　　　　　　　　　　　 → 선고유예 ○

② 개전-정상-현저
　 범행 부인 시
　　└ 선고유예 ○

"재범의 위험성이 없을 것"
　≠ 자수의 '뉘우침'

전과 : 형선고-경력-그 자체
초범자

단, ③ 자격정지 ↑ 전과 ×
　　　　　A죄　　　B죄
집행유예 기간 경과, 선고유예 ×
선고유예 기간 경과, 선고유예 ○

선고유예	누범
형의 실효	집행유예
복권	가석방
자격정지	금고

• 선고유예기간 : 2년
• 결정 : 법원
• 효과 : 면소
　　cf 집행유예 : 형선고 효력상실
• 보호관찰 : 임의적
　　　↓　　　≠
　　　1년　　cf 가석방 : 필요적

A죄　　　　　　　B죄
징 1년 + 집 · 유 2년　　→ 선고유예 ×
→ 선고

• 실효 : "자격정지↑"
청구　검사
결정　법관
불복　피고인
　　　즉시항고　3일 내
　　　└ 형소법 §335 ④ · ③

선고유예 결격사유,
알았거나 알 수
있었을 경우
　　↓
실효청구 ×
1. 선고유예 실효 ×
2. 집행유예 취소 ×

2 가석방 §72

• 요건

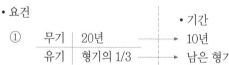

①　무기 │ 20년 ───→ • 기간
　　유기 │ 형기의 1/3 ──→ 10년
　　　　　　　　　　　　　→ 남은 형기
② 재범의 위험성 ×　• 실효 : 고의, 금고 이상
　　　　　　　　　　　 과실범 × ≠ 선고유예 실효
　　　　　　　　　　　　　 고의 │ 과실
　　　　　　　　　　　　　　○ │ ○

③ 벌금·과료 완납
- 결정 : 행정처분
- 효과 : 형집행 종료(누범사유 ○)　　• 취소 ┬ 필요적
- 보호관찰 ┬ 원칙 : 필요적　　　　　　　　　　└ 임의적
  (단축×) └ 예외 : ○ ≠ 집행유예시 보호관찰

③ 집행유예

- 요건〈§62 ①〉

① 3년 이하의
　징역·금고선고형
　벌금형의 집행유예 ×

② 정상
　참작

③☆ §62 ① 단서

2005.7.29. 개정〈§62① 단서 정리〉

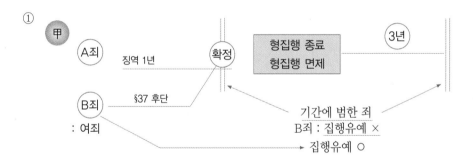

집행유예기간 중 집행유예선고?　判 ×

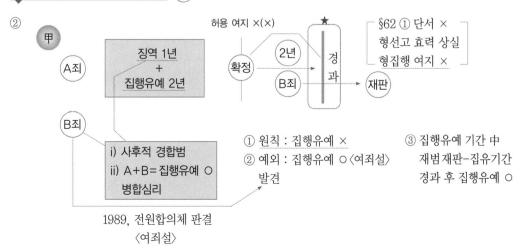

- 보호관찰(소급효 인정) → 단축가능 ≠ 가석방시 보호관찰 → 특별준수사항
- 사회봉사명령 → 말 · 글 발표 ×, 금전 출연 ×
- 수강명령
- 집행유예 실효 §63
  ① 기간에 범한 죄
  ② 고의범(=가석방 실효 ≠ 선고유예 실효)
  ③ 금고 이상의 실형 ≠ 집행유예 연장기간 중 실효(×)
- 취소   §64 ①

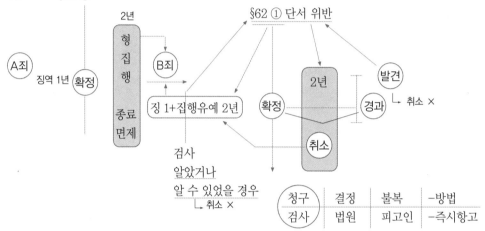

〈§62 ②, §59 ②〉

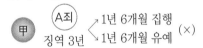

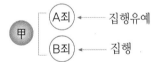

"형을 병과하는 경우" 형의 일부에 대한 집행유예/선고유예 可

제 1 절 형의 시효

제 2 절 형의 소멸 · 실효 · 복권

(1) 형의 소멸

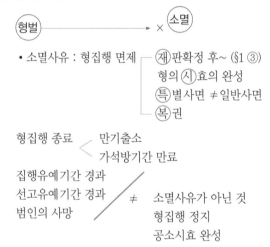

```
형집행 종료    만기출소
               가석방기간 만료
집행유예기간 경과
선고유예기간 경과   ≠   소멸사유가 아닌 것
범인의 사망              형집행 정지
                        공소시효 완성
```

(2) 형의 실효

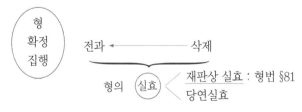

(3) 복권

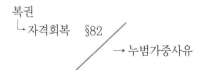

CHAPTER 07 보안처분

제 1 절 보안처분의 의의

제 2 절 형벌과 보안처분의 관계

〈보안처분〉

형벌 ─────────── 보안처분

① 2원주의〈원칙〉 ② 1원주의 ③ 대체주의
 ≠   =   ≠
 ○   ○   심신미약자
 구 보호감호   치료감호 ──── 형벌 대체
 이중처벌의 위험   ○

제 3 절 보안처분의 지도원리

형벌 │ 보안처분
책임주의 │ 비례성 원칙
   보안처분법정주의

제 4 절 보안처분의 종류

대인 │ 대물
 ○ │ 몰수 | 영업소 폐쇄 | 법인의 해산

치료감호

① 심신장애 15년
  ┌ 심신상실 : 무죄
  ├ 검사–치료감호–독립청구 가능
  └ 심신미약자–치료감호–형벌
        ○   대체주의

인
과

금고↑
죄   : 재범의 위험성

+

보호
관찰

3년

② 중독 2년
③ 정신성적장애 15년
   성폭력
④ 살인죄 : 연장 가능

형법각론

P/A/R/T

01

개인적 법익에 대한 죄

CHAPTER 01 생명과 신체에 대한 죄

제1절 살인의 죄

① 총설

② 보통살인죄 … §250 ①

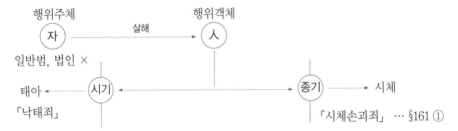

① 진통설 : 근거 §251 "분만 중"
② 제왕절개시 : 자궁절개시 (判)
　　(≠제왕절개수술 가능하고 필요하던 시기)

① 원칙 : 맥박종지설(심폐사)
② 예외 : 뇌사설
　　(for 장기이식수술)
　　* 뇌사자의 장기 적출
　　　• 살인죄의 구성요건 해당
　　　• 장기이식법 上 법률에 의한 행위 → '정당행위'

Case

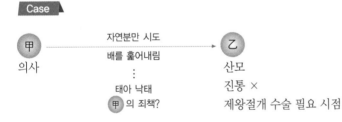

i) 살인 ×, 업무상 과실치사 ×
ii) 낙태 × (과실범 ×)
iii) 임산부에 대한 상해 ×
　　∴ 甲 무죄

∵ 사람 ×(태아) → 낙태
∵ 甲 낙태의 고의 × & 과실 낙태 不罰
낙태의 결과 ≠ 임산부에 대한 상해

- 보호법익 : 생명 → 일신전속적 ∴ 죄수판단 : 피해자의 수
- 법익보호의 정도 : 침해범
- 부작위로도 가능 ∴ 부진정부작위범
  구성요건 POINT : 보증인적 지위 ┘
  　　　　　　　　 행위정형의 동가치성

- 고의 필요 : 미필적 고의로도 족함(인용설)

〈고의의 이중기능〉
① 구성요건적 고의
② 책임고의 : 위법성 조각사유의 객관적 전제사실에 대한 착오(＝허용구성요건의 착오)
　　예 오상방위, 오상피난, 오상자구행위

- 위법성조각사유 : 긴급피난 ×(보, ⓒ, 적)
　　　　　　　　　　　우월한 이익보호
　　　　　　　피해자의 승낙 ×

안락사
적극 | 소극(연명치료 중단)
위법 ○ | 사회상규

③ **존속살해죄**…§250 ②　　　　　　　　　　　… ⓒ속 법조경합 中 특별관계

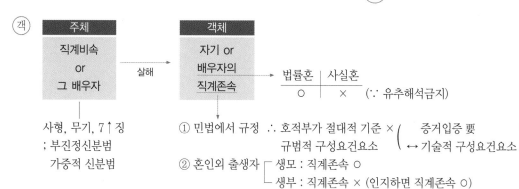

ⓐ

주체		객체
직계비속 or 그 배우자	→ 살해 →	자기 or 배우자의 직계존속

법률혼	사실혼
○	×	(∵ 유추해석금지)

사형, 무기, 7↑징
; 부진정신분범
가중적 신분범

① 민법에서 규정 ∴ 호적부가 절대적 기준 × ⎛ 증거입증 要
　　　　　　　　　규범적 구성요건요소 ⎝ ↔ 기술적 구성요건요소 ⎞
② 혼인외 출생자 ┌ 생모 : 직계존속 ○
　　　　　　　　└ 생부 : 직계존속 × (인지하면 직계존속 ○)
　　　　　　　　　　　　　　　　　(출생신고)
③ 입양 ┌ 양부모 : 직계존속 ○
　　　　└ 실부모 : 직계존속 ○(친양자일 때 : ×)
④ 계모자 : 존속 ×
　 적모서자 : 존속 × ┤인척관계에 불과!　**cf** 친양자제도 ┌ 양부모 ○
　　　　　　　　　　　　　　　　　　　　　　　　　　　　　└ 실부모 ×

⑤	혼인외 출생자일 때	타인의 자녀일 때	
	출생신고 → 존속 ○ (인지) 父 자신이 출생신고 : 인지 ○	출생신고	입양조건 구비, 입양의사로 출생신고
		존속 × (원칙)	존속 ○ ⓟ

ⓒ 인식＋의사＝고의
if) 인식사실 ＜ 발생사실
　　보통살인　존속살해
　　인식 × -------→
∴ §15 ①에 의해 보통살인죄가 성립! **cf** 반전된 §15 ① 착오

④ **영아살해죄** …§251(10↓징) … 부진정신분범, 법조경합 中 특별관계

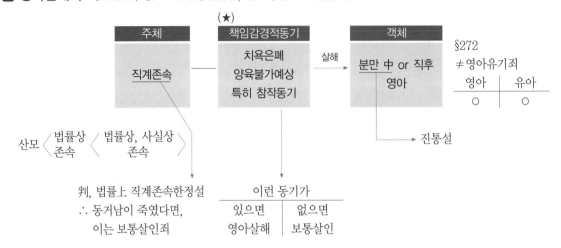

⑤ **촉탁·승낙살인죄** … §252 ① 　법조경합 中 특별관계

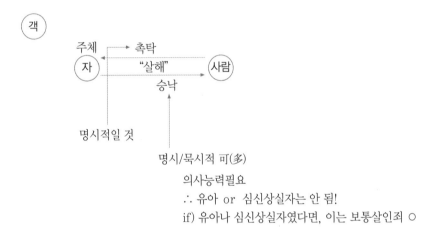

ㅈ 인식＋의사＝고의

인식사실　　〈 발생사실
촉탁·승낙살인　　보통살인
인식 ×　←────────
∴ §15 ①에 의해 촉탁·승낙살인죄 성립

⑥ **자살교사 · 방조죄** …§252 ② 각칙상 독립된 범죄 : 교사 · 방조 따르지 않음

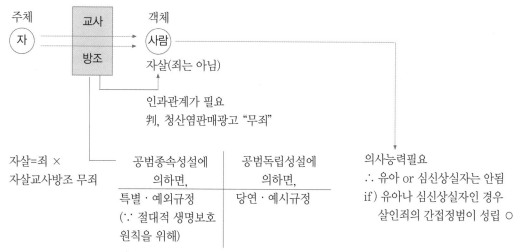

자살=죄 ×
자살교사방조 무죄

공범종속성설에 의하면,	공범독립성설에 의하면,
특별 · 예외규정 (∵ 절대적 생명보호 원칙을 위해)	당연 · 예시규정

└정범이 죄가 되지 않음에도 불구,
　공범이 죄 성립하고 있으니까

· 교사나 방조행위시, 실행의 착수 ○(정범의 실행의 착수 여부 불문) 判 유서대필
　∴ 자살방조미수죄 성립 ○

· 합의동사
① 자살방조
② 설득 : 자살 · 교사
③ 속여서 : 위계 · 살인
④ 살인죄의 간접정범

⑦ **위계 · 위력에 의한 살인죄**…§253

: 250조의 예에 의한다.
　∴ 250조 보통살인죄와 형량이 같다.

⑧ **살인예비 · 음모죄**…§255
　　　└ 발현형태설

: 영아 ×, 촉탁승낙 ×, 자살교사방조 ×

· 예비죄 처벌 두문자

㉦인	㉨는 물 유해물혼입, 수도불통	㉱주원조
㉧취 · 유인 · 인신매매	㉩화, 유가증권, 우표, 인지	㉲란 · 외환(예비, 음모, 선동, 선전)
㉭도	㉪화, 일수	㉳국에 대한 사전
㉮간	㉫차, 선박	
	㉬발물사용(예비, 음모, 선동)	

제 2 절 상해와 폭행의 죄

법조문 정리

§257	①		§261	
	②			
	③		§262	
§258	①		§263 (★)	
	②			
	③			
§259	①		§264 상습범	
	②			
	③			
§260	①		§265	
	②			
	③ 반의사불벌			

① 상해와 폭행의 구별

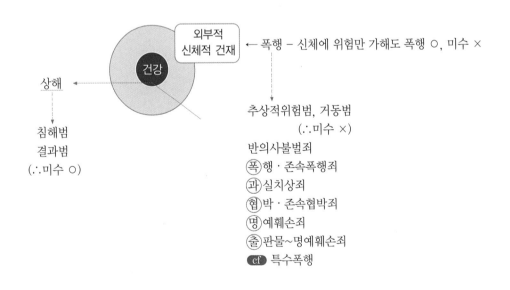

외부적 신체적 건재

건강

← 폭행 – 신체에 위험만 가해도 폭행 ○, 미수 ×

상해

침해범
결과범
(∴미수 ○)

추상적위험범, 거동범
(∴미수 ×)

반의사불벌죄
폭행 · 존속폭행죄
과실치상죄
협박 · 존속협박죄
명예훼손죄
출판물~명예훼손죄
cf 특수폭행

② **상해죄** …§257 ①

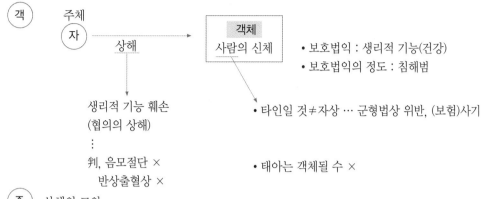

객 주체 자 상해 → 객체 사람의 신체
• 보호법익 : 생리적 기능(건강)
• 보호법익의 정도 : 침해범

생리적 기능 훼손
(협의의 상해)
⋮
判, 음모절단 ×
반상출혈상 ×

• 타인일 것≠자상 … 군형법상 위반, (보험)사기

• 태아는 객체될 수 ×

주 상해의 고의
※ 판례 : 상해 원인인 폭행 인식으로 충분

③ **존속상해죄** …§257 ②
└ 부진정신분범, 법조경합 中 특별관계

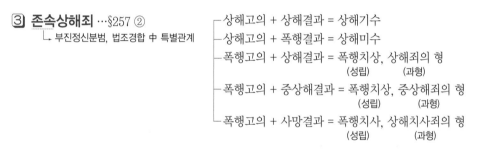

┌ 상해고의 + 상해결과 = 상해기수
├ 상해고의 + 폭행결과 = 상해미수
├ 폭행고의 + 상해결과 = 폭행치상, 상해죄의 형
│   (성립)   (과형)
├ 폭행고의 + 중상해결과 = 폭행치상, 중상해죄의 형
│   (성립)   (과형)
└ 폭행고의 + 사망결과 = 폭행치사, 상해치사죄의 형
                        (성립)   (과형)

④ **중상해죄 · 존속중상해죄** …§258

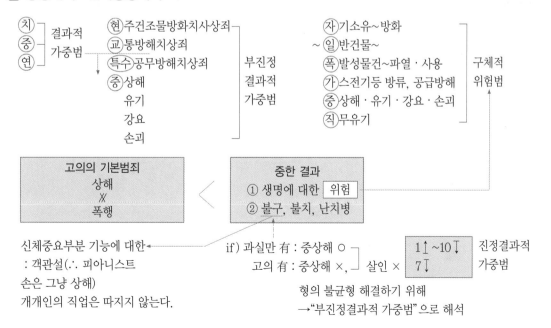

치 중 연 결과적 가중범

현 주건조물방화치사상죄
교 통방해치상죄
특수 공무방해치상죄
중 상해
유기
강요
손괴

부진정 결과적 가중범

자 기소유~방화
~ 일 반건물~
폭 발성물건~파열 · 사용
가 스전기등 방류, 공급방해
중 상해 · 유기 · 강요 · 손괴
직 무유기

구체적 위험범

고의의 기본범죄
상해
╳
폭행

< 중한 결과
① 생명에 대한 위험
② 불구, 불치, 난치병

신체중요부분 기능에 대한
: 객관설(∴ 피아니스트
손은 그냥 상해)
개개인의 직업은 따지지 않는다.

if) 과실만 有 : 중상해 ○
고의 有 : 중상해 ×, ┘ 살인 ×

1↕~10↕
7↓

진정결과적 가중범

형의 불균형 해결하기 위해
→"부진정결과적 가중범"으로 해석

⑤ **특수상해 · 존속상해 · 중상해죄**

　단체 · 다중 위력 or 위험한 물건 휴대

⑥ **상해치사죄 · 존속상해치사죄**

⑦ **상해죄의 동시범** ···§263

　　　　{ 택일적(이중적) 인과관계 }
　　　　{ 공동정범　　　　　　　 }

　　§19 원칙규정 ········ §263 예외규정

　　　　　　　　　　; 거증책임전환규정

　　　　　　　　　　　└ 判, 상해뿐만 아니라,

　　　　　　　　　　　　　┌ 폭행치상 ┐
　　　　　　　　　　　　　│ 상해치사 │ 까지 확장
　　　　　　　　　　　⊕ └ 폭행치사 ┘
　　　　　　　　　　判, §310 위법성조각사유를 행위자가 증명할 것
　　　　　　　　　　　　└ 형소법의 '검사' 증명이 반전

⑧ **폭행죄** ···§260 (폭), 과, 협, 명, 출 [반의사불벌죄]

형법상의 폭행 "유형력의 행사(=과학적+눈에 보이는 힘)"		형법상의 협박 "해악의 고지(=언어, 문서, 행동)"	
최광의 폭행	사람 or 물건에 대한 유형력 행사 내란, 소요, 다중불해산에서의 폭행	광의의 협박	공포심을 느끼게 할 만한 해악고지(∴ 현실로 공포결과 불요) → 위험범
(광)의의 폭행	사람에 대한 직 · 간접적 유형력 행사 (공)집방, 직무(강)요, (강)요에서의 폭행 +(공)갈		
협의의 폭행	사람의 신체에 대한 직 · 간접적 유형력 행사　　　　　┌ 특수공무원폭행 폭행, 특수폭행, 가혹행위에서의 폭행	협의의 협박	해악고지로 상대방에게 공포심생겨야 함 (∴ 침해범) 강요, 공갈, 강제추행(判) 협박죄(§283) 判 전원합의체 : 위험범!!(★)
최협의의 폭행	상대방의 반항, 항거를 현저곤란　강간, 유사강간 　　　억압　　〉 강도　유형력 행사 　　　불가능		

* 최소한 억압할 정도 – 강도
* 최소한 현저히 곤란하게 할 정도 – 강간, 유사강간

　　　　　　　전화
　청각자극　│　내용—공포심
　─────────────────
　　폭행　　│　　협박

⑨ **특수폭행죄** ···§261
↓
- 특수적 가중사유 : 행위불법 가중
- 법조경합 中 특별관계

합동범(현장설)	합동범 아닌 형태
특수⑤주	단체 or 다중의
특수⑥도	위력 or 위험한
특수⑧도	물건을 휴대

⑩ **폭행치사상죄** ···§262

고의	결과	성립	처벌(=형)
폭행＋상해		＝폭행치상	§257 : 상해죄
폭행＋중상해		＝폭행치상	§258 : 중상해죄
폭행＋사망		＝폭행치사	§259 : 상해치사죄

⑪ **상습상해 · 폭행죄** ···§264
└→ - 행위자책임
    - 특수적 가중사유
    - 포괄일죄 中 집합범
    - 부진정신분범

상습범 처벌규정
┌ ⑧해 · 폭행
│ ⑥박
│ ⑥포 · 감금
│ ⑧폭력
│ ⑥도, 강도
│ ⑥기, 공갈
└ ⑧물

국가적법익
┌ ⑥편   × ┐
└ ⑤박   ┘

제 3 절) 과실치사상의 죄

① **과실치상죄** …§266
  └ 폭,(과), 협, 명, 출 [반의사불벌죄]

② **과실치사죄** …§267
  刹, 유리창청소사건에서 교사는 무죄

③ **업무상 과실 · 중과실치사상죄** …§268
  └ 대개 부진정신분범

(사)회성 사회생활 上 지위에 기하여 자연적, 개인적 생활현상은 × (예) 식사, 산책, 수면, 육아, 독서, 가사	(계)속성 계속적으로 종사하는, 수행하는 단 1회　(예) 수술	(사)무

계속성 표:

원칙	예외
: 업무×	: 앞으로 계속 반복의사 ○ → 업무 ○

└ '업무상~' 이지만 진정신분범
  ① 업무상 (비)밀누설죄
  ② 업무상 (과)실장물죄
  ③ 업무상 (위)력에 의한 간음죄

가중적신분요소 '업무상 과실치사상죄'의 업무	「업무방해죄」의 업무 … §314
생명 · 신체에 대한 위험관련 업무일 것	생명 · 신체에 대한 위험관련 업무일 것 불요
적법 요하지 않음 면허의 존재 필요 × (예) 무면허운전 & 사상 → 업무상 과실치사상 ○	보호법익, 형법상 보호할 가치 필요 : 적법성 要 ∴ 법원으로부터 직무집행정지가처분 　받은 직무를 한 경우, 업무방해 × (cf) 업무의 기초가 된 계약 　행정행위가 형식적 적법성, 　유효성까지 갖출 필요 ×

관리인　〈선임절차무효〉
↓　　↓
경리직원　업무진행보호
(甲)　↘
↑　　업무방해죄
방해

제 4 절 낙태의 죄

① 보호법익

┌태아 : 생명 · 신체안전
└임부 : 생명 · 신체안전

• 자기낙태 · 의사낙태 : 헌법불합치

② 자기낙태죄 …§269 ①

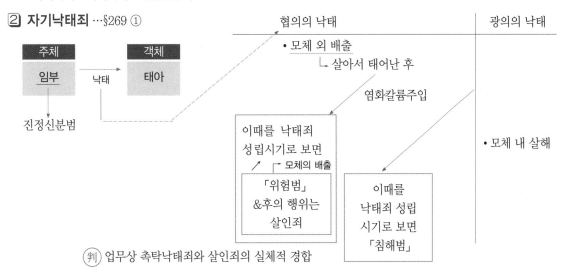

㊤ 업무상 촉탁낙태죄와 살인죄의 실체적 경합

③ 동의낙태죄 …§269 ②

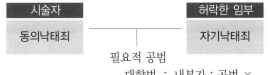

필요적 공범
대향범 ∴ 내부자 : 공범 ×
※ 단, 남편 등 외부자가 교사한 경우 : (업무상) 동의낙태교사범 ○

④ 업무상 동의낙태죄 …§270 ①

의 · 한 · 조 · 약 · 약   (§233 허위진단서작성 : 의 · 한 · 치 · 조)
　　└ 부진정신분범

⑤ 부동의낙태죄 …§270 ②   상해흡수, 불가벌적수반행위

⑥ 낙태치사상죄 …§269 ③, §270 ③
결과적 가중범

제5절 유기와 학대의 죄

① **보호법익** : 사람의 생명 · 신체의 안전(추상적 위험범)

② **유기죄** ···§271 ①

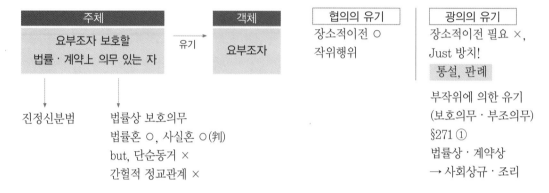

③ **존속유기죄** ···§271 ②
└ 부진정신분범
 법조경합 中 특별관계

④ **중유기죄 · 존속중유기죄** ···§271 ③ ④
 ↓   중체포 · 중감금 빼고 미수 ×
 자 · 일 · 폭 · 가 · 중 · 직(구체적 위험범)
 현 · 교 · 특수 · 중(부진정결과적 가중범)

⑤ **영아유기죄** ···§272

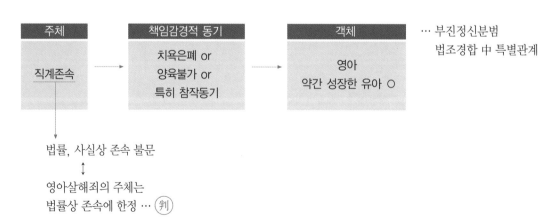

6 학대죄 · 존속학대죄 …§273 ① ②

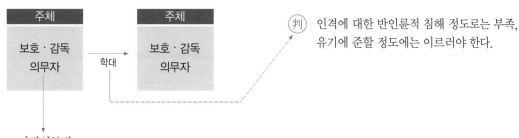

판 인격에 대한 반인륜적 침해 정도로는 부족,
유기에 준할 정도에는 이르러야 한다.

• 진정신분범
• 사회상규, 관습, 조리 포함
 (법률상, 계약상뿐만 아니라)
  ↔ 유기죄(법률상, 계약상만)

7 아동혹사죄 …§274
 └ 16세 미만인 자
 인도하거나 인수하는 계약만으로 불충분, 현실 인도 필요 ∴ 필요적 공범 中 대향범
  ↔ §362 ② 장물알선죄(매매중재로 충분, 현실인도 · 계약 · 수수는 불요)

8 유기치사상죄 …§275

판 여호와의 증인 신도인 엄마, 수혈거부사건
 → 엄마는 유기치사죄
      〈유기치사죄 : 결과적가중범〉
         결과적가중범의 기본범죄

고의	과실	작위	부작위
○	×	○	○

제1절 협박과 강요의 죄

법조문 정리

협박	강요
§283 ①	§323
②	
③ 반의사불벌	§324
§284	의2
§285 상습범	의3
§286 미수범	의4
↓	의5 미수
위험범	의6 형의 감경
① 해악 → 도달 ×	§325 ① ┐
② 해악 → 도달 ○, 지각 ×	② ┘
③ 해악 → 도달 ○, 지각 ○	③ 미수
┌ 의미인식 ×	§326
└ 의미인식 ○	§327
─ 공포심 × : 기수	§328

① 총설

┌ 협박 : 의사결정자유, 위험범(判), 미수범 ○
└ 강요 : 의사결정에 기한 행동의 자유, 침해범, 미수범 ○

② 협박죄 ···§283 ①

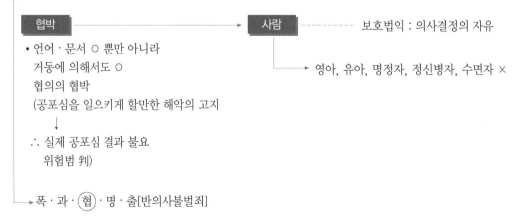

협박 ──────────→ 사람 ------ 보호법익 : 의사결정의 자유

• 언어 · 문서 ○ 뿐만 아니라
  거동에 의해서도 ○ ────────→ 영아, 유아, 명정자, 정신병자, 수면자 ×
  협의의 협박
  (공포심을 일으키게 할만한 해악의 고지
  ↓
  ∴ 실제 공포심 결과 불요
    위험범 判)

└ 폭 · 과 · 협 · 명 · 출[반의사불벌죄]

③ **존속협박죄** …§283 ②
  └ 부진정신분범, 법조경합 中 특별관계

④ **특수협박죄**
  └ 법조경합 中 특별관계, 합동범이 아닌 형태 ∴ 단체 or 다중의 위력을 보이거나 위험한 물건휴대~
    특수적 가중사유(합동범인 형태 "특수+도" 특수절도, 특수강도, 특수도주)

⑤ **상습협박죄**
  └ 상·협·체·성·절·사·장·아·도
    포괄일죄 中 집합범
    특수적 가중사유
    행위자책임

⑥ **강요죄** …§324

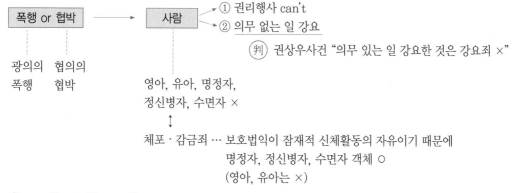

$$협박 < 강요 < 공갈 < 강도$$

⑦ **중권리행사방해죄(중강요죄)** …§326
  └ 자·일·폭·가·중·직 [구체적 위험범]
    현·교·특수·중   [부진정결과적 가중범]

⑧ **인질강요죄** …§324의2   각칙상 감경 ○   3자관계(○)

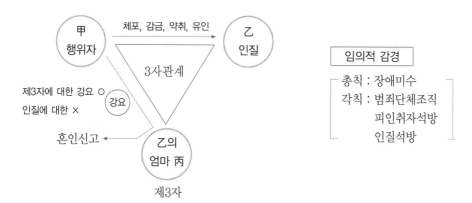

vs 비교

§324의2 ≠인질강도죄 …§336 … 재산에 대한 죄

┌ 2자 or 3자관계(○)
│ 임의적 감경×(각칙상 규정 ×)
└ 예비−음모 ○

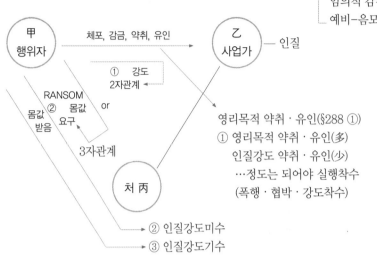

영리목적 약취 · 유인(§288 ①)
① 영리목적 약취 · 유인(多)
  인질강도 약취 · 유인(少)
  …정도는 되어야 실행착수
  (폭행 · 협박 · 강도착수)

⑨ **인질상해 · 치상죄** …§324의3
└─ 미수범 ○   임의적 감경 ○

⑩ **인질살해 · 치사죄** …§324의4
└───────→ 임의적 감경 ×

제 2 절 **체포와 감금의 죄**

법조문 정리

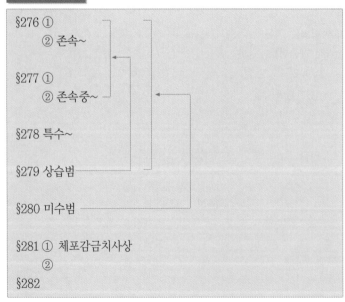

§276 ①
    ② 존속~

§277 ①
    ② 존속중~

§278 특수~

§279 상습범

§280 미수범

§281 ① 체포감금치사상
      ②
§282

1 총설
- 보호법익 : 잠재적 신체활동의 자유
- 법익보호정도 : 침해범
- 미수처벌 ○

2 체포 · 감금죄 …§276 ①

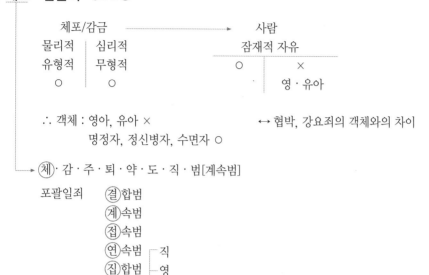

체포/감금 → 사람
물리적 | 심리적   잠재적 자유
유형적 | 무형적   ○   ×
  ○ | ○   영 · 유아

∴ 객체 : 영아, 유아 ×   ↔ 협박, 강요죄의 객체와의 차이
        명정자, 정신병자, 수면자 ○

㉞· 감 · 주 · 퇴 · 약 · 도 · 직 · 범[계속범]
포괄일죄   ㉡합범
          ㉢속범
          ㉣속범
          ㉤속범 ┬ 직
          ㉥합범 ┼ 영
                └ 상

3 존속체포 · 감금죄
└ 법조경합 中 특별관계
   부진정신분범

4 중체포 · 중감금죄, 존속중체포 · 중감금죄 …§277 ① ②

주의!! 구체적 위험범 ×   "가혹한 행위"가 POINT
        결과적 가중범 ×   ∴ 체포 · 감금행위+가혹한 행위=결합범(포괄일죄)
        ㉦ 상해
           유기   • 미수범 ○
           강요
           손괴

5 특수체포 · 감금죄 …§278
└ 특수적 가중사유, 법조경합 中 특별관계, 합동범 아닌 형태
      ∴ 단체 or 다중의 위력을 보이거나 위험한 물건을 휴대하여~

⑥ **상습체포 · 감금죄** ···§279

└ 상 · 협 · 체 · 성 · 절 · 사 · 장 · 아 · 도[상습범], 행위자책임, 특수적 가중사유, 포괄일죄 中 집합범

⑦ **체포 · 감금치사상죄** ···§281

• 전형적인 진정결과적 가중범

제 3 절 약취, 유인 및 인신매매의 죄

– 「인신매매방지의정서」의 이행입법으로 2013년 개정

법조문 정리

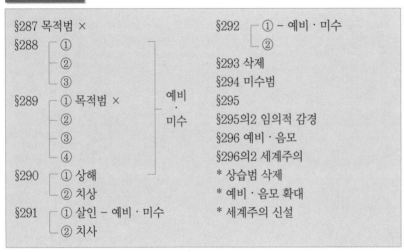

§287 목적범 ×
§288 ── ①
　　　├─ ②
　　　└─ ③
§289 ── ① 목적범 ×　　　┐예비
　　　├─ ②　　　　　　　·
　　　├─ ③　　　　　　　미수
　　　└─ ④
§290 ── ① 상해
　　　└─ ② 치상
§291 ── ① 살인 – 예비 · 미수
　　　└─ ② 치사

§292 ── ① – 예비 · 미수
　　　└─ ②
§293 삭제
§294 미수범
§295
§295의2 임의적 감경
§296 예비 · 음모
§296의2 세계주의
* 상습범 삭제
* 예비 · 음모 확대
* 세계주의 신설

---

1 미성년자약취 · 유인죄 ···§287

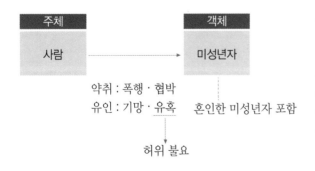

주체	객체
사람	미성년자

약취 : 폭행 · 협박
유인 : 기망 · 유혹
　　　　　↓
　　　허위 불요

혼인한 미성년자 포함

• 보호법익 : 미성년자의 자유권과,
　　　　　　보호감독자의 감독권
　∴ 본죄 불성립을 위해 둘 모두의 동의 필요
• 장소적 이전 불요
• 대부분 약취 · 유인죄들과는 달리 목적범 ×
• 계속범(체 · 감 · 주 · 퇴 · 약 · 도 · 직 · 범)
• 미성년은 19세 미만

② **추행 · 간음 · 결혼 · 영리목적 약취 · 유인죄**… §288 ①
└ 단지 성교목적으로 약취 · 유인 → 간음목적 약취 · 유인

③ **노동력 착취 · 성매매와 성적 착취, 장기적출목적 약취 · 유인죄** … §288 ②
2013년 형법개정에 의해 추가된 신종범죄

④ **국외이송목적 약취 · 유인죄**… §288 ③
피약취자를 국외로 이송한 사람도 처벌 – 목적범 ×

⑤ **인신매매**… §289 ①
목적범 ×

⑥ **추행 · 간음 · 결혼 · 영리목적 매매죄**… §289 ②

⑦ **노동력 착취 · 성매매와 성적 착취 · 장기적출목적 매매죄** …§289 ③

⑧ **국외이송목적 매매죄** … §289 ④
피매매자를 국외로 이송한 사람도 처벌 – 목적범 ×

⑨ **약취 · 유인 · 매매 이송 상해 · 치상죄**…§290 ①, §290 ②

⑩ **약취 · 유인 · 매매 이송 살인 · 치사죄**…§291 ①, §291 ②

⑪ **피약취 유인 · 매매 국외이송자 수수 · 은닉죄**…§292 ①

⑫ **피약취 유인 · 매매 국외이송목적 모집 · 운송 · 전달죄**…§292 ②
종래 방조범 형태인 것을 2013년 형법개정에 의해 독자적 구성요건으로 만듦

⑬ **형의 감경**… §295의2
§291의 죄(~살인 · 치사)는 제외
임의적 감경 … ┌ 총칙 : 장애미수
             └ 각칙 : 범죄단체조직, 피인취 · 매매자석방, 인질석방

⑭ **세계주의**… §296의2 〈신설〉(2013.4.5.)
제287조부터 제292조까지 및 제294조는 대한민국 영역 밖에서 죄를 범한 외국인에게도 적용한다.

⑮ **상습범** … 형법개정에 의해 삭제, 상습범 두문자에서 빠짐

⑯ **예비 · 음모** … 형법개정에 의해 대부분의 약취 · 유인 및 인신매매죄로 확대
두문자 '국' → '약' 취 · 유인 · 인신매매

제 4 절 강간과 추행의 죄

법조문 정리

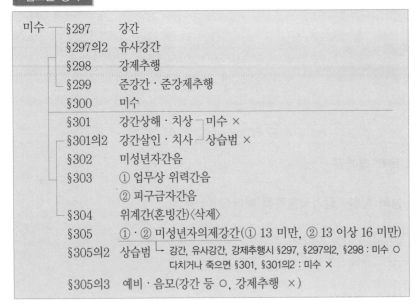

미수
- §297   강간
- §297의2   유사강간
- §298   강제추행
- §299   준강간 · 준강제추행
- §300   미수
- §301   강간상해 · 치상 ── 미수 ×
- §301의2   강간살인 · 치사 ── 상습범 ×
- §302   미성년자간음
- §303   ① 업무상 위력간음
          ② 피구금자간음
- §304   위계간(혼빙간) 〈삭제〉
- §305   ① · ② 미성년자의제강간(① 13 미만, ② 13 이상 16 미만)
- §305의2   상습범 ── 강간, 유사강간, 강제추행시 §297, §297의2, §298 : 미수 ○
                  다치거나 죽으면 §301, §301의2 : 미수 ×
- §305의3   예비 · 음모(강간 등 ○, 강제추행 ×)

① 보호법익
• 개인의 성적 자기결정의 자유 내지 성적 자기결정권

② 강간죄 ···§297

강도
억압할 ≠   폭행/협박   → 강간   사람   • 법익보호의 정도 : 침해범
정도   이성의 성기에
                        성기 삽입
        최협의 : 현저 · 곤란   부부 : 원칙 ○ (판례변경)
        여자 : 단독정범 ○

③ 유사강간죄 ··· §297의2

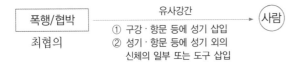

폭행/협박   → 유사강간   사람
            ① 구강 · 항문 등에 성기 삽입
최협의   ② 성기 · 항문 등에 성기 외의
               신체의 일부 또는 도구 삽입

④ **강제추행죄** … §298

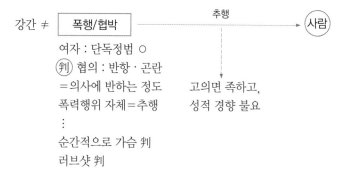

강간 ≠ [폭행/협박] ──── 추행 ────→ (사람)

여자 : 단독정범 ○

(判) 협의 : 반항 · 곤란

= 의사에 반하는 정도

폭력행위 자체 = 추행

⋮

순간적으로 가슴 判

러브샷 判

고의면 족하고,
성적 경향 불요

⑤ **준강간죄 · 준유사강간죄 · 준강제추행죄** … §299

§299	심신상실/항거불능 이용 ⫢	간음/추행	: 준강간 · 유사강간 · 강제추행
§302	미성년자/심신미약자 16↑ ⫢	위계/위력 간음/추행	: 미성년자 등에 대한 간음
§305	13세 미만 13세 이상 16세 미만	간음 · 추행	: 미성년자 의제강간 · 유사강간 · 강제추행

→ §297, §297의2, §298, §301, §301조2 예에 의해
미수 ○   미수 ×

⑥ **미성년자 의제강간 · 유사강간 · 강제추행죄** … §305 ① · ②

⑦ **강간 등 상해 · 치상죄 및 강간 등 살인 · 치사죄** … §301, §301조의2

⑧ **미성년자 · 심신미약자 간음 · 추행죄** … §302
: 16↑(원칙)~19↓ 미성년자

⑨ **업무상 위력 등에 의한 간음죄** … §303 ① ②
…진정신분범, 친고죄   └ 피구금자 간음 … 위 · 간 · (피) · 부 · 도 · 업(자수범)

⑩ **혼인빙자 · 위계에 의한 간음죄** … §304 〈삭제〉 (2012.12.18.)

⑪ **상습범** … §305의2

⑫ **강간 등 예비 · 음모** … §305의3

제1절 명예에 관한 죄

① … §310 위법성조각

반 §307 (명)예훼손
치 §308 (사)자명예훼손
반 §309 (출)판물 등에 의한 명예훼손
친 §311 (모)욕

구체적 사실	추상적 감정표현
명예훼손	모욕

1 명예훼손죄 … §307

제1항, 공연히 사실 적시하여 사람 · 명예훼손

↓

명예를 훼손할 만한 위험   결과 불요 ∴ 추상적 위험범
(허위사실적시 不要)   외적 명예 判 ∴ 유아 · 정신병자 포함

(§307 ①에만 적용)
진실한 사실로서 오로지
공공의 이익에 관한 때,
위법성 조각 §310

제2항, 공연히 허위적시하여

↓

가중적 구성요건

전파성(전파가능성)이론 (判)

(불특정 및 다수인 : ×)

A가 기자라면, 甲은 제보자
a. A가 기사화시킨 경우

① ┌ 기자 : 비방목적 × → 무죄
   └ 甲 : 비방목적 ○   "목적 없는 도구"
               → 출판물등 명예훼손죄의 간접정범

ⅱ ┌ 기자 : 비방목적 ○
        → 출 · 명 정범
   └ 甲 : 비방목적 ○ → 교사범

b. A가 기사화하지 않은 경우

          ┌ '가능성
      ┌→ 전파성 ×' ┐
   ├ 기자 : 공연성 × → 무죄
   └ 甲 : 무죄

(주) 고의 … 목적은 불요
    착오 …   인식사실   발생사실
             §307 ① ＜ §307 ②
             인식 ×
             ∴ 무거운 죄로 처벌 ×(§15 ①)
             구성요건 : §307 ① 해당될 때

동의 → 처벌 ×

피해자의 승낙	cf 양해 : 구성요건조각
신체(상해)	재산죄
명예훼손	자유
업무방해	사생활
문서위조(★)	

② **위법성조각사유** … §310 … 피고인에게 유리하므로 넓게 인정하자(判)

표현의 자유 ——————— 개인의 명예
　　　　§310

공익성	진실성
「오로지」 해석 : 주로 ∴공익＋사익＝공익으로 봐준다. 공적인물	진실한 사실이라는 증명 없다 해도 → 객관적으로 상당한 이유 있을 때 위법성이 조각 可　　　　　　　"그 오인에" 행위자 : 진실한 사실로 믿었고, 정당한 이유 ○ → 위법성조각, 무죄　　　　　(상당)

③ **사자명예훼손죄** … §308

인식사실　　　＜　발생사실　　　　　사자명예훼손죄는,

사자명예훼손　　　생존자명예훼손

진실	허위
무죄	유죄

인식 × ——————————┘

∴ §15 ①

④ **출판물 등에 의한 명예훼손죄** … §309

Case 대법원 1996.8.23, 94도3191

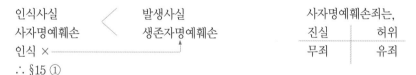

한겨레신문

기자 甲 ——→ [·············] 진실·증명 ×

① 출판물 명예훼손(§309) ×
　비방 목적 × → 공공의 이익을 위한다는 의사 ○

② 허위사실 명예훼손(§307 ②) ×
　가중적 구성요건 → 고의 要

〈인식사실〉　　　　　〈발생사실〉
　: 진실　　　　　　　　: 허위
　§307 ①　　　　　　　　§307 ②
　　　　　§15 ①

③ 사실적시 명예훼손(§307 ①)

구성요건 해당성 ○

위법성 §310

공익성	진실성				
	진실 – 증명 ×				
	판례	학설			
		위전착			
○	진실 – 믿은 데 상당한 이유 ○ : 위법성 조각 → 무죄	〈엄격책임설〉 법률의 착오 정당한 이유		〈제한적 책임설〉 사실의 착오 고의 × ↓ 과실 ○ 과실 명예훼손 × → 무죄	
		○ → 무죄	× → 명예훼손		

제 2 절) 신용·업무와 경매에 관한 죄

신용 · 업무 · 경매 · 입찰 공통점 → 위계

1 **신용훼손죄** … §313 : 공연성 요건 ×

허 위	사실	유포
~T F	fact 구체적 증명가능 ↔ 평가	퍼뜨림 전파성 要 공연성 – 요건 ×

위 계 ⟶ 사람의
신용
훼손

2 **업무방해죄** … §314 ①

┌ 전파가능성의 고의 要

허위사실유포
위계 ⟶ 사람의 업무
위력 ⟶ 방해 결과 不要
추상적 위험범

업무방해	공무집행방해(§136) 위계-공무집행방해(§137)
공무 × 사무 ○	공무 ○
허위사실유포 공무방해 ×	× : 무죄
위력에 의한 공무방해 ×	× : 무죄

③ **컴퓨터 등 업무방해죄** ··· §314 ②

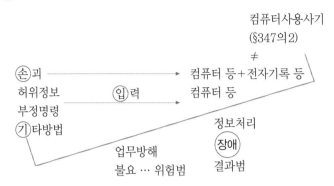

④ **경매 · 입찰방해죄** ··· §315

위계
위력 → 경매/입찰
　　　공정
　　　　해

CHAPTER 04 사생활의 평온에 대한 죄

법조문 정리

〈비밀침해〉-미수 ×	〈주거침입〉
§316 ① ②	§319 ① 주·건·선·항·방 ②
§317 ① ②	§320
	§321
§318 친고죄	§322 미수범
(ㅂ)·누·모·사·재)	

제 1 절 비밀침해의 죄

1 업무상 비밀누설죄 … §317

진정신분범 | 주체

의/한/치/약
약/조/변/변 ─ 누설 ─┌ 업무처리 中 ─┐ … 비밀
공/공/대/보   └ 직무상 지득한 ┘
차/종/종

제 2 절 주거침입의 죄

거주자의 의사에 반하여 들어가는 행위
동의 └ 양해

1 주거침입죄 … §319 = 특수강도(§334 ①) 주·건·선·항·방

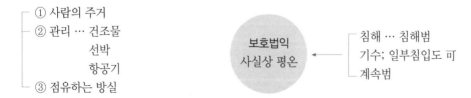

┌ ① 사람의 주거
├ ② 관리 … 건조물
│   선박
│   항공기
└ ③ 점유하는 방실

보호법익
사실상 평온 ←

┌ 침해 … 침해범
│ 기수; 일부침입도 可
└ 계속범

cf 야간주거침입절도 §331 ① 특수절도(주거, 건조물, 선박, 항공기, 방실)

Case

남편 A
외출

처 B ○—— 정부 甲

① 주거권설	② 사실상 평온설 多	③ 판례
주거침입 ○	주거침입 ×	사실상 평온 침해
	ⓑ의 사실상 평온 ×	∴ 주거침입죄 ○
		ⓐ의 사실상 평온 ○

문 손잡이 잡아당긴 행위(○)

〈기수〉-보호법익기준

① 일부침입+사실상 평온 침해 ○=기수
  (얼굴 등)
② 전부침입+사실상 평온 침해 ×=미수
  & 기수의 고의
    ∴ 일부침입-고의 ○

CHAPTER 05 재산에 대한 죄

제 1 절 재산죄의 일반이론

① 분류

객체		법익
재물	• 절도 • 횡령 • 장물 • 손괴	소유권
재물 or 이익	• 강도 • 사기 • 공갈 • 배임수재	(소유권포함)
재산상 이익	• 배임 • 컴퓨터사용 사기 • 부당이득	재산권

cf 소유권 이외의 재산권
－ 권리행사방해(§323)

Case 1

가방소유자　　　　　　　　　수선업자

甲 ──가방──→ 乙
　←수선비 안 내고
　　가져옴

자기소유 · 타인점유
가져오는 것
⇒ §323 권리행사방해

'유치권'
(적법한 권원)에 의한
점유자
↓
수선비 받을 때까지
가방 점유할 권리 ○

행위태양		
탈취죄	상대방 의사에 反하여	• 절도 • 강도 • 장물
편취죄	상대방 의사에 기하여 (처분행위)	• 사기 • 공갈
신임관계 위반	배신	• 횡령 • 배임
훼기	효용 ×	• 손괴

영득유무	
영득죄	비영득죄
대부분	• 손괴 • 자동차 불법사용 • 권리행사방해

② 재물

(1) 유체성설과 관리가능성설

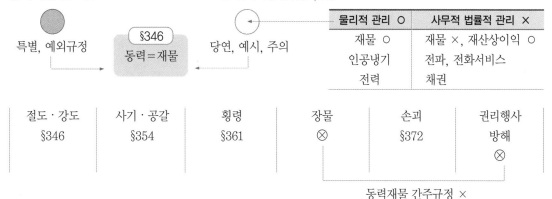

① 유체성설(소수)
　특별, 예외규정

§346
동력＝재물

② 관리가능성설(多, 判)
　당연, 예시, 주의

물리적 관리 ○	사무적 법률적 관리 ×
재물 ○	재물 ×, 재산상이익 ○
인공냉기	전파, 전화서비스
전력	채권

| 절도 · 강도 §346 | 사기 · 공갈 §354 | 횡령 §361 | 장물 ⊗ | 손괴 §372 | 권리행사 방해 ⊗ |

동력재물 간주규정 ×

 Case 2

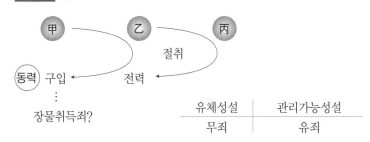

甲　　乙　　丙
　　　절취
동력 구입 ← 전력 ←
⋮
장물취득죄?

유체성설	관리가능성설
무죄	유죄

(2) 가치성

객관적 경제적 가치 불요	주관적 소극적 가치 ○

(3) 가동성

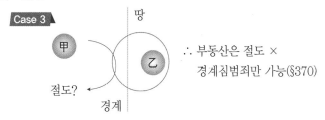 **Case 3**

甲　　땅　　乙
절도?
경계

∴ 부동산은 절도 ×
　경계침범죄만 가능(§370)

절도가 성립하려면 "절취로 타인점유배제해야"
⇒ 부동산의 성질상 타인점유배제 어려움

(4) 적법성

① 금제품

절대적 금제품	상대적 금제품
소유 ×	소유 ○, 점유 ×
재물 ×	재물 ○
예 아편흡식기, 통화위조	예 대마, 불법소지무기

Case 4

절도죄 ×

위조통화취득죄 ○

└ 절대적 금제품 : 소유 자체가 금지(소유권 ×) ⇒ 재물 ×

cf 위조된 유가증권 : 절도 ○

② 신체, 시체

원칙	×(중상해, 시체영득)	
예외	별도의 목적	
○	혈액, 안구, 모발, 장기, 정자, 난자, 줄기세포	해부용 시체

③ 정보 → 재물×, 화체된 부분 – 절도 ○

Case 5 대법원 1996.8.23, 95도192

① 사본에 대한 절도 ×
　(甲이 창출 → 타인소유, 타인점유 ×)
② 정보에 대한 절도 ×
　(정보의 재물성 인정 ×)
③ 종이(용지)에 대한 절도 ○

③ **재산상 이익** … 경제적 재산설

성관계	
원칙	예외
×	금품 전제

Case 6 대법원 2001.10.23, 2001도2991

甲 ——— 지불의사 없이 지불할 것처럼 ———→ 乙
　　　　　　　　기망　　　　　　　　　　　女

乙에 대한 사기 ○　　　　　　　　1회 30만원(금품이 전제된 성관계)

④ **점유** : 사실상 지배상태

	민법	형법
	물권 권리	상태
점유보조자 점유	×	○

Case 7

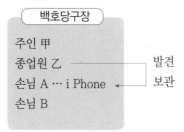

┌─ 백호당구장 ─┐

주인 甲
종업원 乙 ─────── 발견
손님 A … i Phone ←── 보관
손님 B

가게 내의 물건에 대해
종업원이 가져갔다면
주인과 종업원(대내적 관계)의 문제 ←

Case 7-1

B가 절취 … 절도 ○
　A소유 · 乙점유
(타인소유 · 타인점유)
　乙 – 점유보조자도 형법상 점유 ○ (대외적 관계)

Case 7-2

乙이 절취 … 절도 ○
　A소유 · 甲점유
(타인소유 · 타인점유)
　甲 상위점유자
　　└ 乙 종속적 하위점유자 (or 비독립적 하위점유자)

(1) 형법상의 점유

	절도 · 강도 · 사기 · 공갈	횡령(§355 ①)	점유이탈물횡령(§360)	권리행사방해(§323)
소유	他人	他人	他人(무주물 ×)	自己
점유	他人 침해대상 사실상 점유 ○ 절도범인의 점유 ○	自己 침해주체=신분요소 esp. 부동산보관 └ 법률상 보관 └ 유효-처분권능 ⑩ 등기명의 　-명의수탁자	×	他人 보호법익 형법상 보호가치 ○ 적법한 권원 ○(要) 절도범인의 점유 ×

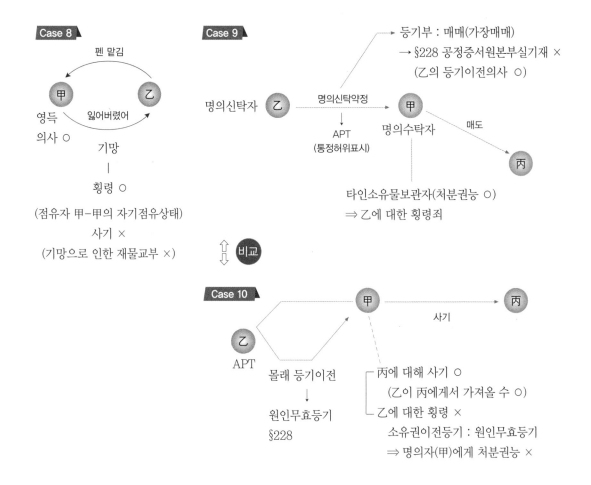

(2) 침해대상으로서의 점유

　〈점유의 개념〉

　　① 객관적 · 물리적 – 점유사실

　　② 주관적 · 정신적 – 점유의사

　　　┌ 사실상 지배의사 : 유아 · 정신병자의 점유 인정

　　　├ 일반적 지배의사(예 리프트탑승권) : 훔치면 절도

　　　└ 잠재적 지배의사 : 수면자, 일시적 의식상실자의 점유 인정, 사자의 점유 인정

　　③ 사회적 · 규범적요소 : 거래계의 경험칙

　　　┌ 유류물 · 분실물(in 당구장 · PC방) : 타인소유+타인점유(관리자) : 절도

　　　└ 타인의 점유

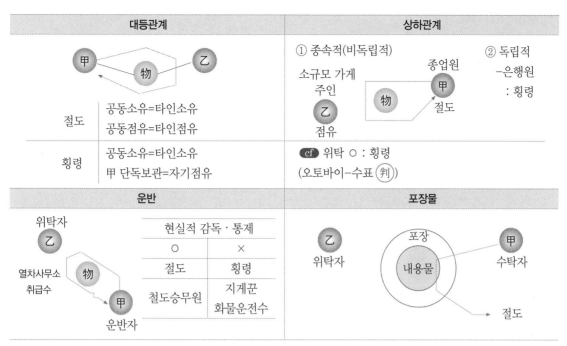

대등관계	상하관계
절도	공동소유=타인소유 / 공동점유=타인점유
횡령	공동소유=타인소유 / 甲 단독보관=자기점유

① 종속적(비독립적)
소규모 가게 주인 乙 점유 → 종업원 甲 절도 物

② 독립적
-은행원
: 횡령

cf 위탁 ○ : 횡령
(오토바이-수표 判)

운반	포장물

	현실적 감독·통제	
	○	×
	절도	횡령
	철도승무원	지게꾼 화물운전수

위탁자 乙 → 열차사무소 취급수 → 物 → 甲 운반자

위탁자 乙 — 포장 내용물 — 수탁자 甲
절도

• 점유의 주체 – 사자의 점유

Case 11 대법원 1993.9.28, 93도2143

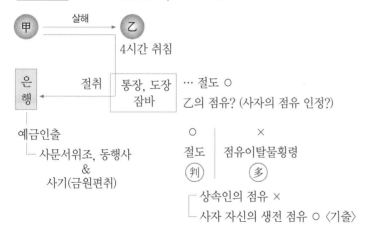

甲 → 살해 → 乙 4시간 취침

은행 ← 절취 ← 통장, 도장 잠바 … 절도 ○
乙의 점유? (사자의 점유 인정?)

○	×
절도	점유이탈물횡령
判	多

예금인출
└ 사문서위조, 동행사 & 사기(금원편취)

┌ 상속인의 점유 ×
└ 사자 자신의 생전 점유 ○ 〈기출〉

⑤ 불법영득의사

① 영득의사의 요소
〈타인소유 배제의사+자기소유 이용의사〉

≠반환의사
사용절도

원칙	예외
처벌 ×	자·선·항·원 §331의2 불법사용

≠손괴
Case
甲 → 살해 → 乙 지갑
태워버렸다 ←
절도 ×
증거인멸 ×

타인의 재물 질취
타인점유배제 + 자기점유취득
↑
인식+의사 = 고의

② 영득의사의 대상

물체설 (너무 협소)	가치설 (너무 광범위)
(判) 물체 or (핵심)가치설	

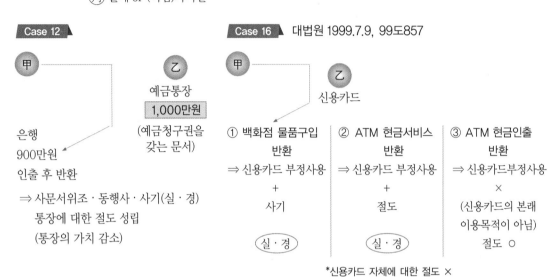

Case 12

甲 ─────────┐ 乙

예금통장

1,000만원

(예금청구권을
갖는 문서)

은행
900만원
인출 후 반환

⇒ 사문서위조 · 동행사 · 사기(실 · 경)
통장에 대한 절도 성립
(통장의 가치 감소)

Case 16 대법원 1999.7.9, 99도857

甲 ─────────┐ 乙

신용카드

| ① 백화점 물품구입
반환
⇒ 신용카드 부정사용
+
사기

(실 · 경) | ② ATM 현금서비스
반환
⇒ 신용카드 부정사용
+
절도

(실 · 경) | ③ ATM 현금인출
반환
⇒ 신용카드부정사용
×
(신용카드의 본래
이용목적이 아님)
절도 ○ |

*신용카드 자체에 대한 절도 ×

Case 13 대법원 1971.10.19, 70도1399

甲 ─────────┐ 乙

주민등록증

신분확인용도
사용후 반환
⇒ 공문서부정행사죄(§230)
주민등록증에 대한 절도 ×
(가치 감소 ×)

Case 17 대법원 2006.3.9, 2005도7819

甲 ─────────┐ 乙

직불카드

① 백화점 물품구입 반환   ② ATM 현금인출 반환
⇒ 직불카드 부정사용   ⇒ 직불카드부정사용 ×(判)
+   (직불카드 본래 이용목적이
사기   아님)절도 ○
(실 · 경)

* 직불카드 자체에 대한 절도 ×

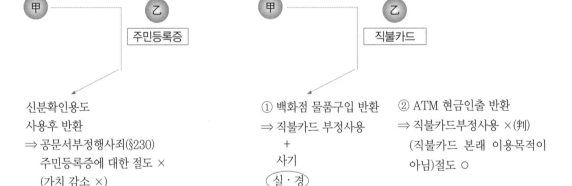

Case 14 대법원 2000.3.28, 2000도493

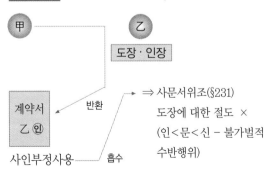

甲 ─────────┐ 乙

도장 · 인장

계약서
乙 ㊞

반환 → ⇒ 사문서위조(§231)
도장에 대한 절도 ×
(인<문<신 - 불가벌적
수반행위)

사인부정사용 ── 흡수

★ 참고

신용카드 · 직불카드	부정사용죄 – 사용권한 없는 자의 해당 용도 이내 사용
가맹점 ┌ 재화 └ 용역	○
현금 신용 대출	○
현금(예금) 인출	×

Case 15 ▸ 대법원 1998.11.10, 98도2642

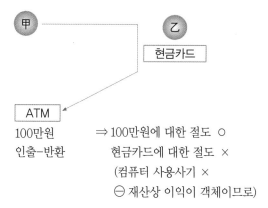

ATM
100만원 ⇒ 100만원에 대한 절도 ○
인출-반환   현금카드에 대한 절도 ×
          (컴퓨터 사용사기 ×
          ⊖ 재산상 이익이 객체이므로)

〈사용절도〉   〈절도〉
 '반환'   ≠   '방치'
            判 휴대폰 사용 후 피해자의 영업점 앞 화분에 두고 감

6 친족상도례

강도 · 손괴, 점유강취, 강제집행면탈 : ×
§328 ① 인적 처벌조각사유 : 직 · 배 · 동 · 동/배
     ② 상대적 친고죄 : 비동거친족

〈친족〉

① 배우자	② 혈족 8촌 이내(父, 母)	③ 인척 – 배우자의 혈족 – 혈족의 배우자 – 배우자의 혈족의 배우자

Case ▸

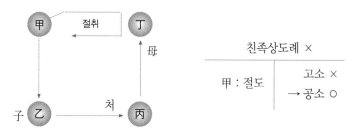

사돈 : 혈족의 배우자의 혈족 – 친족 ×

제2절 절도의 죄

법조문 정리

§329	밀접행위시
§330	침입/침입을 위한 구체적 행위시
§331 ┌ ① – 손괴	
└ ② – 밀접행위시	
§331의2	
§332	상습범
§342	미수
§344	친족상도례
§346	동력=재물

① **절도** ··· §329

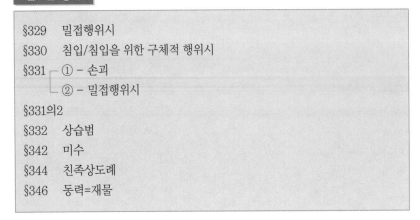

- 타인소유 · 타인점유 : 절도, 강도, 사기, 공갈
- 재물죄 : 횡령, 장물, 손괴
- 보호법익 : 소유권과 점유권 判
- 법익보호의 정도 : 침해범
- 법익주체=피해자
  친족상도례 ··· 절취자 ↔ 소유자 要
  ↕ 要
  점유자

cf 재산죄 중 위험범(判)
  ① 횡령 ② 배임 ③ 권리행사방해 ④ 강제집행면탈

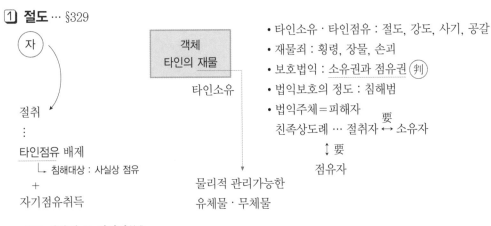

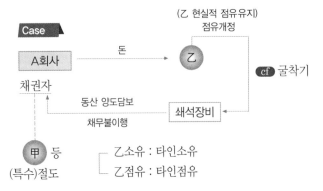

- 대내적 관계 – 채무자(乙) 소유
- 대외적 관계 – 채권자(A) 소유

Case 대법원 2004.3.12, 2002도5090

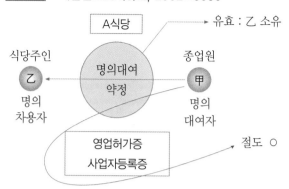

* 명의대여약정
  → 사회질서 反 ×
  → 무효 ×
  ∴ 유효

Case 소유권유보부 매매 긍정·부정 사례

① 판매인 甲 ——24개월 할부—→ 매수인 乙 횡령 ○
'소유권유보부 매매'

② 현대자동차 甲 ——36개월 할부—→ 쏘나타 乙 자동차 등록명의
할부금융 ··· like) 부동산 – 등기
선박 – 등기
→ '소유'
∴ 소유권유보부 매매 ×

점유의 배제

절취/강취~카드   현금 인출
탈취죄   절도 ○

갈취~카드   현금 인출   ⇒ 공갈죄의 포괄일죄
공갈 : 편취죄–처분행위   └ 절도 ×

타인계좌 → 계좌이체 → 현금 인출
        컴퓨터   자기계좌 : 절도 ×
        사용사기
        (§347의2)

죄수

절도	점유(침해)의 수
강도 · 사기 · 공갈	피해사의 수
횡령 · 배임	신임관계의 수

합동범에 관한 판례 정리

합동범의 본질	현장설
합동범의 공동정범	공모공동정범설 내지 현장적 공동정범설

제 3 절 강도의 죄

법조문 정리

§333	§341 상습범
§334 ┬①	§342 미수범
└②	§343 예비음모
§335	§344 친족강도례 ✕
§336	§345
§337	§346
§338	
§339	
§340 ┬①	
②	
└③	

① 강도죄 … §333

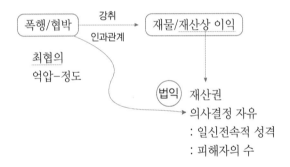

② 특수강도죄 … §334

Case ▶ 대법원 1991.11.22, 91도2296

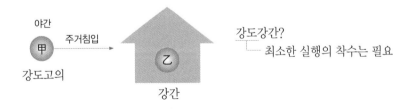

– 특수강도의 실행의 착수시기 : 사람의 반항을 억압할 수 있는 정도의 폭행·협박 있을 때

∴ 甲 : 주거침입＋강도예비＋강간＝실·경

③ 준강도죄 … §335

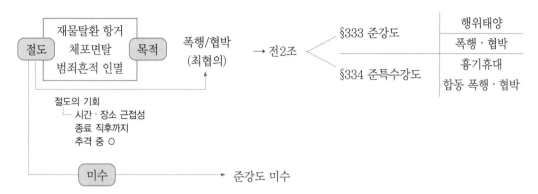

④ 강도살인·치사죄 … §338

⑤ 강도강간죄 … §339

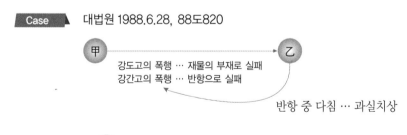

제 4 절 사기의 죄

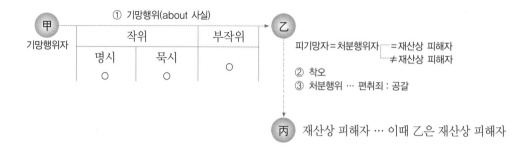

④ 재물 · 재산상 이득
   : 강도, 공갈, 배임수재
   ∴ 보호법익 : 재산권 + 거래상 신의성실

⑤ 재산상 손해 발생 卽 : 불요 ↔ 배임죄는 필요

1 사기죄 … §347

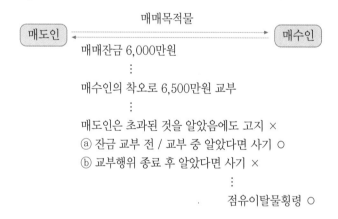

Case 대법원 1989.10.24, 89도1397

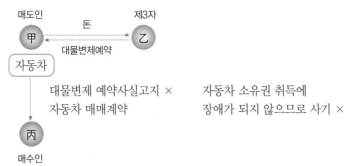

부동산 이중매매

Case

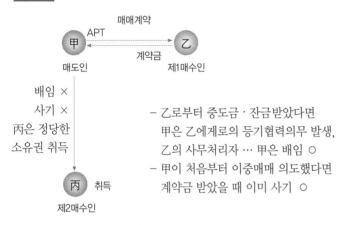

부동산 명의신탁

Case

명의신탁부동산을 명의수탁자가 임의로 처분한 행위는 사기죄 구성 ×

삼각사기

Case

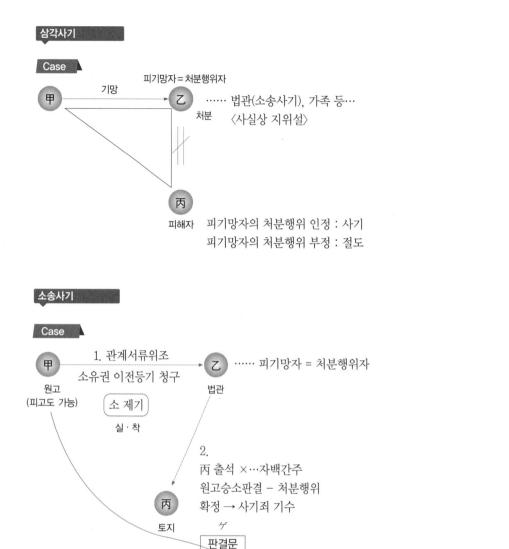

피기망자＝처분행위자

甲 ―기망→ 乙 ……법관(소송사기), 가족 등…
         〈사실상 지위설〉
    처분

丙
피해자 피기망자의 처분행위 인정 : 사기
       피기망자의 처분행위 부정 : 절도

소송사기

Case

甲 1. 관계서류위조   乙 …… 피기망자 ＝ 처분행위자
원고   소유권 이전등기 청구   법관
(피고도 가능) 소 제기
         실·착

丙
토지

2.
丙 출석 ×…자백간주
원고승소판결 – 처분행위
확정 → 사기죄 기수

판결문

3.
판결문 갖고 소유권자 명의 변경신청
甲은 丁에 대한 사기 ×, 공정증서원본부실기재죄 ○
(丙의 등기이전의사 ×)

등기소

公 丁 → 소유권 이전해줌

형식적 심사권만 존재
(처분행위자 ×)

Case '소송사기의 실행의 착수'
대법원 2009.12.10, 2009도9982

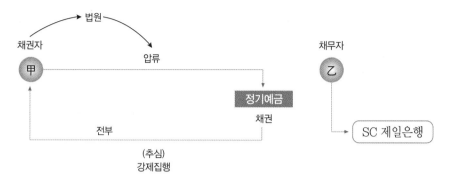

- 채권에 대한 압류 및 전부(추심) 명령을 신청한 경우
  - 정본의 존부, 집행개시요건 구비 여부 – 법원의 심사대상 ○
  - 피압류채권의 존부 – 법원의 심사대상 ×
- ∴ 소송사기의 실행의 착수 ×

Case 〈등기말소청구소송 제기〉

사기미수 · 기수 ○

① 甲 [말소청구 소] → 법원 乙
前등기명의인 사기미수 ○   의전등기
                    ○

☆ 전원합의체

② 甲 [말소청구 소] → 법원 乙
+ 공모자   판결확정   보존등기
(등기 ×)   ○
            사기기수

③ 甲 [말소청구 소] → 법원 국가
               화해결정   보존등기
               확정

사기미수 · 기수 ×

① 甲 [말소청구 소] → 법원 乙
매수 ×   사기미수 ×   의전등기
(前등기명의 ×)

② 甲 [말소청구 소] → 법원 乙
경매가 하락   경매   보존등기

- 예고등기
- 무죄

불법원인급여

Case 1

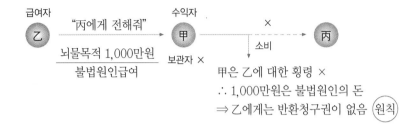

급여자
乙

"丙에게 전해줘"

뇌물목적 1,000만원
불법원인급여

수익자
甲

보관자 ×

×
소비

丙

甲은 乙에 대한 횡령 ×
∴ 1,000만원은 불법원인의 돈
⇒ 乙에게는 반환청구권이 없음 (원칙)

Case 2

포주
乙

수익자

화대 5 : 5
불법원인급여

윤락女
甲

급여자

⋮

화대반환거부-횡령?⇒ 乙은 甲에 대한 횡령 ○
∴ 불법원인 급여이긴 하지만

(예외) 민법§746 단서에 따라 乙의 불법성이 더 크기 때문에
甲은 반환청구권 가짐〈불법성 비교이론〉

Case 3 (case 1의 상황) 대법원 2006.11.23, 2006도6795; 2004.5.14, 2004도677

甲이 乙을 기망하여 뇌물목적의 1,000만원을 받은 경우
⇒ 乙의 반환청구권이 없어도 기망으로 인한 편취 존재
  甲은 乙에 대한 사기 ○
• 사기 : 반환청구권의 유무 따지지 않음

② 컴퓨터 등 사용사기죄와 신용카드 범죄

Case

인터넷뱅킹
이체

甲   乙

계좌   계좌

재산상 이익
§347의2
컴퓨터사용사기 ○

Case

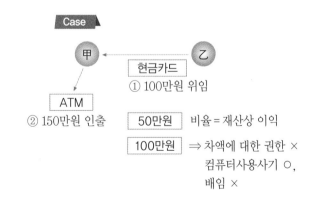

甲 ← 乙

현금카드
① 100만원 위임

ATM
② 150만원 인출

50만원   비율 = 재산상 이익

100만원 ⇒ 차액에 대한 권한 ×
         컴퓨터사용사기 ○,
         배임 ×

재산상 이익 × 재물 ○ → 절도죄 ○
컴퓨터 사용사기 ×

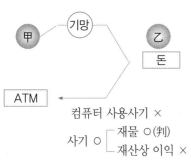

컴퓨터 사용사기 ×

사기 ○ ┌ 재물 ○(判)
        └ 재산상 이익 ×

Case

계좌이체
100만원

9999
비밀번호 입력 … 부정한 명령(判)

개정 §347의2
'권한 없이 정보를
입력 · 변경하여~'

Case
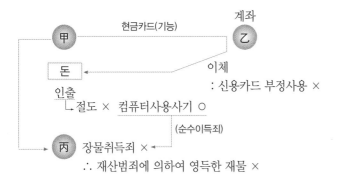

현금카드(기능)

이체
: 신용카드 부정사용 ×

인출
└ 절도 × 컴퓨터사용사기 ○

(순수이득죄)

丙 장물취득죄 × ←
∴ 재산범죄에 의하여 영득한 재물 ×

Case
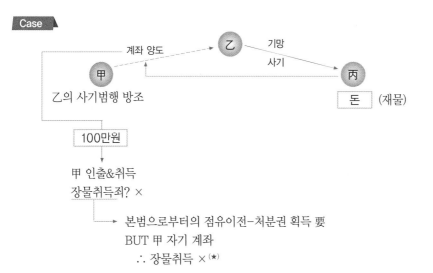

계좌 양도   기망
              사기

乙의 사기범행 방조

丙
돈 (재물)

100만원

甲 인출&취득
장물취득죄? ×

└→ 본범으로부터의 점유이전-처분권 획득 要
   BUT 甲 자기 계좌
   ∴ 장물취득 ×(★)

제 5 절 공갈의 죄

1 총설

2 공갈죄 …§350

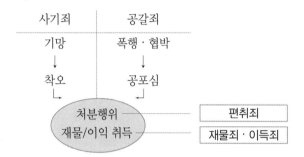

사기죄와의 구별

사기죄	공갈죄
기망	폭행 · 협박
↓	↓
착오	공포심

처분행위
재물/이익 취득 ── 편취죄
재물죄 · 이득죄

cf 광의의 폭행?
└ 공무집행방해, 직무강요
   공갈, 강요

* 처분행위자는 재산상 피해자와 일치할 필요가 없다.

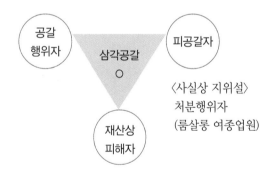

공갈
행위자

삼각공갈
○

피공갈자

〈사실상 지위설〉
처분행위자
(룸살롱 여종업원)

재산상
피해자

제6절 횡령의 죄

법조문 정리 〈횡령&배임〉

```
§355    ①
        ②
§356                        ○
§357    ①
        ②
        ③ 뇌/아/배
§358
§359    미수
§360    ①              ×
        ②
§361    친족상도례 · 동력
```

① 총설

	1st 〈횡령죄〉 §355 ①		2nd 〈배임죄〉 §355 ②	
객체	재물	⊕ 재물영득 타인소유	재산상 이익	
법익	소유권		재산권	
법익보호정도	위험범	신임관계 위반	위험범	
기수시기	표현설		* 재산상 손해 : 실해 or 발생 위험	
		특별법　일반법		
본질	월권행위설	영득행위설	권한남용설	배신설
	일시사용 · 손괴	불법영득의사 要 일시사용 · 손괴	대리권 要	사실상 신임관계 ○ → 不要
	↓	↓	법률행위 要	법률행위 ○　사실행위 ○
	횡령 ○	횡령 ×		

② 구성요건

* 배신설-단순 채무불이행 : 배임?

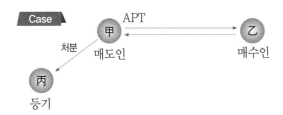

Case

甲 ──── APT ────▶ 乙
매도인 ◀- - - - - 매수인

甲 →(처분)→ 丙
등기

① 계약금만 준 경우
└ 계약금 2배 보상 : 계약해지권 ○(아직 타인의 사무처리자 ×)
② 중도금 · 잔금 준 경우
└ 乙에게 등기이전(협력) 의무 ○
(甲은 乙의 사무처리자)
└ 배임죄 ○

• 타인의 사무처리자 : 타인의 재산을 보호 · 관리하는 사무를 임무의 본질로 삼고 있는 자
└ 배신설의 보완

(1) **주체** : 위탁관계에 의하여 타인의 재물을 보관하는 자(진정신분범)

```
* 보관 ┌ 절도죄 : '침해의 대상'
       └ 권리행사방해죄 : '보호의 대상'(법익)
         └→ 침해주체 = 신분요소 = 법률상의 지배
```

	민법	형법
점유보조자의 점유	×	○

→ ⅰ) 절도죄의 점유 ᅇ 당구장~
ⅱ) 횡령죄의 점유 ᅇ 다방 종업원~

• 부동산의 보관

부동산명의수탁자	원인무효등기명의인
• 실명법위반 명의신탁 : × • 유효 명의신탁 : ○	×

Case

대항 ×
대외적 소유자
乙 ─명의신탁약정→ 甲
APT
명의신탁자   명의수탁자
대내적 소유자   ⋮
              타인소유물 보관자 ×
              ∴ 甲은 乙에 대한 횡령 ×
丙 부동산 실명법 §4 ③

Case

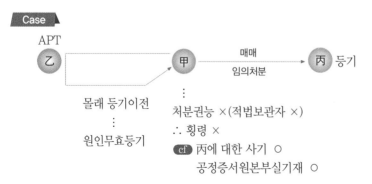

APT
乙   甲 ─매매/임의처분→ 丙 등기
          ⋮
몰래 등기이전   처분권능 ×(적법보관자 ×)
  ⋮   ∴ 횡령 ×
원인무효등기   cf 丙에 대한 사기 ○
              공정증서원본부실기재 ○

Case

물품제조회사

A회사 ──농지등기──→ 甲 ──처분──→

　　:　　　　원인무효등기　　명의수탁자

물품제조회사는 농지에 대한

소유권 가질 수 없음

∴ 甲은 횡령 ×

乙

Case 대법원 2004.5.27, 2003도6988

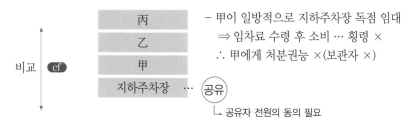

비교 **cf**

丙

乙

甲

지하주차장 … 공유

– 甲이 일방적으로 지하주차장 독점 임대

　⇒ 임차료 수령 후 소비 … 횡령 ×

　∴ 甲에게 처분권능 ×(보관자 ×)

└→ 공유자 전원의 동의 필요

Case 대법원 2001.10.30, 2001도2095

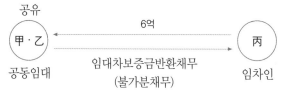

공유

甲·乙 ←──6억──→ 丙

공동임대　임대차보증금반환채무　임차인

　　　　　（불가분채무）

甲이 乙의 동의 없이 6억 임의처분 … 甲은 횡령 ○

(甲·乙 합의하에　乙 몫까지 甲이 보관 중이었음 … 甲은 처분권능 ○)

Case 대법원 2006.6.30, 2005도5338

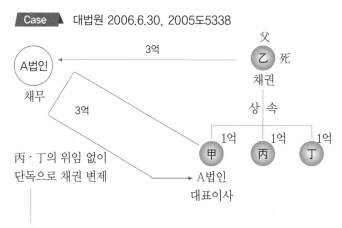

A법인 ←──3억── 乙 死　父

채무　　　　　채권

　3억　　　상　속

　　　　┌──────┼──────┐

　　　1억　　1억　　1억

丙·丁의 위임 없이　甲　丙　丁

단독으로 채권 변제

　　　　→ A법인

　　　　대표이사

–甲은 A회사에 대한 업무상 횡령 ○

　甲의 상속분 초과 부분(2억원) → 권한 없이 회사소유 금원 인출한 것

–丙·丁에 대한 횡령 ×

　甲·丙·丁 사이에 위탁관계 존재 × ⇒ 甲은 처분권능이 없음

* 조리에 의한 위탁관계도 가능하다.

Case 대법원 1968.7.24, 66도1705

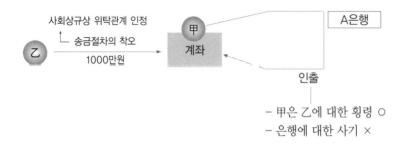

- 甲은 乙에 대한 횡령 ○
- 은행에 대한 사기 ×

Case 대법원 1987.2.10, 86도2349

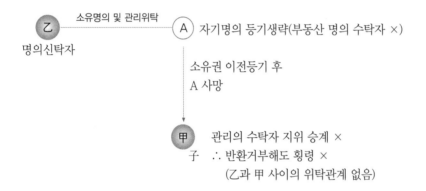

(2) 객체 : 재물 ┌ 타인의 재물
　　　　재물죄 ├ 타인소유
　　　　　　 └ 규범적 구성요건요소

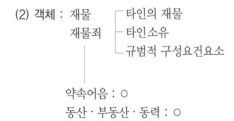

약속어음 : ○
동산 · 부동산 · 동력 : ○

• 재물의 타인성
* 부동산 양도담보
  ① 매도담보

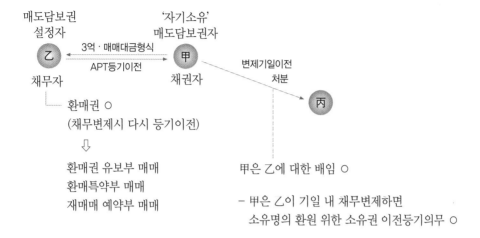

  Case 매-배

  매도담보권
  설정자

  '자기소유'
  매도담보권자

  乙 ——3억 · 매매대금형식——→ 甲
  채무자   APT등기이전   채권자

  변제기일이전
  처분

  丙

  └─ 환매권 ○
     (채무변제시 다시 등기이전)
     ⇩
     환매권 유보부 매매
     환매특약부 매매
     재매매 예약부 매매

  甲은 乙에 대한 배임 ○

  – 甲은 乙이 기일 내 채무변제하면
    소유명의 환원 위한 소유권 이전등기의무 ○

  ② 양도담보(협의의 양도담보)

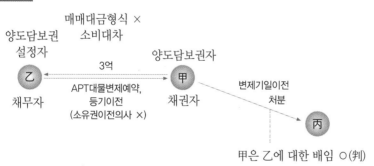

  Case 양-배

  매매대금형식 ×
  소비대차

  양도담보권
  설정자

  양도담보권자

  乙 ←——3억——→ 甲
  채무자   APT대물변제예약,   채권자
          등기이전
          (소유권이전의사 ×)

  변제기일이전
  처분

  丙

  甲은 乙에 대한 배임 ○(判)

  ③ 가등기담보

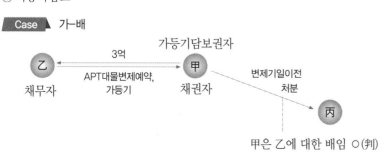

  Case 가-배

  가등기담보권자

  乙 ←——3억——→ 甲
  채무자   APT대물변제예약,   채권자
          가등기

  변제기일이전
  처분

  丙

  甲은 乙에 대한 배임 ○(判)

Case

④ 〈변제기 이후〉 정-무

乙 채무변제 ✕   甲 담보물처분 후 남은 돈 반환 ✕ …… 배임 ✕, 횡령 ✕
                            (청산금 정산의무 불이행)
                                                              무죄
                              ↓
                      타인의 사무처리 ✕
                      자기의 사무처리 ∩
                      cf ①, ②, ③, ④
                            가등기담보법에 의하면 - 채권자 : 횡령(通)

      참고2
                                          대체로
      정리   - 부동산양도담보 : 배임★(判)

                    매도담보권자 - 배임
                    양도담보권자 - 배임
                    가등기담보권자 - 배임
                    부동산양도담보 설정자 - 배임 ✕
                    정산의무 불이행 - 무죄
                    ⇒ 매배, 양배, 가배, 설배, 정무

동산양도담보

Case 동-배 ✕

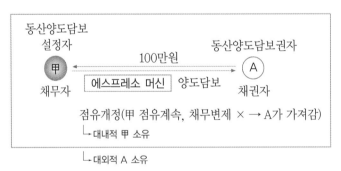

Case

            ┌──→ 자기소유/ but 타인사무 ✕
            │
        甲 이 채무변제기일 전 B에게 처분(B에게 점유까지 이전)
                            └─ 현실점유취득(선의취득)

        ⇒ 甲은 A의 담보권 보호의무 ✕
            ∴ 甲은 A에 대해 배임 ✕

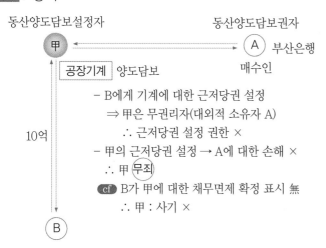

Case 점-무

甲이 B에게 양도담보, 점유개정으로 다시 甲의 점유 유지

대외적 소유자 A
(甲은 무권리자)   ⇒ B는 담보권 취득 ×(채권만 갖게됨)
                 └ 현실점유취득 ×(선의취득 ×)
              ⇒ A에게 손해 발생 × … 甲은 무죄

Case 공-무

동산양도담보설정자   동산양도담보권자

甲 ←—————————————————→ A 부산은행
                                     매수인
공장기계 양도담보

        − B에게 기계에 대한 근저당권 설정
           ⇒ 甲은 무권리자(대외적 소유자 A)
             ∴ 근저당권 설정 권한 ×
        − 甲의 근저당권 설정 → A에 대한 손해 ×
10억   ∴ 甲 무죄
           cf B가 甲에 대한 채무면제 확정 표시 無
               ∴ 甲 : 사기 ×

B

Case 후-무

甲 甲 → A·B에게 양도담보 후 C에게 처분 … C는 선의취득
         A에 대해 배임죄 ×
         B는 후순위 채권자(담보권 ×, 채권만 ○)
            ∴ B에 대해 무죄

Case 동-횡

동산양도담보권자 Ⓐ가 담보물 보관 中 처분
         대내적 甲 소유
    ∴ Ⓐ는 甲에 대해 횡령 ○

Case 대법원 2008.11.27, 2006도4263

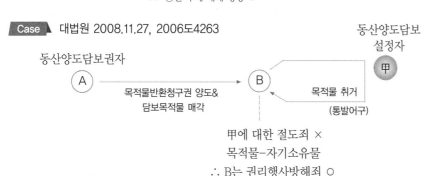

동산양도담보   동산양도담보
권자   설정자

A - - - - - - - - - - → B ←——— 목적물 취거 ——— 甲
    목적물반환청구권 양도&   (통발어구)
    담보목적물 매각

            甲에 대한 절도죄 ×
            목적물−자기소유물
         ∴ B는 권리행사방해죄 ○

Case 후-절

甲에 대한 절도죄 ○
(A소유–타인소유, 甲점유–타인점유)

정리 동산양도담보

동산양도담보권설정자 : 배임 ×
  └ 점유개정을 통한 점유 유지 : 무죄
  └ 공장기계 근저당권 설정 : 무죄
  └ 이중 점유개정 후 제3자에게 처분
       └ 후순위 채권자에 대해 : 무죄
동산양도담보권자 : 횡령
  └ 목적물반환청구권 양도 : 절도불성립
후순위채권자 : 절도
⇒ 동배 ×, 점무, 공무, 후무, 동횡, 목절불, 후절

목적 · 용도 특정 위탁 금전 기타 대체물
= 금전 수수 수반 사무처리

• 공금횡령
  └ 목적 · 용도가 특정된 금전 : 다른 용도로 소비하는 행위 자체가 불법영득의사의 표현 – 횡령죄 ○

Case 대법원 1998.4.10, 97도3057

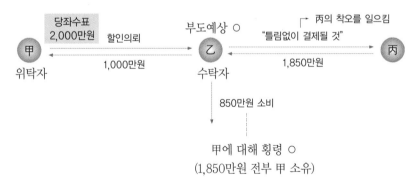

甲에 대해 횡령 ○
(1,850만원 전부 甲 소유)

乙 ⇒ 사기 · 횡령의 실체적 경합 : 피해자가 다르다.

Case 대법원 1983.4.26, 82도3079

명모에 대한 대여금 채권 ○

안모 ── 약속어음 2매 ──→ 명모 ── 약속어음에 배서양도 ──→ 甲 ── 약속어음 2매 교부 ──→ 이모
　　　　할인부탁　　　　　　　　　할인부탁　　　　　할인의사 ○

甲은 횡령죄 ○

if) 처음부터 할인의사 × → 사기 성립(이후 처분행위 횡령 ×)

Case 대법원 2003.5.30, 2002도235

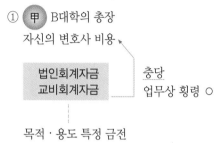

① 甲 B대학의 총장
　자신의 변호사 비용

　법인회계자금　충당
　교비회계자금　업무상 횡령 ○

　목적·용도 특정 금전

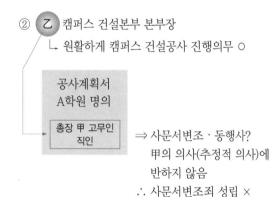

② 乙 캠퍼스 건설본부 본부장
　└ 원활하게 캠퍼스 건설공사 진행의무 ○

　공사계획서
　A학원 명의

　총장 甲 고무인
　　직인

⇒ 사문서변조·동행사?
　甲의 의사(추정적 의사)에
　반하지 않음
∴ 사문서변조죄 성립 ×

목적·용도 특정 금전 판례와 비교해 두어야 할 판례

Case 대법원 1986.6.24, 86도631

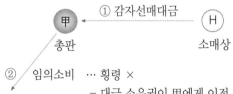

　甲　①　감자선매대금　Ｈ
총판　　　　　　　　　　소매상

② 임의소비 … 횡령 ×
　– 대금 소유권이 甲에게 이전
　– 甲은 매수인 위한 대금 보관자 ×

cf 양곡구입대금 – 횡령 ○(대법원 1982.3.9, 81도572)

Case 대법원 2003.5.30, 2003도1174

〈이사직무 집행정지 가처분결정〉
　↓
직무집행정지로 인한 업무수행 지장 초래 & 결정에 대한 항쟁 필요
∴ 이사의 소송비용 지급 : 횡령 ×
　(법인의 업무수행 위해 필요한 비용)
　cf 회사이사 – 관계법령 위반
　　　↑
　　대표이사　회사자금으로 도와줌 … 배임죄 ○

Case 대법원 2006.4.28, 2005도4085

A대학의 교비회계에 ——————— 甲 ——————→ A대학의 학교교육시설에 대한
속하는 자금   변제   건축비 채무

교육시설 건축비는 교비회계에 속하는
자금으로 지출가능한 것임
⇒ 불법영득의사 ×, 횡령 ×

Case 대법원 2007.7.26, 2007도1840

• 자신의 명의로 배당받은 공탁금 – 甲 소유
 → 4,100만원 반환 약정 – 민사상 채무에 불과
∴ 甲이 반환 거부(소비)해도 횡령 ×
 cf 낙찰부동산 – 자기소유 : 횡령 ×/ 경락받은 부동산 : 배임 ×

불법원인급여 → 횡령 ×, 횡령 ○, 사기 ○의 경우

민법 §746 本文		但書
급여자	수익자	급여자 < 수익자
반환청구권 ×	소유 ○	반환청구 ○

Case

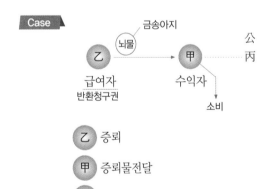

乙 증뢰

甲 증뢰물전달

丙 수뢰

조합의 재산 등 동업체의 재산

Case 대법원 1989.11.14, 89도17

 • 조합동업체 재산 … 甲·乙 공동소유(=타인소유)
 ∴ 甲이 보관 중 소비 : 횡령 ○

 **Case** 대법원 2005.7.15, 2003도6934

동업   탈퇴

甲   乙

⇒ 동업재산은 남은 자의 단독소유(甲 소유)
∴ 甲의 동업재산 처분행위 : 횡령 ×

채권양도

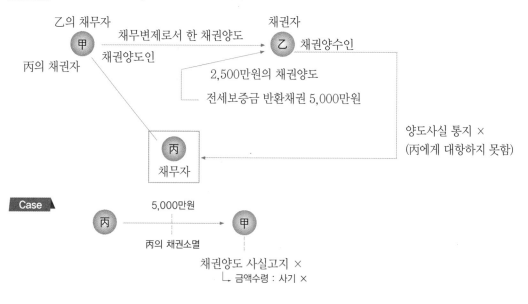

Case 대법원 1999.4.15, 97도666 전원합의체

乙의 채무자

甲   채무변제로서 한 채권양도   채권자

丙의 채권자   채권양도인   乙 채권양수인

2,500만원의 채권양도

전세보증금 반환채권 5,000만원

丙   양도사실 통지 ×
채무자   (丙에게 대항하지 못함)

Case

丙   5,000만원   甲

丙의 채권소멸

채권양도 사실고지 ×
└ 금액수령 : 사기 ×

Case

甲 – 乙에게 2,500만원 반환 거부

⇒ 乙에게 2,500만원에 대한 소유권 ○
∴ 甲은 횡령죄

1인 회사

Case

A회사
1인 회사
⫛ ──────→ 인격의 분리
1인 주주 甲

甲

보관 中	사무처리 中
처분	손해
횡령 ○	배임 ○

프랜차이즈 계약

Case ▶ 대법원 1998.4.14, 98도292

甲은 독자적 영업–대상 측의 대금 보관자 ×

(물품판매대금의 임의소비는 단지 채무불이행)

∴ 甲이 대금 임의소비해도 횡령 ×

채권에 상계충당한 경우

① 보통의 경우

Case ▶ 대법원 2002.9.10, 2001도3100

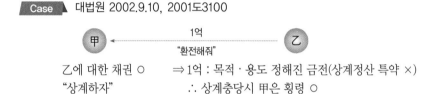

乙에 대한 채권 ○   ⇒ 1억 : 목적·용도 정해진 금전(상계정산 특약 ×)

"상계하자"   ∴ 상계충당시 甲은 횡령 ○

② 회사에 채권을 갖고있는 대표이사가 상계충당한 경우

Case ▶ 대법원 2002.7.26, 2001도5459

*목적·용도 특정   회사의 대표자는 회사의 채무이행 가능
자금이었다면 횡령 ○   회사자금 中 목적용도 특정금전이 아닌 경우
                      횡령 ×

소유권 유보부 매매

Case ▶

– 소유권은 할부금 전부 변제시까지 판매자에게 유보됨

⇒ 甲이 할부금 전부 변제 전 판매 : 횡령 ○

(예외) ① 자동차 甲 명의로 등록 ⇒ 甲 소유

∴ 변제 전 판매 : 횡령 ×

② 약관에 기하지 않은 경우 판매시 소유권은 甲에게 이전됨

∴ 변제 전 판매 : 횡령 ×

변제공탁 집행공탁을 해야 할 것을 변제공탁을 한 경우

Case 대법원 2012.1.12, 2011도12604

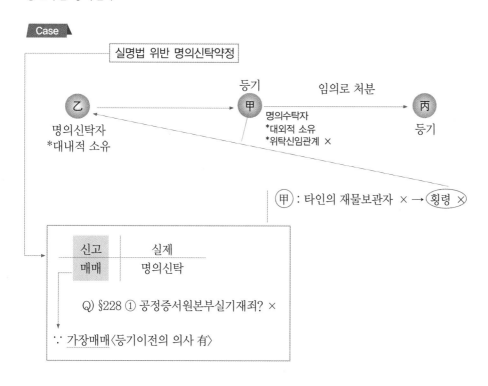

甲 자기소유이므로, 甲 : 횡령죄 ×

부동산 명의신탁

① 2자간 명의신탁

Case

실명법 위반 명의신탁약정

乙 명의신탁자 *대내적 소유

등기 → 甲 명의수탁자 *대외적 소유 *위탁신임관계 ×

임의로 처분 → 丙 등기

甲 : 타인의 재물보관자 × → 횡령 ×

신고	실제
매매	명의신탁

Q) §228 ① 공정증서원본부실기재죄? ×

∴ 가장매매〈등기이전의 의사 有〉

② 3자간 명의신탁(중간생략등기형 명의신탁)
   대법원 2016.5.19, 2014도6992 전원합의체

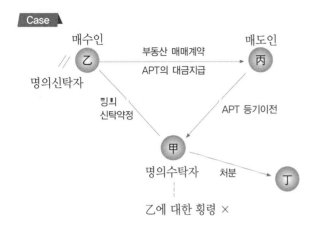

③ 계약명의신탁(매수위임형 명의신탁)

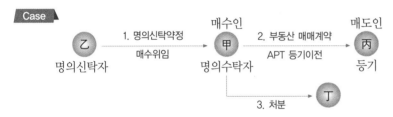

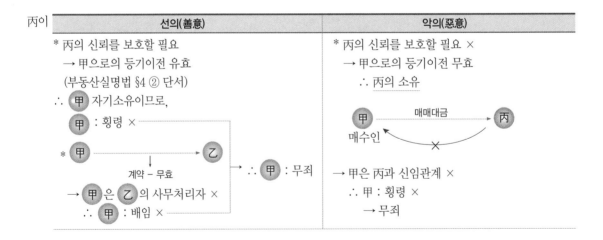

丙이	선의(善意)	악의(惡意)

	* 丙의 신뢰를 보호할 필요
	  → 甲으로의 등기이전 유효
	  (부동산실명법 §4 ② 단서)
	∴ 甲 자기소유이므로,
	  甲 : 횡령 ×
	  * 甲 → 乙
	    계약 – 무효
	  → 甲은 乙의 사무처리자 ×
	  ∴ 甲 : 배임 ×
	  ∴ 甲 : 무죄
		* 丙의 신뢰를 보호할 필요 ×
		  → 甲으로의 등기이전 무효
		    ∴ 丙의 소유
		
		  甲 ⎯매매대금⎯ 丙
		  매수인
		
		→ 甲은 丙과 신임관계 ×
		  ∴ 甲 : 횡령 ×
		    → 무죄

〈부동산 명의신탁 핵심정리〉

		소유자	임의처분 명의수탁자의 죄책	근거	
2자간 명의신탁 (실명법위반 명의신탁)		명의신탁자	횡령 ×	명의신탁자 소유 명의수탁자 : 위탁관계 ×	
3자간 명의신탁		매도인	횡령 ×	명의수탁자	
계약 명의 신탁	선의	명의수탁자	횡령 × ←	자기소유	무죄
			배임 × ←	명의신탁자와의 신임관계 ×	
	악의	매도인	횡령 × ←	매도인 소유 ○ but 매도인과의 위탁(신임)관계 ×	
			배임 × ←	매도인과의 관계 ○ 명의신탁자와의 신임관계	

(3) 주관적 구성요건 – 고의, 불법영득의사

> **Case** 대법원 2005.8.19, 2005도3045
>
> 〈LBO 방식에 의한 M&A 계약〉

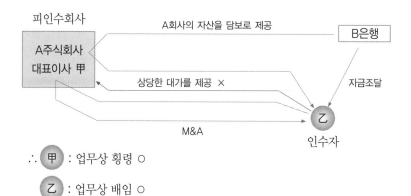

∴ **甲** : 업무상 횡령 ○

　 乙 : 업무상 배임 ○

(4) 죄수 및 다른 범죄와의 관계
　*횡령죄 – 상법上 납입가장죄

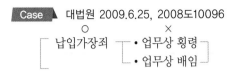

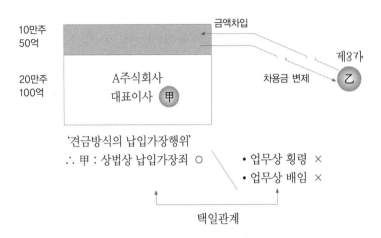

제 7 절 배임의 죄

① 배임죄

(1) 주체 : 타인의 사무처리자

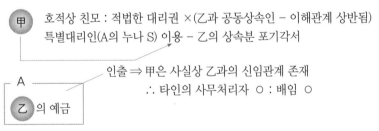

Case 대법원 1998.11.10, 98도2526 : 전합판례에 의해 변경

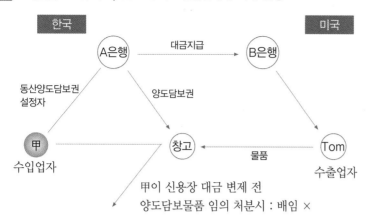

甲이 신용장 대금 변제 전
양도담보물품 임의 처분시 : 배임 ×

Case 자동차(중고차) 관련

- 중고차 할부금 고지 × – 사기 ×
- 할부판매 자동차 – 횡령 ×(소유권 유보부 매매 ×)
- 할부금 완납의무 – 배임 ×(타인사무 ×)

Case 대법원 2009.5.14, 2007도6564

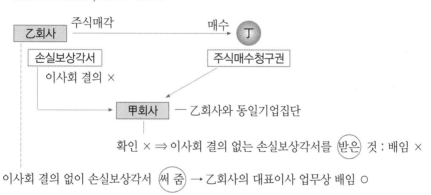

확인 × ⇒ 이사회 결의 없는 손실보상각서를 (받은) 것 : 배임 ×

이사회 결의 없이 손실보상각서 (써 줌) → 乙회사의 대표이사 업무상 배임 ○

Case 대법원 2007.8.24, 2007도3408; 1987.8.18, 87도201

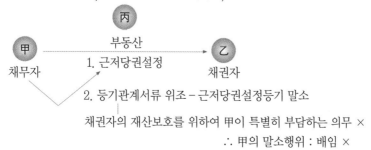

채권자의 재산보호를 위하여 甲이 특별히 부담하는 의무 ×
∴ 甲의 말소행위 : 배임 ×

★ 참고

아파트 건축공사 시행사(대법원 2008.3.13, 2008도373) ┐
아파트 건축분양사(대법원 2009.2.26, 2008도11722) ├ 배임 ×
분양대금선지급(대법원 2007.10.11, 2007도6161) ┘

(2) 배임행위

`Case` 대법원 2009.5.29, 2007도4949 전원합의체

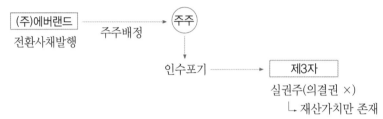

⇒ 먼저 주주에게 배정했기 때문에

에버랜드의 이사들 : 업무상 배임 ×

`cf` 무상증자 → 주주
 └ 주가가 내려가기 때문에 주주총회에서 결정

(3) 재산상 손해 발생

`Case` 대법원 1998.2.10, 97도2919

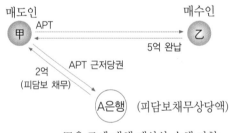

甲은 乙에 대해 재산상 손해 가함

`Case` 대법원 2008.2.28, 2007도5987
– LBO방식

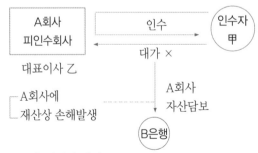

┌ 甲은 업무상 배임 ○
└ 乙이 A회사 자산담보 : 업무상 횡령 ○

Case 대법원 2004.11.26, 2003도1791

보증인 ──────── 신규자금 제공 ────────→ 피보증인

이미 보증채무 변제

사용 ○	사용 ×
배임 ×	배임 ○

Case 대법원 2004.4.9, 2004도771

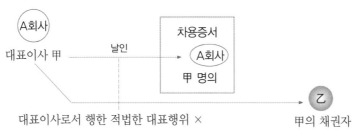

대표이사로서 행한 적법한 대표행위 ×
∴ 회사에 손해발생 × : 업무상 배임 ×
이사가 회사 명의로 배서 : 배임 ○

Case 대법원 2006.6.15, 2004도5102; 1990.4.24, 89도2281

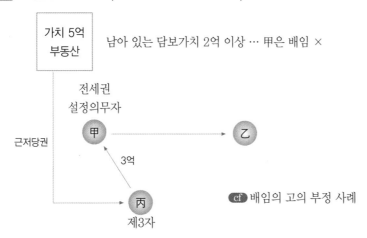

Case 대법원 1983.9.13, 82도2613

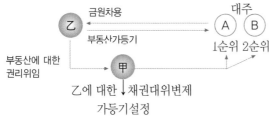

⇒ 고의 인정 × : 배임 ×

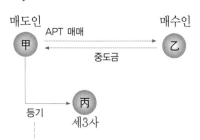

甲은 배임죄 ○(甲은 乙에게 등기협력의무 ○)
cf 동산 이중매매 – 배임죄가 성립하지 않는다.

★ 참고 6.

〈저당권 관련 정리〉

제3자 명의의 근저당권 말소	
저당권 설정 자동차 매도	배임 ×
전세권 설정의무자 – 근저당권 설정	
매도인 · 매수인에게 이전등기 전 근저당권 설정	배임 ○ (피담보채무 상당)

② **배임수증재**

배임죄와의 구별

	배임	배임수증재
타인의 사무	재산상 사무 ○	재산상 사무 불요
부정한 청탁	×	○
객체	재산상 이익	이익+재물
배임행위	○	×
재산상 손해	○	×
필요적 몰수	×	○

∴ 배임죄와는 별개의 독자적 범죄
　- 배임수재를 범한 범인의 배임행위에 공범성립 가능

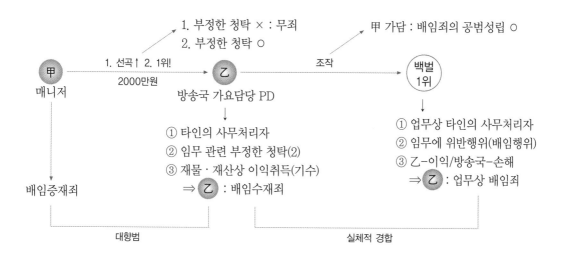

cf 타인의 사무처리자 부정 사례 대법원 2005.11.10, 2003도7970

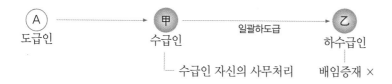

★ 타인의 사무처리자 인정 여부

타인의 재산관리에 관한 사무의 전부 또는 일부를 타인을 위하여 대행하는 경우	○
단순히 타인에 대한 채무를 부담하는 경우	× (본인의 사무)

제 8 절 장물의 죄

법조문 정리

§362 ┌ ①
     └ ②

§363 상습범

§364

§365 ┌ ① 피해자
     └ ② 본범 : §328 ①

미수 ×, 동력 ×(관리가능성설− ○)

장물죄의 본질

└ 재산범죄의 비호범죄

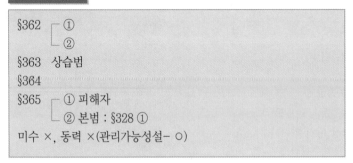

① 추구권설
• 반환청구권 행사의 곤란함
  *비판 : 불법원인급여물 − 장물 ×?
           └ 장물 ○
          (유지권설에 의해)

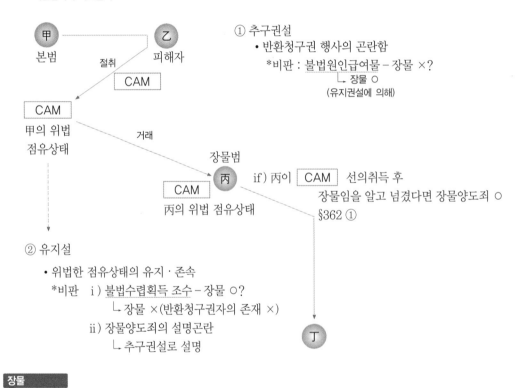

② 유지설
• 위법한 점유상태의 유지 · 존속
  *비판 i) 불법수렵획득 조수 − 장물 ○?
                └ 장물 ×(반환청구권자의 존재 ×)
        ii) 장물양도죄의 설명곤란
                └ 추구권설로 설명

장물

㉤산범죄에 의하여
• 비재산범죄 × − 손괴죄, 배임죄, 컴퓨터사용사기죄, 부당이득
• 본범의 실현정도 − 구성요건에 해당하는 위법한 행위이면 ok!
                 − 책임 · 처벌조건 · 소추조건 不要
• 불가벌적 사후행위로 취득한 재물도 해당 ○
  (㉮ : 장물보관 중 횡령한 재물을 취득 → 장물취득죄 ○)

(영)득한 ≠ 제공된 ×
- 부동산 이중매매(매도인 : 배임, 제3자 : 장물취득죄 ×)
  ⇒ 부동산은 배임죄에 제공된 것일 뿐
- 동산양도담보(설정자 : 배임)
  ⇒ 담보물은 설정자가 갖고 있던 물건일 뿐

(재)물 그 자체
- 원형 다소 변경 : ○
- 복사물 : ×
- 돈(수표) : ○

대체장물

① 원칙 : ×(장물성 부정)

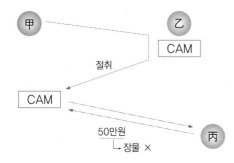

② 예외 : ○(선의의 제3자에게 처분하고 받은 대가)
  丙이 선의였다면 甲은 丙에 대한 사기 ○
  ⇒ 50만원은 사기죄로 영득한 재물이 됨

③ 절취한 현금을 선의의 제3자에게 주고 구입한 물건 : ×

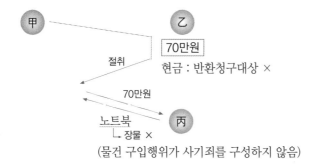

(물건 구입행위가 사기죄를 구성하지 않음)

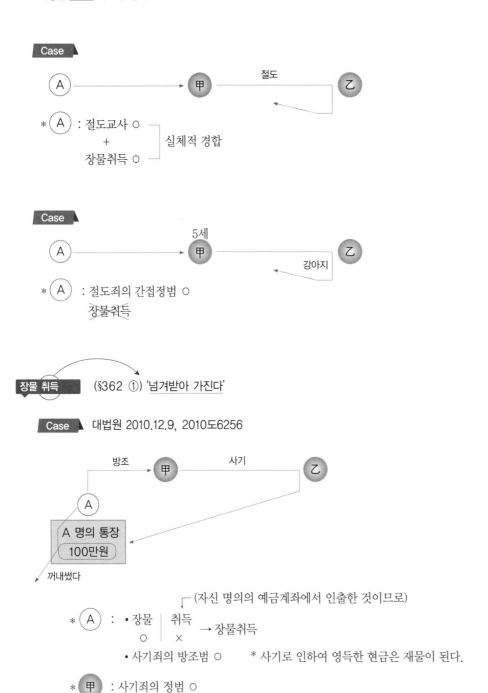

Case

* Ⓐ : 절도교사 ○ ┐
        +   │ 실체적 경합
      장물취득 ○ ┘

Case

5세
Ⓐ ----------→ 甲 ---------- 乙
              강아지

* Ⓐ : 절도죄의 간접정범 ○
      ~~장물취득~~

장물 취득   (§362 ①) '넘겨받아 가진다'

Case   대법원 2010.12.9, 2010도6256

방조   甲   사기   乙
Ⓐ
┌────────────┐
│ A 명의 통장 │
│ 100만원   │
└────────────┘
꺼내썼다

            ┌ (자신 명의의 예금계좌에서 인출한 것이므로)
* Ⓐ : •장물 │ 취득
          ○ │ ×   → 장물취득
        •사기죄의 방조범 ○   * 사기로 인하여 영득한 현금은 재물이 된다.

* 甲 : 사기죄의 정범 ○

제 9 절) 손괴의 죄

① 손괴죄 ⋯ §366

법조문 정리

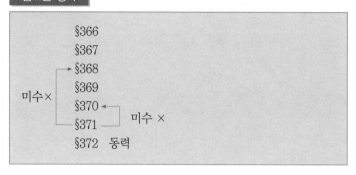

§366
§367
→§368
§369
미수× §370 ◄
§371 미수 ×
§372 동력

★ 참고

	공용건조물	공익건조물
방화	공용건조물 방화(§165)	
일수	공용건조물 일수(§178)	
파괴	공용물의 파괴(§141 ②)	공익건조물 파괴(§367)
손괴	공용서류 등 무효(§141 ①)	재물손괴죄(§366)

- 공무소사용 자동차 파괴 ┌ 공용물 파괴 ×
  └ 공용서류 등 무효 : ○
- 공용 → 재물손괴 ×

Case

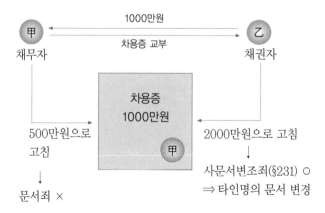

1000만원

甲 ←──────────→ 乙
채무자 차용증 교부 채권자

차용증
1000만원
甲

500만원으로 고침 | 2000만원으로 고침
↓ | ↓
문서죄 × | 사문서변조죄(§231) ○
⇒ 타인명의 문서 변경

- 자기명의 사문서 내용 변경
- 사문서의 무형위조 : 원칙적 처벌 ×
  ⇒ 문서 손괴(§366) ○(乙 소유의 문서 손괴한 것)

Case ▶ 대법원 1996.2.23, 95도2754

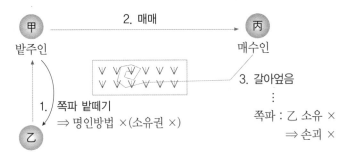

★ 참고 〈민법상 소유권 변동〉 물권변동 : 형식주의
                          부동산 : 등기
                          동산 : 인도
                          수확 × 농작물 : 명인방법

제10절 권리행사를 방해하는 죄

법조문 정리

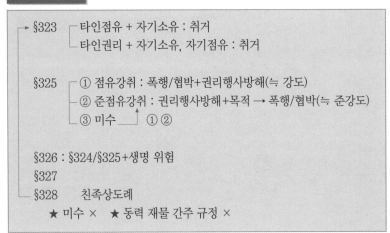

① 권리행사방해죄

★ 참고 〈권리행사방해〉 - 취거, 은닉, 손괴

소유	점유	
자기소유	타인점유	권리행사방해 ○
	자기점유 + 타인권리	

★ 참고

유형		소유권	권리행사방해
① 2자간 명의신탁		명의신탁자	×
② 3자간 명의신탁		매도인	×
③ 계약명의신탁	㉠ 선의★	명의수탁자	○
	㉡ 악의	매도인	×

Case 대법원 1991.4.26, 90도1958

• 점유를 수반하지 않는 채권인 원목인도청구권도 본죄의 권리에 해당한다.

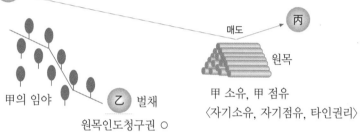

甲 – 乙과 원목벌채에 대한 계약(벌채하면 원목은 乙에게 주기로 함)

매도 → 丙

원목

甲의 임야 乙 벌채
원목인도청구권 ○

甲 소유, 甲 점유
〈자기소유, 자기점유, 타인권리〉

甲 의 행위 절도 ×, 권리행사 방해 ○
→ 乙의 원목인도청구권 침해

② 강제집행면탈죄– 은닉, 손괴, 허위양도, 허위 채무부담

Case

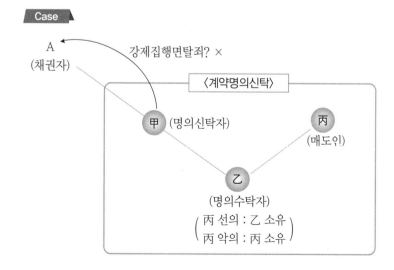

A
(채권자)

강제집행면탈죄? ×

〈계약명의신탁〉

甲 (명의신탁자)   丙
                      (매도인)

乙
(명의수탁자)
(丙 선의 : 乙 소유)
(丙 악의 : 丙 소유)

Case 대법원 1984.6.12, 82도1544

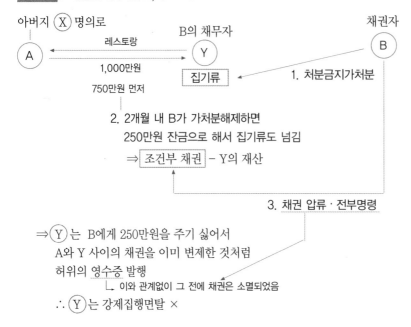

★ 참고
- 강제집행면탈 ──────→ 공무상 표시무효 ──────→ 부동산 강제집행 효용침해
  §327   §140 ①   §140의2

- 강제집행면탈 × ┬ 가압류 후에
  (判)   ├ 토지인도 · 건물철거
                 └ 채권압류 · 전부명령

MEMO

형법각론

02

사회적 법익에 대한 죄

제1절 공안을 해하는 죄

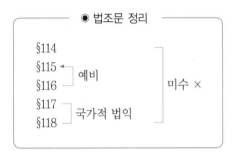

1 범죄단체조직죄 – 목적범, 집합범, 즉시범

(1) 객관적 구성요건
① 범죄 : 사형, 무기 또는 장기 4년 이상의 징역, 반드시 형법상의 범죄를 목적으로 할 필요는 없으며, 특별법상의 범죄도 포함된다.
② 단체(필요적 공범 – 집합범) : 특정다수인의 범죄수행이라는 공동목적 아래 이루어진 계속적인 결합체
③ 집단(집합범) : 현재는 단체에 이르지 못한 다수인의 집합

(2) 주관적 구성요건 : 목적

(3) 임의적 감경

2 소요죄

(1) 구성요건
① 객관적 구성요건
㉠ 주체 : 다중(필요적 공범 – 집합범) : 한 지방의 평온·안전을 해할 수 있는 정도의 다수인
㉡ 행위 : 폭행(최광의)·협박(광의)·손괴
한 지방의 공공의 안전을 해할 수 있는 정도의 위험성이 있는 행위가 있는 때 기수에 이르며, 현실적 결과발생은 요하지 않는다(추상적 위험범).
② 주관적 구성요건 : 공동의사 필요(통설·판례)

공동의사	
○	×
소요	소요 × 특수폭행 특수협박

(2) 공범규정의 적용
① 다중의 구성원 내부 : 총칙상의 공범규정은 적용되지 않는다.
② 외부관여자 : 총칙상의 공범규정을 적용할 수 있다(다수설).

(3) 다른 범죄와의 관계
① 내란죄와의 관계 : 국헌문란의 목적이 없는 점, 한 지방의 평온·안전을 해하는 정도가 상대적으로 낮다는 점, 주모자를 필요로 하지 않는 점(법정형의 등급구별이 없음), 예비·미수를 벌하지 않는 점에서 내란죄와 구별되며, 내란죄가 성립하면 본죄는 흡수된다(법조경합).
② 소요행위과정에서 실현된 다른 구성요건과의 관계

③ 다중불해산죄

(1) 객관적 구성요건
① 주체 : 다중이다(집합범).
② 행위(진정부작위범) : 3회 이상의 해산명령을 받고 해산하지 아니하는 것. 3회 후의 해산명령에 따라 해산한 때에도 본죄가 성립하지 않는다(통설).

$$① \quad ② \quad ③ \; 해산 \times \quad ④ \; 해산 \bigcirc$$
└→ 무죄

해산 ×
└→ 유죄

● 소요죄의 예비단계＝다중불해산죄
∴ 다중불해산＋소요＝소요죄만 성립

(2) 주관적 구성요건 : 목적

④ 전시공수계약불이행죄
국가적 법익에 대한 죄

⑤ 공무원자격사칭죄

(1) 공무원의 자격사칭
사칭하는 공무원의 직권내용은 공무원만이 행사할 수 있는 권한사항(국가적 법익에 대한 죄)

(2) 사칭한 권한행사
직권행사 없는 단순한 공무원자격의 사칭은 경범죄에 해당할 뿐이다(경범죄처벌법 제1조 제7호 참조).

제2절 폭발물에 관한 죄

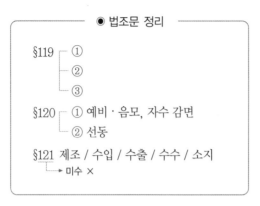

── ◉ 법조문 정리 ──

§119 ┬ ①
     ├ ②
     └ ③

§120 ┬ ① 예비 · 음모, 자수 감면
     └ ② 선동

§121 제조 / 수입 / 수출 / 수수 / 소지
     └▶ 미수 ×

① 폭발물사용죄(§119 ①③)

공공의 안전을 문란(위험을 발생)하게 한 : 구체적 위험범

                        – 자 / 일 / 폭 / 가 / 중 / 직 / 배

② 전시폭발물사용죄(§119 ②)

③ 폭발물사용예비 · 음모 · 선동죄(§120)

예비 · 음모 · 선동의 형법상 유일한 처벌규정이다. 총칙상 자수는 임의적 감면사유이지만 본죄의 자수(제1항 단서)는 필요적 감면사유이다.

④ 전시폭발물제조 · 수입 · 수출 · 수수 · 소지죄(§121)

미수범 처벌규정 ×

제 3 절 방화와 실화의 죄

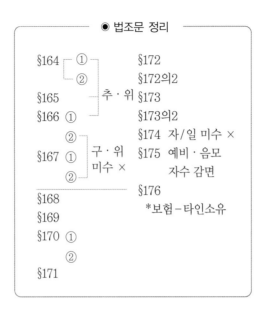

● 법조문 정리

§164 ① ┐   §172
     ②   §172의2
§165   ┐ 추·위 §173
§166 ① ┘   §173의2
     ② ┐   §174 자/일 미수 ×
§167 ① │ 구·위 §175 예비·음모
     ② ┘ 미수 ×   자수 감면
───────────── §176
§168   *보험－타인소유
§169
§170 ①
     ②
§171

① 보호법익

공공의 안전과 함께 개인의 재산도 보호법익으로 하는 공공위험죄와 재산죄로서의 이중의 성격을 가지는 범죄이다(이중성격설).

② 현주건조물 등 방화죄

(1) 객관적 구성요건

① 객체

ㄱ 사람 : 범인 이외의 모든 자연인을 말한다(대법원 1948.3.19, 4281형상5).

ㄴ 주거로 사용 : 거주하는 사람을 모두 죽이고 방화한 때에도 연속성이 인정되므로 본죄가 성립한다.

② 행위 : 불을 놓아 소훼하는 것

ㄱ 착수시기 : 발화 또는 점화가 있을 것을 요하는 것이 판례(반대견해 有)의 입장이다.

ㄴ 소훼의 기수시기 : 독립연소설(다수설·판례) └→ 점화시설 : 형식적 객관설

(2) 죄수·타죄와의 관계

① 공공위험죄의 죄수 : 공공의 안전을 기준 1개의 방화행위로 수개의 현주건조물을 소훼한 때에도 1개의 현주건조물방화죄가 성립한다.

cf 유가증권 : 매수 / 문서 : 명의인 수

② 거주자의 동의가 있는 경우 : 자기소유일반건조물방화죄(제166조 제2항) └→ 형이 경해짐 → cf 촉탁·승낙살인 촉탁·승낙낙태

③ 타죄와의 관계

ㄱ 내란죄와의 관계 : 방화죄는 내란죄에 흡수된다.

ㄴ 소요죄와의 관계 : 소요죄의 실행 중 방화한 경우 방화죄와 소요죄의 상상적 경합이 된다(다수설).

(3) 현주건조물 등 방화치사상죄

본죄는 부진정결과적 가중범이다. 고의 있는 경우에는 본죄와 살인죄 또는 상해죄의 상상적 경합이 된다고
해야 한다(통설). 다만, 판례는(상상적 경합이 아니라) 현주건조물방화치사죄만 성립한다는 입장이다.

③ 공용건조물 등 방화죄

추상적 위험범

④ 일반건조물 등 방화죄

(1) 타인소유인 경우(제166조 제1항)

본죄는 추상적 위험범이므로 공공의 위험에 대한 인식은 필요하지 않다.

(2) 자기소유인 경우(제166조 제2항)

① 소유자가 방화에 동의한 경우 및 무주물인 경우에는 자기소유에 준하는 것으로 본다. 반대로 자기소유에
속하는 건조물 등이라도 압류 기타 강제처분을 받거나 타인의 권리 또는 보험의 목적물이 된 때에는 타인
의 물건으로 간주된다(제176조).

② 공공의 위험에 대한 인식이 필요하다(구체적 위험범).

⑤ 일반물건방화죄

공공의 위험이라는 구체적 위험이 발생해야 기수가 된다.

⑥ 연소죄

- 자기소유 → 타인소유
- 결과적 가중범, ~치~, 중~, 연~ (고의의 기본범죄 필요)

⑦ 방화예비 · 음모죄(§175)

⑧ 진화방해죄(§169)

⑨ 폭발성물건파열죄 및 폭발성물건파열치사상죄(§172)

⑩ 가스 · 전기 등 방류죄 및 가스 · 전기 등 방류치사상죄(§172의2)

⑪ 가스 · 전기공급방해죄 및 가스 · 전기공급방해치사상죄(§173)

준방화죄(폭 · 가스 · 가스)의 공통 특징 : ① 구체적 위험범, ② 과실 · 업무상 과실 · 중과실, ③ 예비 · 음모,
④ 결과적 가중범

⑫ 실화죄

(1) 단순실화죄

제170조 제2항이 규정하는 "자기의 소유에 속하는 제166조 또는 제167조에 기재한 물건"에서 제167조의 일반
물건이 자기의 소유에 속하는 물건이어야 하는 것이 아니다(판례). 즉, 판례는 본죄의 객체는 자기의 소유에 속
하는 제166조에 기재한 물건 또는 자기소유와 타인소유를 불문하고 제167조에 기재한 물건이라고 본다(유추해석
이 아님).

(2) 업무상 실화죄 · 중실화죄(§171)

⑬ 과실폭발성물건파열죄, 업무상 과실 · 중과실폭발성물건파열죄(§173의2)

제 4 절 일수와 수리에 관한 죄

① 방화죄와 일수죄의 구성요건체계 비교

현주건조물 등 방화죄	현주건조물 등 일수죄
공용건조물 등 방화죄	공용건조물 등 일수죄
일반건조물 등 방화죄	일반건조물 등 일수죄
진화방해죄	방수방해죄
실화죄	과실일수죄

다만, 과실범에 있어서 일수죄는 단순과실범만을 규정하고 있다(제181조).

② 현주건조물 등 일수죄(§177)

> 제177조 【현주건조물 등에의 일수】 ① 물을 넘겨 사람이 주거에 사용하거나 사람이 현존하는 건조물, 기차,
> 전차, 자동차, 선박, 항공기 또는 광갱을 침해한 자는 무기 또는 3년 이상의 징역에 처한다.
> ② 제1항의 죄를 범하여 사람을 상해에 이르게 한 때에는 무기 또는 5년 이상의 징역에 처한다. 사망에 이르
> 게 한 때에는 무기 또는 7년 이상의 징역에 처한다.

③ 공용건조물 등 일수죄(§178)

④ 일반건조물 등 일수죄(§179)

⑤ 일수예비 · 음모죄(§183)

★ 예비죄의 자수에서 필요적 감면규정이 없다.(≠방화)

⑥ 방수방해죄(§180)

⑦ 과실일수죄(§181)

일수의 죄는 단순과실범 처벌규정만 두고 있고 업무상 과실범과 중과실범의 처벌규정은 두고 있지 않다.

⑧ 수리방해죄(§184)

본죄의 보호법익은 수리권이며 수리권의 근거에 대해서는 법령·계약은 물론 관습에 의한 경우도 포함한다.
- 수리−상수 ○, 하수·폐수 ×

└ 형법 해석의 보충적 자료
  간접적 법원성

제 5 절 교통방해의 죄

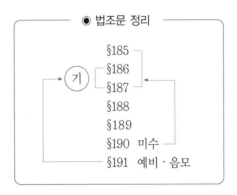

◉ 법조문 정리

기
- §185
- §186
- §187
- §188
- §189
- §190 미수
- §191 예비·음모

① 일반교통방해죄

본죄의 육로란 공중의 왕래에 사용되는 육상도로이다. 반드시 도로법(제2조, 제11조) 및 도로교통법(제2조)의 적용을 받는 도로일 것을 요하지 않는다. 즉, 사실상 불특정 다수인이나 차마의 자유로운 왕래에 사용되고 있는 공공성을 지닌 도로이면 충분하다.

→ 도로의 토지 일부의 소유자라 하더라도 죄 성립 ○(대법원 2002.4.26, 2001도6903)

② 기차·선박 등 교통방해죄(§186)

③ 기차 등 전복죄(§187)

④ 교통방해 등 예비·음모죄(§191)

'기차·선박~' : ○ / 일반교통방해 : 예비·음모 ×

⑤ 교통방해치사상죄(§188)

⑥ 과실교통방해죄

(1) 과실일반교통방해, 기차·전차 등 교통방해, 기차 등 전복죄
(2) 업무상 과실·중과실 일반교통방해, 기차·선박 등 교통방해, 기차 등 전복죄
  - 성수대교 사례(대법원 1997.11.28, 97도1740)
    업무상 과실일반교통방해죄와 업무상 과실자동차추락죄의 상상적 경합

제 1 절 통화에 관한 죄

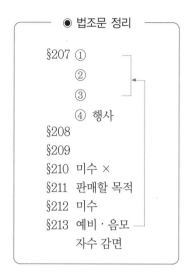

● 법조문 정리

§207 ①
     ②
     ③
     ④ 행사
§208
§209
§210 미수 ×
§211 판매할 목적
§212 미수
§213 예비 · 음모
     자수 감면

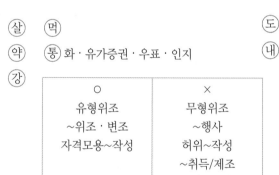

살	먹
약	통화 · 유가증권 · 우표 · 인지
강	

○	×
유형위조	무형위조
~위조 · 변조	~행사
자격모용~작성	허위~작성
	~취득/제조
	문서 · 인장

방
기
폭

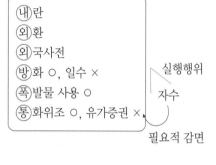

도
내

내란
외환
외국사전
방화 ○, 일수 ×
폭발물 사용 ○
통화위조 ○, 유가증권 ×

실행행위
자수
필요적 감면

① 내국통화위조 · 변조죄(§207 ①)

(1) 구성요건

　① 객관적 구성요건

　　㉠ 객체 : 통용하는 대한민국의 통화(화폐 · 지폐 · 은행권)

　　　통용 : 강제통용력 有, 통용기간이 경과하여 교환기간 중인 구화 ×(≠유통)

　　㉡ 행위 : 위조 · 변조

　　　ⓐ 위조 : 진화의 존재 불요. 일반인이 진화로 오인할 정도의 외관 ○

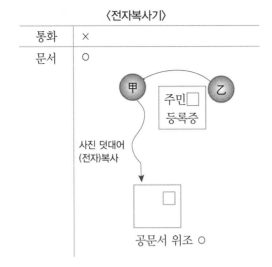

    ⓑ 변조 : 진정한 통화에 가공하여 그 가치를 변경하는 것. 진화의 동일성이 상실되지 않을 것을 요함
  ② 주관적 구성요건 : 고의 · 행사할 목적(목적범)
(2) 죄수 및 타죄와의 관계
  통화위조+행사 = 통화위조죄와 동행사죄의 경합범 / 한 번에 '수종'의 통화를 위조한 경우 통화위조죄의 수죄

② 내국유통 외국통화위조 · 변조죄(§207 ②)

③ 외국통용 외국통화위조 · 변조죄(§207 ③)

  외국통용 – 그 외국에서 강제통용력을 가지는 것
             일반인의 관점에서 통용할 것이라고 오인할 가능성이 있는 지폐 ×(유추해석금지원칙)

④ 통화위조 등 예비 · 음모죄(§213)

  §207 ①~③(위조 · 변조) : 예비 · 음모 ○
  실행에 이르기 전 자수한 경우 : 필요적 감면

⑤ 위조 · 변조통화행사 등 죄(§207 ④)

  목적범이 아님에 주의
(1) 위조통화행사죄의 행사행위 – 유상 · 무상 불문

○	×
• 진화로서 화폐수집상에게 판매	• 단순한 신용력 과시
• 위법한 사용	• 명가 이하 판매
• 도박자금 등	
• 공중전화기/자판기 등 유료자동설비에 투입	

(2) 다른 범죄와의 관계

　① 위조·변조+행사죄 = 경합범

　② 취득죄와 행사죄 : 모르고 취득 + 사후에 알고 행사 = 위조통화취득 후 지정행사죄(제210조)

　　　알고 취득+행사 = 경합범

　③ 행사죄와 사기죄 : 실체적 경합(법익표준설)

6 위조·변조통화취득죄(§208)

　① 범죄행위(예 절취)로 인하여 취득한 경우도 포함된다.

　② 취득죄는 목적범

7 위조통화취득 후 지정행사죄(§210)

위조통화행사죄보다 책임이 감경되는 구성요건이다.

　① 미수범 규정 無

8 통화유사물제조 등 죄(§211)

진정한 통화와 오인될 정도의 통화위조행위를 하였지만 이에 실패하여 통화유사물을 제조하게 된 데에 그친 경우 본죄가 성립한다(통화위조미수는 불성립).

　① 본죄의 목적 : 판매 목적

　② 모든 유사물제조는 판매할 목적으로 – 목적범

제2절　유가증권, 우표와 인지에 관한 죄

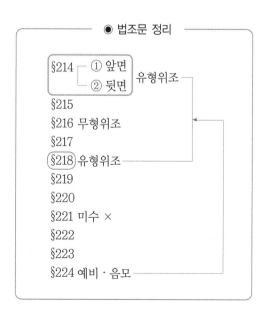

● 법조문 정리

§214 ┌ ① 앞면 ┐ 유형위조
　　　└ ② 뒷면 ┘
§215
§216 무형위조
§217
§218 유형위조
§219
§220
§221 미수 ×
§222
§223
§224 예비·음모

		문서의 성립의 진정	사문서
명의	위조 · 변조	– 형식주의 : 원칙	사문서 위조 · 변조
	명의모용	└ 유형위조	자격모용 사문서작성
자격	자격모용작성	작성권자 아닌 자의 작성	
내용	허위작성	문서의 내용의 진정	
		– 실질주의 : 예외	
		└ 무형위조	
		작성권자의 허위작성	

유가증권 · 문서죄의 행사유형 정리

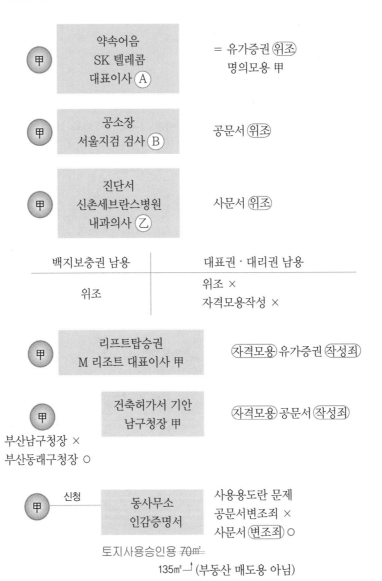

백지보충권 남용	대표권 · 대리권 남용
위조	위조 ×
	자격모용작성 ×

작성권자 아닌 자의 작성
유형위조(원칙)

甲
M해운회사
대표이사

선하증권
선적 ○ 내용
M해운대표 甲
(사실 : 선적 ×)

허위 유가증권 작성

甲

유가증권
배서
甲
허위주소

허위유가증권작성 ×
무죄

(주소 : 어음행위의 요건 ×)

甲
등기신청인

소유권이전등기,
근저당권설정등기

∥

객관적 사실

→ '형식적 심사권' 만 있음

등기관 乙

등기부 : 소유권이전등기만 기재
등기관 : 허위공문서 작성죄

甲
고대병원의사
乙 : 정상

진단서
乙 : 전치 10주
고대병원의사 甲

허위 진단서 작성죄

甲
공무원 의사
└→ 국군수통병원
乙 : 전치 2주

진단서
乙 : 전치 10주
수통병원의사 甲

甲 - 허위 공문서 작성죄

3억
APT
甲   乙
매도인   매수인

매매계약서
1억 8천만원
甲, 乙

甲 - 허위사문서작성죄 ×
무죄(사문서의 무형위조)

사문서무형위조	
원칙	예외
처벌 ×	처벌 ○, 허위진단서작성

① 유가증권

(1) 개념

상품권
100,000
~백화점

① 사법상 재산권 화체
(공법상 지위 · 권한 ×)

② 점유
유통성 不要
(예 약속어음)

(2) 요소

유가증권	
○	×
어음, 회사채 주권, 화물상환증 창고증권, 선하증권 국 · 공채 ┬ 산업금융채권 　　　　├ 지하철 공채 　　　　└ 주택채권 상품권, 할부구매전표 공중전화카드, 리프트탑승권 문방구용지로 작성한 약속어음 구두를 구입할 수 있는 신용카드	정기예탁금증서 철도화물상환증 공중접객업소 신발표 수리점의 물품보관증 영수증 후불식 KT 전화카드 일반 신용카드
날인 ×주권	무인 ○주권

② 유가증권위조 · 변조죄(§214 ①)

(1) 구성요건

① 객관적 구성요건　　　　　┌ §5 내/외/국/통/유/문/인
　　ㄱ 객체 : 대한민국 또는 외국의 공채증서 기타의 유가증권
　　ㄴ 행위 : 위조 · 변조
　　　　ⓐ 위조의 개념 : 타인명의를 사칭하거나 모용하여 그 명의의 유가증권을 발행하는 행위(명의모용)
　　　　　• 찢어진 약속어음을 조합하는 것
　　　　　• 약속어음의 액면란에 보충권의 범위를 초월한 금액을 기입하는 것　＞ 백지위조
　　　　　• 타인이 위조한 백지의 약속어음을 완성하는 것(판례)

Case 〈백지위조〉

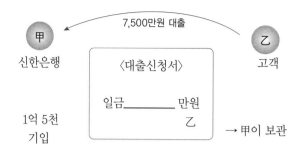

⇒ 乙이 7,500만원을 기입하라고 하였으나, 신한은행 직원 甲이
    1억 5천만원 기입
    ∴ 甲 : 사문서위조죄

- 기간이 경과한 정기승차권의 종기를 변경하는 것
ⓑ 위조의 정도 : 일반인으로 하여금 유효한 유가증권이라고 오신할 수 있을 정도의 외관 ○
- 허무인 명의 작성 ○, 유가증권으로서의 요건의 흠결 등 사유로 무효한 것 ○
ⓒ 변조 : 동일성을 해하지 않는 범위 내에서 변경을 가하는 것(동일성 새롭게 변경 – 위조), 진정하게 성립된 유가증권의 내용을 변경, 권한 없는 자의 내용변경행위
- 이미 실효된 유가증권을 변경하여 새로운 유가증권을 만드는 것 – 위조
- 이미 타인에 의해 위조된 약속어음 – 변조 ×
- 백지 약속어음이 액면란 등을 부당보충하여 위조 후 임의변경(변조 ×)
  (깨끗한 물에 먹물 → 변조, 먹물에 먹물 → 변조 ×)
② 주관적 구성요건 : 고의 · 행사할 목적

(2) 죄수 및 다른 범죄와의 관계
① 유가증권위조죄의 죄수 : 매수

통화(=방화)	위험 ∴ 종류의 수	1죄(수종의 통화 – 수죄)
유가증권	매수	실체적 경합(대체로)
문서	명의인의 수	상상적 경합(대체로)
인장	불가벌적 수반행위로 모두 흡수(인<문<신)	

③ 유가증권의 기재의 위조 · 변조죄(§214 ②)

④ 자격모용에 의한 유가증권작성죄(§215)

(1) 구성요건
① 타인의 자격모용(자기명의 타인자격) : 정당한 대표권 또는 대리권이 '없는' 자가 작성
② 대리권 · 대표권자가 권한을 '남용'(권한 있는 자 → 범위 넘어섬)하여 본인(회사)명의 유가증권 발행 : 성립 ×
  cf 백지의 보충권 남용 – 위조 ○, 대리권 · 대표권 남용 – 자격모용 ×, 위조 ×
③ 대리권이나 대표권이 있더라도 권한남용이 아니라 권한범위를 명백히 '일탈' 혹은 '초과' 또는 '초월'하여 본인 또는 회사 명의의 유가증권을 발행하는 행위 : 성립 ○

⑤ 허위유가증권작성죄(§216)

〈허위~작성〉

유가증권 공문서	진단서
목적 ○	목적 ×

• 작성권한 있는 자가 내용을 허위로 작성

허위유가작성 해당 ○	허위유가작성 해당 ×
발행일자를 소급하여 주권 발행	주권발행 전에 주식을 양도받은 자에 대하여 주권 발행
실재하지 않는 회사 명의의 약속어음 발행	배서인의 주소 허위 기재
지급은행과 당좌거래사실이 없거나 거래정지처분을 당했음에도 수표 발행	약속어음의 발행인이 아닌 발행인의 다른 인장 날인
先선하증권 발행행위	자기앞수표의 발행인이 수표자금을 입금받지 아니한 채 자기앞수표 발행

⑥ 위조 등 유가증권행사죄(§217)

행사죄는 목적범 ×
수입 · 수출죄는 목적범 ○

복사 유가증권	사문서
×	§237의2

⑦ 인지 · 우표위조 · 변조죄(§218 ①)

⑧ 위조 · 변조인지 · 우표행사 등 죄(§218 ②)

cf 〈상대방-악의〉 : 유통가능성 ○

	통화	유가증권	우표 · 인지	문서
행사죄	○	○	○	×

⑨ 위조 · 변조인지 · 우표취득죄(§219)

우표수집의 대상으로서 우표를 매매하는 행위 : ○

⑩ **소인말소죄**(§221)

　　미수범 처벌규정 無

⑪ **우표 · 인지 등 유사물 제조 등 죄**(§222)

⑫ **예비 · 음모죄**(§224)

- 살/약/강/먹/⑧/방/기/폭/도/내
　　　화 유가증권 우표 인지에 대한 죄 中 유형위조
　　　　　　　　　　　　　　위조 · 변조, 자격모용작성
- 예비죄의 자수감면특례 없음

예비 · 음모 ○	예비 · 음모 ×
유가증권 위조 변조죄 자격모용 유가증권 작성죄 인지 · 우표위조 · 변조죄	허위유가증권작성죄 위조유가증권행사죄 위조우표취득죄 소인말소죄 인지 · 우표유사물제조죄

제3절 문서에 관한 죄

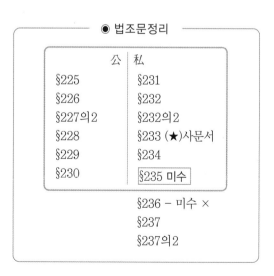

● 법조문정리

公	私
§225	§231
§226	§232
§227의2	§232의2
§228	§233 (★)사문서
§229	§234
§230	§235 미수
	§236 – 미수 ×
	§237
	§237의2

① 문서의 개념

(1) 계속성

• 의사표시의 지속성, 시각성 → 모래, 눈 ×

Case 1 주민등록증 위조 – 문서의 계속성

[대법원 2007.11.29, 2007도7480]

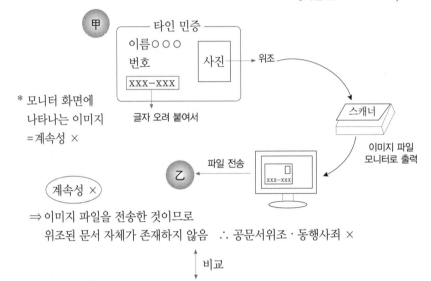

⇒ 이미지 파일을 전송한 것이므로
　위조된 문서 자체가 존재하지 않음 ∴ 공문서위조·동행사죄 ×

Case 2 각주 132. – 비교판례 '휴대전화 가입신청서' – 문서의 계속성

[대법원 2008.10.23, 2008도5200]

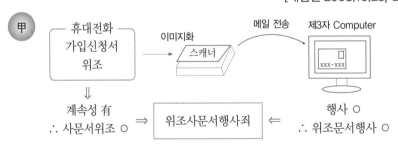

* 컴퓨터에 연결된 스캐너로 읽어 들여 이미지화한 다음
　이를 전송하여 컴퓨터 화면상에서 보게 하는 경우도 행사에 해당

(2) 증명성

시, 소설 : ×

	권리·의무	중요사실
문서	○	○
cf 공정증서	○	×

∴ 단순기록 : ×(토지대장, 가옥대장 등)

Case 3 문서의 증명기능 – 증명성

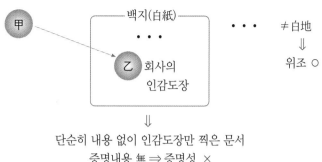

단순히 내용 없이 인감도장만 찍은 문서
증명내용 無 ⇒ 증명성 ×
∴ 문서위조 ×

* 문서? 법률관계 내지 사실증명에 관한 것

(3) ⓑ증성
- 대필, 대리, 별명, 예명 – 명의 ○, 문서성 ○
  　　　　　　　　　　　 익명, 가명 – 문서성 ×
- 복본 – 문서성 ○
- 사본 · 등본 – 인증이 없는 한 문서 ×

Case 4 문서의 보증기능 – 사자 · 허무인 명의의 문서 문제

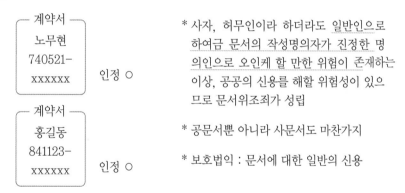

* 사자, 허무인이라 하더라도 일반인으로 하여금 문서의 작성명의자가 진정한 명의인으로 오인케 할 만한 위험이 존재하는 이상, 공공의 신용를 해할 위험성이 있으므로 문서위조죄가 성립

* 공문서뿐 아니라 사문서도 마찬가지

* 보호법익 : 문서에 대한 일반의 신용

② **문서의 종류**

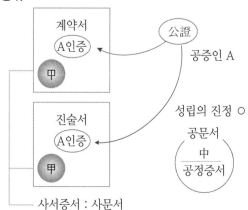

③ 사문서위조 · 변조죄(§231)

(1) 객관적 구성요건
　① 객체 : 권리의무 · 사실증명에 관한 타인의 문서 · 도화(증명성)
　② 행위 : 위조 · 변조
　　㉠ 위조 : 작성권한이 없는 자가 타인명의를 모용하여 문서를 작성
　　　ⓐ 작성권한 없는 자가 작성할 것 : 명의인의 사전승낙 내지 포괄적 위임에 의한 문서작성의 경우는 위조라
　　　고 할 수 없다(구성요건해당성 조각).
　　　다만, 위임의 한계나 취지를 넘어서 문서를 보충기재하는 행위(백지위조)는 위조가 된다.
　　　ⓑ 대리권 · 대표권 없는 자가 대리인으로서 본인명의문서를 작성한 경우 : 본죄가 아니라 자격모용문서작
　　　성죄(제226조, 제232조)에 해당된다.
　　　ⓒ 대리권 · 대표권 있는 자가 그 권한을 초월하여(그 권한 이외의 사항에 대하여) 문서를 작성한 경우 : 자
　　　격모용문서작성죄가 성립한다(통설).

`Case 5` 신탁자의 상속인이 수탁자의 동의를 받지 아니하고 그 명의의 채권이전등록청구서 작성 · 행사
[대법원 2007.3.29, 2006도9425]

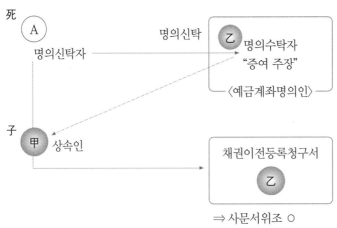

⇒ 사문서위조 ○

`Case 6` 세금계산서상의 공급받는 자는 그 문서 내용의 일부에 불과할 뿐 세금계산서의 작성명의인은 아님
[대법원 2007.3.15, 2007도169]

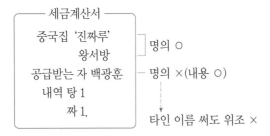

　　　ⓓ 대리권 · 대표권 있는 자가 그 권한을 남용하여(그 권한의 범위 내에서) 문서를 작성한 경우 : 배임죄 또
　　　는 허위공문서작성죄의 성립은 별론으로 하고 위조에 해당하지 않는다(통설 · 판례).

주식회사 명의의 문서		
대표이사 · 지배인	대표이사로부터 위임받은 자	
위조, 자격모용 작성 ×	전면적 · 포괄적 위임	구체적 · 세부적, 개별적 위임
	위조, 자격모용 작성 ○	위조, 자격모용 작성 ×

Case 7 주식회사의 적법한 대표이사라 하더라도 그 권한을 포괄적으로 위임하여 다른 사람으로 하여금 대표이사의 업무를 처리하게 하는 것은 허용되지 않는다.

[대법원 2008.11.27, 2006도2016]

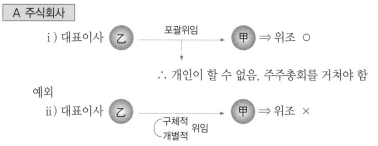

Case 8 〈기망에 의한 위조〉

[대법원 1970.9.29, 70도1759]

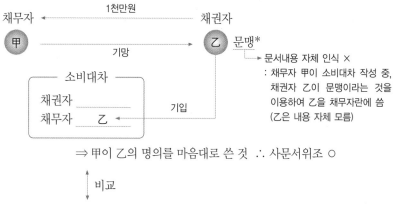

Case 9 당해 문서의 행사 결과 취득되는 재산이나 처분 등에 관하여 타인으로부터 기망당하거나 착오에 빠져 직접 문서 작성하여 타인에게 교부하는 경우

[대법원 2003.11.28, 2003도5340]

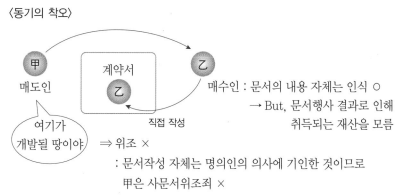

ⓛ 변조

Case 10 타인의 진정문서를 복사하고 원본을 놓아두고 사본을 가져간 사례

[대법원 1996.8.23, 95도192]

복사	
원본 그대로	동일성×
위조 ×	위조 ○ → 사문서위조죄가 성립하려면…
⇓	위조된 문서를 복사하는 경우처럼
문서원본의 단순복사	문서의 복사행위를 통하여 문서를
= 문서위조죄 ×	위조·변조하는 경우

Case 11 〈죄수의 결정기준〉

방화/통화	위험	1죄
유가증권	매수	실체적 경합
문서	명의인의 수	상상적 경합
~행사죄	법익	실체적 경합
인<문<신	법조경합	1죄(불가벌적 수반행위)

(2) 몰수

위조문서는 몰수할 수 있다(제48조 제1항). 다만, 문서의 일부가 몰수에 해당되는 때에는 그 부분을 폐기한다(제48조 제3항).

④ **자격모용에 의한 사문서작성죄**(§232)

이름은 자기이름, 자격은 남의 자격

⑤ **사전자기록위작·변작죄**(§232의2)

- 무형 위조도 본죄 성립
- ㉙ RAM 변작도 사전자기록변작죄 인정
- 기수시기 : 램에 올려진 전자기록의 내용을 권한 없이 수정·입력한 시점

⑥ **공문서위조·변조죄**(§225)

(1) 행위주체

본죄의 행위주체에는 제한이 없다(일반범).

Case 12 대법원 1981.7.28, 81도898

〈보조공무원〉

① 직접(임의로) 상관명의 작성 → 공문서 위조
② 허위·기안·고의 없는 상관 결재 → 허위공문서작성죄의 간접정범

Case 13 대법원 2001.3.9, 2000도938

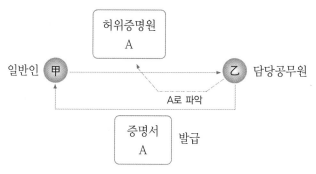

i) 허위공문서작성죄의 간접정범 : 허위공문서작성죄는 진정신분범! ⇒ ×
ii) 공정증서원본부실기재죄? : 공정증서에 해당 × 원본이어야 함 ⇒ ×
iii) 공문서위조죄의 간접정범? : 乙의 의사지배 인정할 수 없음 ⇒ ×
　　　↳ 甲이 乙의 이름을 쓰지 않고 乙이 자기이름을 증명서에 씀 = 甲이 乙 이름 모용× ∴ 甲 무죄
iv) 위계에 의한 공무집행방해 : 완벽한 기망을 요하는데 적시되어 있지 않음 ⇒ ×

(2) **행위객체** : 공무원 · 공무소가 그의 명의로 작성한 공문서 또는 공도화
　① 공무원 · 공무소 '발행' 의 문서로 제한되는가 : 제한되지 않는다.
　② 공무원 작성문서와 개인작성 문서가 결합되어 있는 경우 : 공무원이 작성한 증명문구에 의하여
　　증명되는 개인작성 부분(부동산매도용 이외의 인감증명서의 사용용도)을 변조하는 경우에는 공
　　문서가 아니라 사문서변조죄가 성립한다.

Case 14

공	사병존문서
공문서	사문서

사서증서? → 개인이 쓴 증명서

사서증서	인증서
사문서	공문서

↓
위조하면? ⇒ 사문서위조죄

　③ 허위작성된 공문서는 본죄의 객체가 되는가 : 진정성립한 공문서일 것을 요하므로 이미 허위작
　　성된 부진정한 공문서는 공문서변조죄의 객체가 되지 않는다(판례).

유가증권 위조	+	변조
○		×

허위공문서작성	+	변조
○		×

Case 15

〈권한〉

無	有
고치면	고치면
↓	↓
공문서 변조	허위공문서작성
	(변개)

⑦ 자격모용에 의한 공문서작성죄(§226)

자신의 명의는 그대로 기재하였으나 타인의 자격을 자신의 자격인 것처럼 기재한 경우

⑧ 공전자기록 위작·변작죄(§227의2)

⑨ 허위진단서 등 작성죄(§233)

	신분범	목적범
허위진단서작성 §233	의/한/치/조 ○	×
허위공문서작성 §227	공무원 ○	행사목적○ (= 허위유가증권 작성죄○)
공정증서원본부실기재 §228	× 일반범	× 단지 고의만 있으면 ok

cf 공무원의 신분인 의사가 진단서 허위 작성 : 허위공문서작성죄

⑩ 허위공문서작성죄(§227)

작성권한 있는 공무원이 문서·도화에 객관적 진실에 반하는 내용을 기재하는 것

Case 16 대법원 2000.6.27, 2000도1858

〈허위?〉

| 객관적 진실 反
객관설
most | 기억 反
주관설
위증 & 허위감정 |

公 甲

사실관계	T
적용법조	F

→ 적용법조까지 허위공문서작성으로 보면 적용법조의 실수, 즉 과실까지도 고의로 보게 될 여지가 있다.

∴ 사실관계에 대한 내용에 거짓 없으면 허위공문서작성죄 구성 ×

※ 신분범의 간접정범
└→ 수뢰죄/허위공문서작성죄

| 신분자 ○ | 작성권한 있는 공무원 ○ |
| 비신분자 × | ① 일반인 ×
② 작성권한 없는 보조공무원 < ×(少)
○(多, 判) |

확장해석/원래 안 되는 것이 원칙이지만
(보조공무원은 주체될 수 없음)

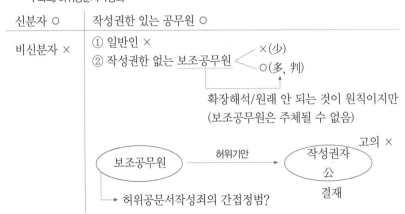

보조공무원 —허위기안→ 작성권자 公 결재   고의 ×

└→ 허위공문서작성죄의 간접정범?

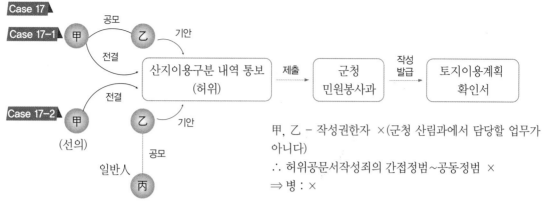

甲, 乙 – 작성권한자 ×(군청 산림과에서 담당할 업무가
아니다)
∴ 허위공문서작성죄의 간접정범~공동정범 ×
⇒ 병 : ×

• 다른 범죄와의 관계

① 본죄와 허위진단서작성죄와의 관계 : '허위공문서작성죄' 만 성립한다는 것이 2004년 대법원 판
례의 입장이다.

② 본죄와 직무유기죄와의 관계 : 허위공문서작성만 성립(원칙). 단 실체적 경합 되기도 함

Case 18

① 작위범 – 부작위범 : 상상적 경합 ×
  ↓   ↓
범인도피 – 직무유기 : 상상적 경합 ×

② 公 甲 직무유기 + ┌ 적극은폐목적 ○ = 직무유기 × ⇒ 일죄
           │   허위공문서 작성   허위공문서작성
     ↓   │
   (부작위) │
           └ 적극은폐목적 × = 직무유기 ○ ⇒ 실·경
             별도목적 ○ 허위공문서작성 ○
           허위공문서작성

③ 인권옹호직무명령 不준수죄 + 직무유기 ⇒ 상·경 ○
    (부작위)   (부작위)

11 공정증서원본 등 부실기재죄(§228)

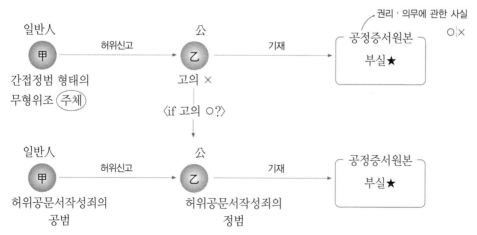

(1) 객관적 구성요건

① 주체	제한 ×(공무원도 可)
② 객체	공정증서원본 〈 권리·의무 ○ / 중요사실 ×

○	×
화해조서, 호적부, 부동산등기부, 상업등기부, 민사분쟁사건 처리특례법 합동법률사무소 명의의 공정증서	주민등록부, 인감대장, 토지대장, 가옥대장, 임야대장, 도민증, 시민증, 주민등록증, 사서증서, 판결원본, 수사기관의 진술조서, 사업자 등록증

③ 행위 : 공무원에 대하여 허위신고 → 부실의 사실을 기재
  ㉠ 허위신고 : 구두/서면 불문

본죄 성립	본죄 불성립
위장결혼 (혼인생활 의사 ×)	위장이혼 (이혼신고 의사 ○)
가장된 금전채권	허위채권양도

  ㉡ 부실의 사실의 기재 ┌ 권리·의무와 관련된 중요한 사실
    ├ 실체적인 권리의무관계와 일치 : 부실기재 ×
    └ 등기경료 당시 기준 판단

Case 19 * 제3자 명의의 근저당권설정등기도 유효하다.

[대법원 2007.2.23, 2006도5074]

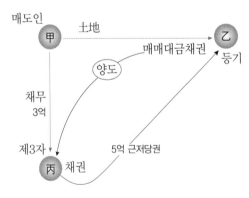

∴ 甲 : 사문서위조, 위조사문서행사, 공정증서 원본부실기재, 부실기재공정증서원본행사의
  실체적 경합

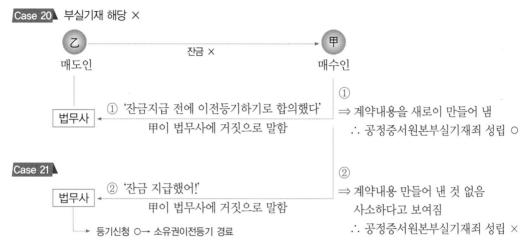

Case 20 부실기재 해당 ×

乙 ────── 잔금 × ────── 甲
매도인   매수인

법무사 ← ① '잔금지급 전에 이전등기하기로 합의했다'
       甲이 법무사에 거짓으로 말함

① ⇒ 계약내용을 새로이 만들어 냄
   ∴ 공정증서원본부실기재죄 성립 ○

Case 21

법무사 ← ② '잔금 지급했어!'
       甲이 법무사에 거짓으로 말함

└─→ 등기신청 ○→ 소유권이전등기 경료

② ⇒ 계약내용 만들어 낸 것 없음
   사소하다고 보여짐
   ∴ 공정증서원본부실기재죄 성립 ×

• 가장매매

Case 22 부실기재 해당하지 않는 경우 – 가장매매계약

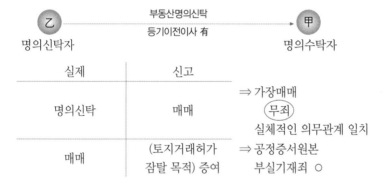

乙 ── 부동산명의신탁 / 등기이전이사 有 ──→ 甲
명의신탁자   명의수탁자

실제	신고	
명의신탁	매매	⇒ 가장매매 (무죄) 실체적인 의무관계 일치
매매	(토지거래허가 잠탈 목적) 증여	⇒ 공정증서원본 부실기재죄 ○

〈부실의 사실의 기재〉

| ① 권리·의무와 관련된 중요한 사실에 관한 것 ② 공정증서원본에 기재된 사항이 부존재하거나 외관상 존재하더라도 무효인 경우 | ≠ | ① 기재된 사항이나 원인된 법률행위가 객관적으로 존재하고 다만 거기에 취소사유에 해당하는 하자가 있을 뿐인 경우 ② 사소한 사실에 대해서 허위인 점이 있어도 중요한 부분은 사실 (진실)에 해당하는 경우 ③ 당사자의 의사에 부합하거나 실체적 권리관계에 부합하게 하기 위하거나 부합하는 유효한 등기인 경우에는 (원인이 실제와 다르더라도) 부실기재 해당 × |

| 허위의 채권을 양도한다는 취지의 공정증서를 작성하게 한 사례 → 부실기재 해당 × ∵ 양도, 양수의 의사표시는 실제로 존재하므로 → 채권의 존재 자체를 공증하는 문서가 아님! | ≠ | 실제로는 채권·채무 관계가 존재하지 아니함에도 공증인에게 허위신고를 하여 가장된 금전채권에 대하여 '집행력이 있는 공정증서원본'을 작성~ → 부실기재 해당 ○ |

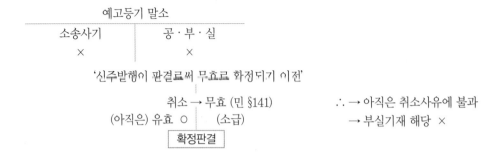

④ 착수 : 허위신고시
   기수 : 공정증서원본 등에 부실의 사실의 기재가 있을 때

⑫ 위조 · 변조 · 허위작성 사문서행사죄(§234)

행사의 상대방은 위조문서임을 모를 것을 요한다. 그러므로 정을 아는 공범자에게 제시 · 교부하는 행위는 본죄의 행사가 아니다(판례). 다만 통화나 유가증권은 상대방이 알고 있다 하더라도 유통가능성이 있으므로 행사죄 성립. 본죄는 행사할 목적을 요하지 않는다.

⑬ 위조 · 변조 · 허위작성 · 부실기재 등 공문서행사죄(§229)

⑭ 사문서 부정행사죄(§236)

문서죄 中 유일하게 미수 규정 無 ⇒ 문서죄 中 가장 가벼움
현금보관증이 자기 수중에 있다는 사실 자체를 증명하기 위하여 증거로서 법원에 제출하는 행위 : ×
타인의 KT 전화카드를 공중전화기에 사용한 행위 : ○

⑮ 공문서 부정행사죄(§230)

공문서	부정	행사죄
진정	권한 ×	문서의 사용용도 이내
용도 특정 ○	or	or
	(권한 ○)	(사용용도 이외 ○)

(1) 공문서
 ① 진정 작성 要
 ② 용도 특정 要 ≠ 용도다양 ─┬ (인)감증명서
　　　　　　　　　　　　　├ (신)원증명서
　　　　　　　　　　　　　├ (화)해조서 경정신청기각결정문
　　　　　　　　　　　　　├ (주)민등록표 등본
　　　　　　　　　　　　　├ (선)박국적증서 · 선박검사증서
　　　　　　　　　　　　　└ (차)용증 및 이행각서(사문서)

(2) 부정
 ③ 사용권한 없는 자　　　　　　　　　　　〈주민등록증〉
　　행사┬ 해당 문서의 용도 이내 사용 : 죄 ○ – 신분확인용 제시
　　　　└ 해당 문서의 용도 이외 사용 : 죄 × – 이동전화 가입용 제시
 ④ 사용권한 있는 자
　　행사┬ 해당 문서의 용도 이내 사용 : 죄 × – 선박국적증서 허위사고신고
　　　　└ 해당 문서의 용도 이외 사용 : 죄 ○ – 학설 대립(判 긍정설)

제4절 인장에 관한 죄

① 사인 등 위조 · 부정사용죄(§239)

Case 24 ▸ 사인 등 위조 · 부정사용죄

甲이 乙의 서명위조

* 사문서 위조? × → ∵ 진술자 : 작성명의인 ×
* 허위 공문서 작성? × → ∵ 甲 : 신분 ×
* 사서명위조+동행사 = ○ → ∵ 乙의 서명만 위조
　　　↓
　서명 직후 열람상태

② 위조사인 등 행사죄(§239)

③ 공인 등 위조죄 · 부정사용죄(공기호 부정사용)(§238)

자동차의 차량번호표, 택시미터기의 검정납봉의 봉인이 본죄의 공기호에 해당

④ 위조공인 등 행사죄(§238 ②)

제1절 먹는 물에 관한 죄

1 **먹는 물사용방해죄**(§192 ①)

2 **먹는 물유해물혼입죄**(§192 ②)

　　예비 · 음모 ○

3 **수돗물사용방해죄**(§193 ①)

4 **수돗물유해물혼입죄**(§193 ②)

　　예비 · 음모 ○

5 **먹는 물혼독치사상죄**(§194)

6 **수도불통죄**(§195)

　　예비 · 음모 ○

제2절 아편에 관한 죄

1 **아편흡식죄**(§201 ①)

2 **아편흡식장소제공죄**(§201 ②)

3 **아편 등 제조 · 수입 · 판매 · 판매목적소지죄**(§198)

4 **아편흡식기 제조 · 수입 · 판매 · 판매목적소지죄**(§199)

　　아편흡식기 : 절대적 금제품 → 절도죄 객체 ×

5 **세관공무원의 아편 등 수입 · 수입허용죄**(§200)

6 **상습아편흡식 · 아편제조 · 수입 · 판매죄**(§203)

7 **아편 등 소지죄**(§205)

　　'아편~죄'에서 주의할 점 : 상습범 처벌규정 有, 필요적 몰수규정 有

CHAPTER 04 사회의 도덕에 대한 죄

제 1 절 성풍속에 관한 죄

1 음행매개죄(§242)

대향범 관계에 있으나 음행매개자만 처벌, 총칙상 공범규정 적용 ×

2 음화 등 반포·판매·임대·공연전시·상영죄(§243)

① 음란성 : 명확성 ○ cf 외설, 잔인, 범죄의 충동 – 명확 ×
② 음란성은 객관적으로 판단, 전체적·종합적 고찰방법에 의해 판단(법인이 판단)
③ 필요적 공범 중 대향범 – 반포·판매·임대의 상대방 공범 처벌 ×

3 음화 등 제조·소지·수입·수출죄(§244)

① 음화 등 반포·임대·공연전시·상영죄의 예비단계
② 목적범

4 공연음란죄(§245)

① 공중 앞에서 알몸노출 : 본죄 성립
② 말다툼 끝에 항의표시로 엉덩이노출 : 무죄
③ 전라 퍼포먼스 요구르트 판촉행사 : 본죄 성립

제 2 절 도박과 복표에 관한 죄

1 단순도박죄(§246 ①)

(1) 객관적 구성요건
    ① 필요적 공범 중 대향범(=아동혹사, 인신매매)
    ② 사기도박 × – 사기죄 성립
    ③ 도박행위 착수가 있는 때 기수(추상적 위험범)

(2) 일시오락
    사회상규에 위배되지 아니한 행위로 위법성 조각

2 상습도박죄(§246 ②)

    부진정신분범　　•상/협/체/성/절/사/장/아/ⓓ – 상습범
                   •강/장/ⓓ – 상습범 중 별도의 형량이 있음

3 도박개장죄(§247)

    ① 행위자는 도박의 주재자가 될 것을 요함. 도박장소만을 제공한 경우 도박죄의 종범
    ② 기수시기는 도박 개장한 때
    ③ 영리의 목적 ○

4 복표발매 · 중개 · 취득죄(§248)

    법령에 의해 발매된 복표 – 정당행위(법령에 의한 행위)로 위법성조각
                공/징/사/노/모/전/ⓑ/뇌/카/총/毋

제 3 절 신앙에 관한 죄

1 장례식 등 방해죄(§158)

2 시체 등 오욕죄(§159)

3 분묘발굴죄(§160)

    미수 ○

④ 시체 등 손괴 · 유기 · 은닉 · 영득죄(§161)

① 미수범 처벌규정 ○
② 유기죄 : ×

⑤ 변사자검시방해죄(§163)

① 사인이 명백한 시체 − 변사체 ×
② 미수범 처벌규정 ×

MEMO

형법각론

국가적 법익에 대한 죄

〈보호주의〉

1. 내란

2. 외환

3. 국기   내 / 외 / 국
                통 / 유 / 문 / 인
4. 국교 : ✕   └▸보호주의

〈예비죄〉

살   먹   도
약   통   내
강   방
       기
       폭

내란/외환	외국사전
예비 · 음모	예비
선동, 선전	음모
모두 처벌	

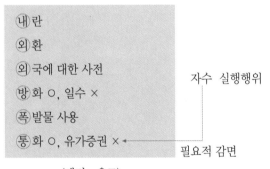

내란

외환

외국에 대한 사전

방화 ○, 일수 ✕   자수 실행행위

폭발물 사용

통화 ○, 유가증권 ✕ ◂───────

                             필요적 감면

〈예비 · 음모〉

CHAPTER 02 국가의 기능에 대한 죄

제1절 공무원의 직무에 관한 죄

법조문 정리

§122	§129 ┬ ①
§123	└ ②
§124 ┬ ①	§130
└ ② 미수(★)	§131 ┬ ①
§125	├ ②
§126	└ ③
§127	§132
§128	§133 ┬ ①
	└ ②
	§134 필요적 몰수
	§135

① 공무원의 직무 §122~135 : 직무범죄 : 公 – 주체

② 공무방해의 죄 §136~144 : 公 ← 객체

③ 도주 & 범인은닉 §145~151 – 도주원조 : 예비 · 음모 ○

④ 위증 & 증거인멸 §152~155

⑤ 무고 §156 · 157

① 직무유기죄(§122)

(1) 구성요건

    ① 객관적 구성요건

        ㉠ 주체 : 공무원

주체 ×	주체 ○	병가 중인 자	
사환 · 청소부 · 인부 등 기계적 · 육체적 노무 종사자	우편집배원, 세무수습행정원, 군인 중 사병	주체 ×	공동정범 ○

        ㉡ 행위

          • 구체적인 업무

          • 부진정부작위범

          • 직무집행의 의사로 자신의 직무를 수행한 경우 ×

          • 지방자치단체장이 자체 인사위원회에 징계의결요구를 하거나 훈계처분을 하도록 지시 ×

          • 사법경찰관이 혐의자를 훈방조치하여 검사의 수사지휘를 받지 않은 경우 ×

(2) 죄수 및 다른 범죄와의 관계
- 작위범과 부작위범 : 상상적 경합 ×, 작위범만 성립
① 직무에 위배하여 허위공문서를 작성한 행위 : 원칙적으로 허위공문서작성죄만 성립

　　　　　　　　　　　　　　　cf 별도의 허위공문서작성행위 : 실체적 경합

작위범 ○	부작위범 ×
허위공문서작성	
범인도피	
위계공무방해　　　+　~~직무유기~~　　　=　~~상상적 경합~~	
증거인멸	
건축법위반교사	

② 하나의 행위가 직무유기와 다른 작위범에 모두 해당될 경우 검사의 선택기소 가능함
③ 긴급체포자의 적법성 심사를 위한 검사의 호송지휘에 불응한 사법경찰관
　: 인권옹호직무명령 <u>不준수죄</u>(§139)+<u>직무유기</u> = 상상적 경합
　　　　　　부작위범　　　　　　　　　부작위범

② 피의사실공표죄(§126)
검찰, 경찰 그 밖에 범죄수사에 관한 직무를 행하는 자 또는 이를 감독·보조하는 자(진정신분범)가 공판청구 전(공소제기 전)에 불특정 다수인에게 공표함으로써 성립하는 범죄. 공표는 부작위에 의하여도 가능

③ 공무상 비밀누설죄(§127)
(1) **직무상 비밀** : 외부에 알려지지 않는 것에 '상당한 이익'이 있는 사항도 포함(실질적 기밀개념과 유사 – 간첩죄)
- 옷값 대납 사건의 내사결과보고서는 비공지의 사실이나 본죄의 비밀 ×
- 기업의 비업무용 부동산 보유실태에 관한 감사원 보고서의 내용 – 비밀 ×

④ 직권남용(권리행사방해)죄(§123)
(1) **주체** : 공무원(단 강제력을 수반하는 직무를 행하는 자 不要)
(2) **직권의 남용** : 일반적 권한에 속하는 사항에 관하여 그것을 불법하게 행사하는 것.외관상 직무권한과 아무런 관련이 없는 행위 ×
(3) **주관적 구성요건** : 권리행사를 방해한다는 의식+직권을 남용한다는 의식
(4) **결과발생 要, 미수범 처벌규정 無**

⑤ 불법체포·감금죄(§124)
- 재판, 검찰, 경찰 기타 인신구속을 행하는 자 또는 이를 보조하는 자(부진정신분범)
- 법정절차 없이 경찰서 보호실에 구금시킨 행위 : ○
- 사무실 안팎을 내왕한 경우에도 본죄의 성립에 영향이 없다. : ○

⑥ 폭행·가혹행위죄(§125)

⑦ 선거방해죄(§128)

① 검찰, 경찰, ⓖ의 직에 있는 공무원(진정신분범)

② 목적범이 아니다.

> **더 알아보기** 행위주체가 혼동되는 범죄들 정리
>
> 1. 피의사실공표죄 : 검찰, 경찰 그 밖에 범죄수사에 관한 직무를 행하는 자 또는 이를 감독하거나 보조하는 자
> 2. 불법체포감금죄 : 재판, 검찰, 경찰 그 밖에 인신구속에 관한 직무를 행하는 자 또는 이를 보조하는 자
> 3. 폭행, 가혹행위죄 : 재판, 검찰, 경찰 그 밖에 인신구속에 관한 직무를 행하는 자 또는 이를 보조하는 자
> 4. 선거방해죄 : 검찰, 경찰 또는 군의 직에 있는 공무원

⑧ 단순수뢰죄(§129)

- 직무관련성＋부정한 이익
- 포괄적 뇌물 ○
  - 사교적 의례 : 뇌물 ×
  - 가액이 통상을 넘는다면 : 대가관계가 없더라도 뇌물 ○
  - 금액이 적더라도 : 대가관계 분명하다면 뇌물 ○

필요적 공범 & 독립범죄 : 이원설

- 몰수 · 추징의 방법

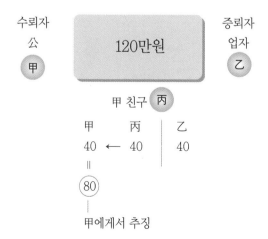

• 죄수 및 다른 범죄와의 관계

┌─ 포괄일죄-연속범 ─┐

㉪뢰	㉬락실 · 게임장
㉯갈	㉱령
㉳기	㉵용카드 부정사용
㉶권거래법	
㉷료법	
㉹사법	

⑨ 사전수뢰죄(§129)

청탁	부정한 청탁
§129 ② 사전수뢰	§130 제3자 뇌물제공
§131 ③ 사후수뢰	§357 ① 배임수재

⑩ 제3자 뇌물공여 · 요구 · 약속죄(§130)

제3자 뇌물제공
제3자 뇌물공여
제3자 뇌물수수

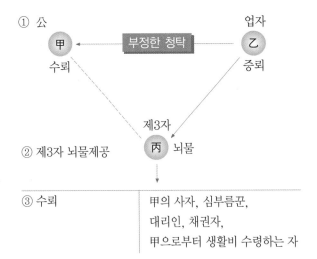

① 公
甲 수뢰
부정한 청탁
업자 乙 증뢰

제3자
丙 뇌물

② 제3자 뇌물제공

③ 수뢰   甲의 사자, 심부름꾼, 대리인, 채권자, 甲으로부터 생활비 수령하는 자

⑪ 수뢰 후 부정처사죄(§131 ①)
연결효과에 의한 상상적 경합

⑫ 부정처사 후 수뢰죄(사후수뢰죄)(§131 ②③)

⑬ 알선수뢰죄(§132)

§132

公
甲 ←── 뇌물 ── 乙

지위
이용
영향력행사 ── 알선 ──→ 公
丙

하 ──×──→ 상

• 주체 : 공무원○, 중재인×
• 지위 이용 ┬ 법률상 · 사실상 영향
            ├ 상하 · 협동 · 감독 등 관계 불요
            ├ 친족 · 친구관계 불요
            └ 실제 알선 성립 불문

⑭ 뇌물공여 · 공여약속 · 공여의사표시죄(증뢰죄)(§133)

§133 ② 증뢰물 전달 = 제3자 뇌물취득 cf §130

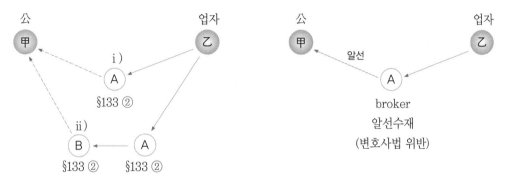

公   업자
甲   乙
     i)
      A
    §133 ②
 ii)
  B ← A
§133 ② §133 ②

公   업자
甲 ← 알선 ─ 乙
      A
   broker
   알선수재
 (변호사법 위반)

i) 乙 : §133 ② 제3자에게 금품 교부
   A : §133 ② 그 정을 알면서 교부를 받은 자
ii) A : §133 ② 제3자에게 금품 교부
   B : §133 ② 그 정을 알면서 교부받은 자

제 2 절 공무방해에 관한 죄

법조문 정리

```
§136 ┬①                          §144 ┬①
     └②                               └②
§137
§138
§139                         미수 ×(~방해)

§140    ①              §143 미수 ○(~침해, ~무효)
        ②
        ③
§140의2
§141    ①
        ②
§142
```

① **공무집행방해죄**(§136 ①) : 직무를 집행하는 공무원

- 직무집행의 적법성

	예
㉜상적 권한(=일반적 권한) ㉠체적 권한 적법㉣차	경찰관 : 체포권 ○/동사무소 직원 : 체포권 × 긴급체포의 요건 미란다원칙 고지 체포의 필요성 └ 합리성 ┬ ○ : 적법 　　　　　└ × : 불법

- 위력 · 허위사실 유포
　└ 공무집행방해 ×, 업무방해 ×
- 직무 · 사직강요죄 §136 ② : 목적, 장래의 직무집행

② **위계에 의한 공무집행방해**(§137) (공무집행방해와의 비교)

위계에 의한 공무집행방해	cf 공무집행방해
결과발생 要(判) 공무집행방해 의사 要(判)	결과발생 不要 공무원에 대한 폭행 · 협박의 의사 要 (공무집행방해 의사 不要)

③ 법정 · 국회회의장 모욕죄(§138)

④ 인권옹호직무방해죄(§139)

└ 인권옹호 직무명령 不준수죄 : 부작위범

　　　+

　　직무유기 : 부작위범

　　　∥

　　상상적 경합(判)

⑤ 공무상 비밀표시무효죄(§140)

• 공무상 표시

① 존재(현존)	정당
② 적법	
③ 유효	
要	不要

∴ 부당하다 하더라도 – 죄 ○

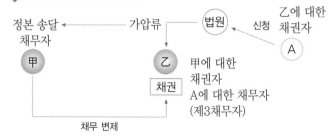

┌ 공무상 표시무효죄? – 乙의 채권이 가압류되었다는 정본만 송달받았을 뿐 구체적인 집행행위 ×
└ 공무상 보관물무효죄? – 보관명령이 없으므로 ×

• 압류가 해제되지 않은 이상, 채무를 변제하였다는 것만으로 압류의 효력이 부정되는 것은 아니다.

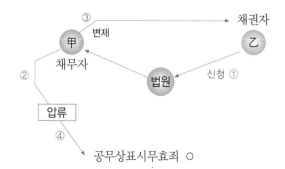

- 가처분을 받은 채무자가 특정채무자로 지정

특정 채무자	이외의 자
온천이용허가권자인 가처분 채무자 남편	× 제3자 부인 건축허가명의 변경

- 점유이전금지가처분

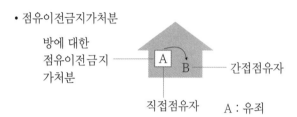

방에 대한
점유이전금지
가처분 ── A B ── 간접점유자

직접점유자   A : 유죄

- 채권자의 승낙 ○ – 죄가 되지 않는다.
  * 강제처분의 적법성 · 유효성에 대한 인식 要
        └ 고의의 대상 – 사실의 착오

§16 정당한 이유(부 · 법 · 초 · 군 · 허 · 향 · 한 · 비 · 변 · 교)
    └ "민사소송법 기타 공법의 해석을 잘못하여~ "
    : 형벌 법규의 부지와 구별되어 범의를 조각한다.
      ↕
    변호사의 간단한 자문 ┌ 회피가능성 ○
                    └ 정당한 이유 × : 유죄

제 3 절 도주와 범인은닉의 죄

법조문 정리

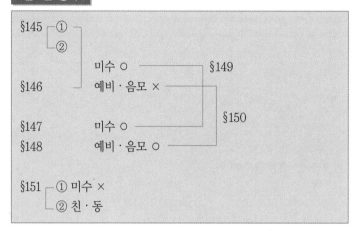

① 단순도주죄(§145 ①)

- 주체 : 법률에 의하여 체포 · 구금된 자(진정신분범)
  * 가석방 · 집행유예 · 보석 · 형집행정지 · 구속집행정지 중인 자 – ×

② 집합명령위반죄(§145 ②)

- 구금된 자(진정신분범), 체포 ×
- 진정부작위범
  다 중불해산
  전 시공수계약 불이행
  인 권옹호직무명령 불이행
  전 시군수계약 불이행
  집 합명령위반
  퇴 거불응

③ 도주원조(§147)
　　　⌐ 방조

승계적	사후
방조	방조
○	×

- 간수자 도주원조 : 부진정신분범 §148

④ 범인은닉(§151 ①)

- 범인 자신의 은닉 · 도피행위 – ×
- 주체 : 범인 이외의 자

ⓑ인은닉
ㅁ

ⓑ금 이상   ⓑ인 ← 은닉/도피
ㄹ

ⓑ정형   他人
ㅂ   └→ 소추나 처벌이 불가능해진 자 : ×

`Case 1` 범인은닉죄 '주체'

범인이 타인을 교사하여 자기의 범인은닉행위를 하게 된 경우

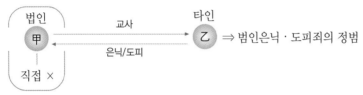

〈범인은닉 · 도피죄의 교사범?〉

多 : 부정 → 스스로 도망가는 것도 죄가 안 되면서 이걸 긍정할 수는 없다.
判 : 인정 → 乙을 죄인으로 만들었기 때문에 甲은 자기방어권을 일탈했다.
⇩   ∴ 자기가 하면 죄가 안 되지만, 교사는 인정 ○

`Case 2` '위증죄'로 적용

`Case 3` '증거인멸죄'로 적용

범

위

증

 **Case 4** '무고죄'로 적용

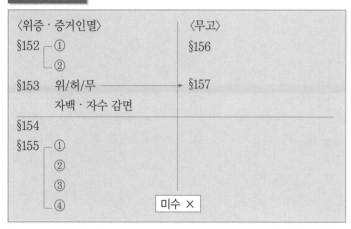

무

성립 : 범/위/증/무

* 스스로는 범할 수 없지만 교사범
  • 게임장의 바지사장

공범의 존재 숨김	적극적으로 진범 행세
무죄	범인은닉 ○

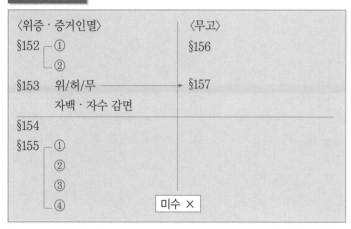

제 4 절 위증과 증거인멸의 죄

법조문 정리

〈위증 · 증거인멸〉	〈무고〉
§152 ┌ ①	§156
└ ②	
§153 위/허/무 ──────→	§157
자백 · 자수 감면	
§154	
§155 ┌ ①	
├ ②	
├ ③	
└ ④	미수 ✕

① 위증죄(§152 ①)

국가의 사법기능 : 추상적 위험범

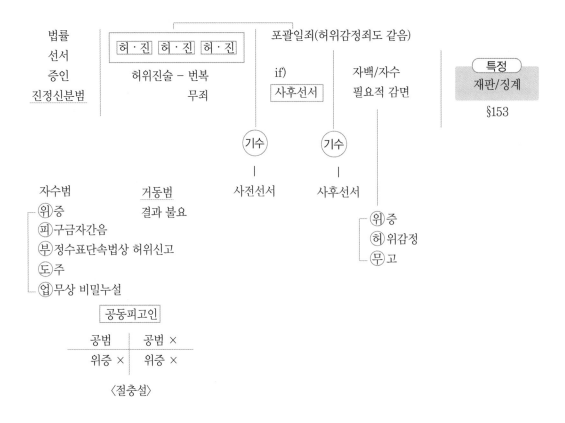

★ 증언거부권자

〈증언거부권 행사 ×, 위증〉 → 위증죄 ○

1. 증언거부권 고지 ○	2. 증언거부권 고지 ×(→ 위증 ×)	
위증 ○	① 「고지 ×」→「거부권 행사 ×」 위증 ×	② 「if 고지 ○」→「거부권 행사 ×」 위증 ○ 케) 전남편 음주운전, 전처

• 행위 – 허위의 진술을 하는 것

〈허위〉

객관설	주관설
진실 × Most	증인 – 기억 反 감정인 – 판단 反 위증죄 허위감정죄

• 죄수
  – 하나의 절차 안에서 계속하여 허위의 진술 : 위증죄의 포괄일죄
  – 절차종료 후 새로운 절차에서 위증 : 별개의 위증

② 모해위증죄(§152 ②)

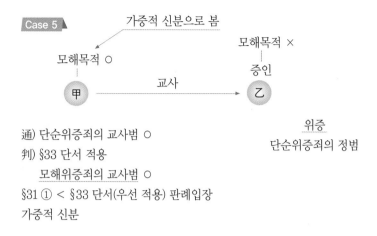

通) 단순위증죄의 교사범 ○
判) §33 단서 적용
　　모해위증죄의 교사범 ○
§31 ① < §33 단서(우선 적용) 판례입장
가중적 신분

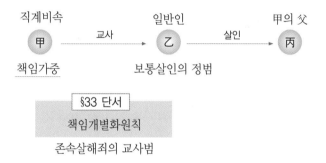

제 5 절 무고의 죄

① 보호법익
국가의 심판기능의 적정과 피무고자의 법적 안정(추상적 위험범)(절충설 · 이중성격설 : 통설).

② 무고죄(§156)
(1) 구성요건
① 행위 : 공무소 · 공무원에 대하여 허위사실을 신고하는 것
　㉠ 행위의 대상 : 형사처분 · 징계처분에 대하여 직권을 행사할 수 있는 해당 공무소, 공무원
　㉡ 행위의 태양 : 허위사실을 신고하는 것
　　ⓐ 허위사실
　　　• 허위 : 객관적 진실에 반하는 허위사실(→ 신고자가 그 신고내용을 허위라고 믿었다 하더라도 그것이 객관적으로 진실한 사실에 부합할 때에는 허위사실의 신고에 해당하지 않아 무고죄 성립 ×)

　　cf 위증죄 – 주관설
　　　　– 허위사실이라는 적극적인 증명이 있어야 함. 신고사실의 진실성을 인정할 수 없다는 소극적 증명만으로는 본죄의 성립 ✕
　　　　– 신고사실의 정황을 과장하는 데 불과 ✕
　　　　– 상대방의 범행에 공범으로 가담한 사람이 이를 숨긴 채 상대방을 고소한 경우 ✕
　　　　　　cf 상대방의 범행부분이 독립된 경우 ○
　• 사실 : 형사처분·징계처분의 '원인' 이 될 수 있는 것
　　– 사면 또는 공소시효완성으로 공소권이 소멸되었음이 명백한 사실을 신고 ✕
　　– 강간죄로 고소한 것이 친고죄의 고소기간 경과 후에 고소가 제기된 것으로서 처벌할 수 없음이 고소내용 그 자체에 의하여 명백한 경우 ✕
　　ⓑ 신고 : 자발성 要
　　　　• 검사 또는 사법경찰관의 신문에 대하여 허위의 진술 ✕
　　　　• 고소보충조서를 받으면서 자진하여 진술한 경우 ○
　　　　• 명의를 대여한 고소에 있어서는 그 명의자를 대리한 자를 신고자로 보아 무고죄의 주체로 인정

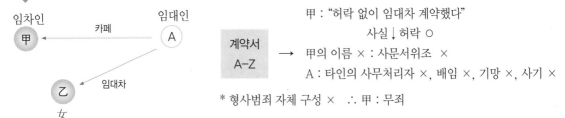

　　ⓒ 기수시기 : 허위신고가 당해 공무소·공무원에게 도달한 때
　　　　　　　　 고소장을 되돌려 받았다 하더라도 무고죄에 성립에 영향 無
　　　　　　　　 미수범 처벌규정 無
　② 주관적 구성요건
　　㉠ 고의 : 미필적 인식으로 충분
　　㉡ 목적 : 타인으로 하여금 형사처분·징계처분을 받게 할 목적

(2) 죄수 및 다른 범죄와의 관계
1개의 행위로 수인을 무고한 경우 : 수죄의 상상적 경합

자백·자수특례규정(필요적 감면)	친족 간 특례규정(책임조각＝무죄)
• 위증죄·모해위증죄 • 허위감정·통역·번역죄 • 무고죄	• 범인은닉죄 • 증거인멸죄

* 스스로는 범할 수 없지만 교사범 가능
　⑪인은닉 / ⑭증 / ⑫거인멸 / ⑭고

MEMO

형법총론 | 각론

부록

1. 한시법의 추급효

(1) 부정설(多), 긍정설(少), 동기설(判)

(2) 판례는 동기설을 한시법 문제에만 국한하여 적용하지 않고, 제1조 제2항 및 제3항의 적용요건으로 적용하고 있음

(3) 동기설(판례) : 법률의 변경의 동기가

① 법적 견해(법률이념)의 변경에 기인하는 경우 : 반성적 조치 → 불처벌(중요판례 : 양/자/내/청/개/교/소/화/자/운/재/깡/강/약/정/영/무/특/선)

② 사실관계(상황)의 변경에 기인하는 경우 : 정책적 변경 → 추급효 인정

2. 행위론

인과적, 목적적, 사회적(通), 인격적 행위론, 행위론 부정론

(1) 인과적 행위론 : 인간의 유의적 거동 + 외부세계의 변화/의욕된 신체활동

※ 인식 없는 과실, 부작위, 미수 설명 못함(행위론의 근본기능 수행 못함)

(2) 목적적 행위론 : 목적조종의사 + 목적조종활동

※ 과실행위, 부작위 설명 못함(행위론의 근본기능 수행 못함)

(3) 사회적 행위론(통설) : 사회적으로 중요한 인간의 행태(규범적 행위개념)

※ 이론적 통일성이 없으며, 행위론의 한계기능 수행 못함

(4) 인격적 행위론 : 인격의 표현 → 사회적 행위론에 포함

학설	행위	구성요건	위법성	책임
인과적 행위론	유의성 + 거동성	객관적 구성요건	객관적 구성요건에 대한 규범적, 객관적 가치판단	심리적 책임론 • 책임능력 • 책임형식(조건) 　고의 = 범죄사실의 인식, 　　　　위법성의 인식(고의설) 　과실 = 주의의무위반
목적적 행위론	유의성 + 거동성 + 목적성	객관적/주관적 (고의 · 과실) 구성요건	• 인적 불법론 • 행위반가치론 • 주관적 정당화요소 일반화	순수한 규범적 책임론 • 책임능력 • 위법성인식(책임설) • 기대가능성
사회적 행위론	• 사회적 중요성 • 의사지배가능성	객관적/주관적 (의사방향결정요인) 구성요건	이원적 · 인적 불법론	합일태적 책임론 • 책임능력 • 심정반가치로서의 고의 · 과실 • 위법성인식 • 기대가능성

3. 법인의 형사책임

범죄능력에 관한 부정설(多·判), 형벌능력 긍정설(多), 처벌근거에 관한 과실책임설(多·判)

> 과실책임설 : 감독상 과실, 행위자의 선임·감독의 부작위
>
> | 법인 | ⇄ | 종업원 |
>
> 무과실책임설 : 형벌주체(일반원칙-책임주의)의 예외, 대위책임·전가책임 인정

4. 소극적 구성요건표지이론

구성요건과 위법성의 단계 : 2단계 범죄체계론, 총체적 불법구성요건

총체적 불법구성요건 구성요건해당성+위법성		책임
적극적 구성요건요소	소극적 구성요건요소	행위자에 대한 비난가능성
구성요건해당성 ○	위법성조각사유 ×	

* 위법성조각사유의 독자적 기능 무시 : 모기를 죽인 행위＝정당방위로 살인한 행위

* 허용구성요건의 착오의 해결 中 제한적 책임설의 입장을 수용하지 못함

∴ 3단계 범죄론체계와 구별 : 구성요건에 해당되지만 위법성이 조각되는 행위의 존재를 인정하느냐?

5. 이원적·인적 불법론

결과반가치와 행위반가치, 우연방위의 해결

구분	결과반가치론	행위반가치론
불법의 본질	결과반가치에 대한 부정적 가치판단	행위자의 행위에 대한 부정적 가치판단
형법의 규범적 성격	평가규범적 성격 강조	의사결정규범적 성격 강조
형법의 기능	법익보호	사회윤리적 행위가치의 보호
고의·과실	책임요소	주관적 불법요소
위법성조각사유의 일반원리	법익형량설, 우월적 이익설	사회상당설, 목적설
과실범의 불법	고의범과 불법의 경중에서 차이 없음	고의범과 불법의 경중에서 차이 인정
불능범	객관설 → 불가벌	주관설 → 불능범 부정
비판	법익침해결과만을 가지고 살인 ＝과실치사 ＝무과실에 의한 사망	결과측면의 무시로 ① 미수＝기수 처벌 ② 과실치사＝과실치상 처벌
통설의 결론	결과반가치 + 행위반가치(이원적·인적불법론)	

- 우연방위(의도는 불법한데 결과는 정당한 형태)의 해결

  객관적 전제조건(정당화상황) : 자기·타인 법익 현재의 부당한 침해 ○ - 결과불법 ×

  주관적 정당화요소(의사) : 방위의사 × - 행위불법 ○

  오늘날 ⇒ 불법 : 행위불법 + 결과불법 - 이원적·인적 불법론

  ① 불능미수범설(多), ② 기수범설(少, 결과반가치 긍정설), ③ 무죄설(정당방위로 위법성조각설, 순수한 결과반가치론), ④ 기수범설(순수한 행위반가치론)

6. 인과관계와 객관적 귀속

(1) 가설적 인과관계 : 형법상 인과관계 부정

(2) 추월적 인과관계, 택일적 인과관계 : 조건설 – 인과관계 부정, 합법칙적 조건설 – 인과관계 인정

(3) 중첩적 인과관계 : 조건설은 인과관계 인정하지만 객관적 귀속은 부정

(4) 비유형적 인과관계 : 합법칙적 조건설 – 인과관계 인정, 상당인과관계설(判) – 부정

> • 조건설의 문제점 : 인과관계 너무 확대, 추월적·택일적 인과관계를 설명 못 함
> • 상당인과관계설(판례) : 인과관계가 상당한 경우에만 인정(인과관계 있으면 바로 기수)
> • 합법칙적 조건설(행위와 결과 사이에 일상적·자연적 경험법칙에 부합하는 조건에 의한 인과관계) + 객관적 귀속이론(결과 귀속에 의한 기수판단 기준, 법적·규범적 판단)

7. 구성요건적 착오(사실의 착오)

유형 학설	구체적 사실의 착오		추상적 사실의 착오	
	객체의 착오	☆방법의 착오	객체의 착오	방법의 착오
구체적 부합설(多)	발생사실에 대한 고의 기수		인식사실의 미수+발생사실의 과실 (상상적 경합)	
법정적 부합설(判)				
추상적 부합설			• 경죄고의–중한 결과 발생 ⇒ 경죄기수+중죄과실(상·경) • 중죄고의–경한 결과 발생 ⇒ 중죄미수+경죄기수(중죄에 흡수) (상·경)	

인과관계의 착오 : 개괄적 고의설(判), 인과관계의 착오설(多), 미수설(少) 등

8. 원인에 있어서 자유로운 행위

가벌성의 근거	원인행위설	
학설	간접정범과의 구조적 유사성설	원인행위와 실행행위의 불가분적 연관성설
실행의 착수시기	원인행위시설(주관설 : 원인행위시 미수)	실행행위시설(객관설 : 원인행위시 예비)
행위와 책임의 동시존재원칙	○ (일치설, 구성요건모델)	× (예외설, 책임모델)
구성요건적 정형성	× (죄형법정주의, 보장적 기능에 反)	○ (행위와 책임의 동시존재원칙에 反)

9. 위법성조각사유의 객관적 전제사실에 대한 착오(허용구성요건착오)

(1) 오상방위, 오상피난 등

(2) 엄격고의설 : 위법성인식은 고의의 한 요소에 불과(고의조각 ⇒ 과실범 성립여부가 문제)

(3) 소극적 구성요건표지이론 : 위법성조각사유 착오는 구성요건 착오, 고의 조각, 과실범

- 엄격책임설 : 위법성에관한착오는모두금지착오(법률의착오), "고의범"또는무죄
- 제한적책임설
  - 유추적용설 : 구성요건착오를유추적용하여구성요건고의조각, 과실범⇒ 공범성립부정
  - 법효과제한적 책임설(多) : 고의의 이중기능 인정, 구성요건고의○, 책임고의×⇒ 고의범×, 과실범○, 단! 고의범의 불법은 있으므로 공범 성립도 가능

10. 예비죄와 기본범죄의 관계

(1) 독립범죄설 : 예비행위는 독자적인 불법성을 지닌 기본적 범죄행위 ⇒ 예비죄의 공범 ○

(2) 발현형태설(多·判) : 효과적인 법익보호를 위한 수정적 구성요건형태에 불과 ⇒ 예비죄의 공범 ×

(3) 예비죄의실행행위성

① 독립범죄설에 의하면 당연히 인정

② 발현형태설에 의하면 부정되는 게 당연(小), 하지만 예비죄의 처벌규정이 존재하는 이상 실행행위성이 인정될 수 있다(多) ⇒ 예비죄의 공동정범 성립(判)

11. 실행의 착수시기

객관설		주관설	개별적 객관설(통설)
형식적 객관설	실질설 객관설	범죄의사의 비약적 표동시	주관+객관
실행행위의 일부 개시시 • 방화죄(判) ※비판 : 주관 무시, 너무 늦음	법익에 직접적 위험시 밀접하게 연관된 행위시 (밀접행위설) • 절도죄 등(다수 판례) ※비판 : 주관 무시	• 간첩죄(잠입설·판례) ※비판 : 객관 무시, 너무 이르고, 예비와 미수의 구별이 어려움	범행계획 고려, 법익에 대한 직접적 위험시 • 살인죄(낫을 들고 다가간 때 : 판례)

12. 중지미수의 자의성

객관설		주관설		절충설(사회통념설, 多·判)	
내부적 동기	외부적 동기	윤리적 동기(○)	윤리적 동기(×)	• 강요된 장애사유(×) • 자율적으로 중지	• 강요된 장애사유(○) • 타율적으로 중지
자의성(○) → 중지미수	자의성(×) → 장애미수	후회, 연민, 동정, 회오 등 → 중지미수	합리적· 계산적 동기 → 장애미수	• 자율성(○) • 중지미수	• 자율성(×) • 장애미수
• 구별이 모호 • 외부적 사유에만 의존		• 중지미수의 인정 범위가 지나치게 협소 • 윤리적 동기와 자율성 혼동			

13. 불능미수의 위험성

	객관설		구체적 위험설(多)	추상적 위험설(判)	주관설
판단 기준	• 절대적 불능 • 위험성(×) • 불능범	• 상대적 불능 • 위험성 • 불능미수	「행위자의 인식사정 + '일반인의 인식사정'」을 일반인이 위험성 판단	「행위자의 인식사정」을 일반인이 위험성 판단	• 원칙 : 가벌적 미수 • 예외 : 미신범
수단의 착오	설탕을 하늘에 뿌림	치사량 미달의 독약	① 치사량 미달 → 불능미수	불능미수	불능미수
			② 설탕을 독약으로 오인 → 불능범	불능미수	불능미수
대상의 착오	시체	방탄복	③ 설탕에 살상력(有) → 불능범	불능범	불능미수
			④ 부적 → 불능범	불능범	불능범
비판	구체적 기준 無, 순환의 오류		판단의 기준이 모호하다.	위험성의 범위가 너무 확대된다.	

14. 공범의 종속성

(1) **공범독립성설** : 공범(협의의 공범 : 교사범·종범)은 피교사자·피방조자의 범행실행과는 상관없이 그 스스로의 교사행위·방조행위만으로도 성립한다. 주관주의 범죄이론. 공범의 성립범위가 지나치게 확장. 간접정범도 모두 공범. 간접정범과 교사범도 구별할 수 없음. 예비죄의 공범 인정

(2) **공범종속성설(통설·판례)** : 정범의 성립은 교사범·종범과 같은 협의의 공범의 구성요건의 일부를 형성하고, 교사범·종범이 성립하려면 먼저 정범의 범죄행위가 인정되는 것이 그 전제조건이 된다.

〈종속성의 유무에 관한 학설〉

구분	공범종속성설(통설·판례)	공범독립성설
범죄이론	객관주의 : 정범의 범죄가 객관적으로 있어야 공범도 성립하게 된다.	주관주의 : 범죄란 행위자의 반사회성의 징표이다.
공범의 미수	• 정범의 행위가 가벌미수로 된 때에만 공범의 미수를 인정한다. • 기도된 교사(제31조 제2항·제3항) → (교사자의 특유한 불법에 근거한) 특별규정 으로 본다. ⇨ 예비죄에 대한 공범 성립 부정	• 정범의 실행행위가 없는 경우에도 공범의 미수를 인정한다. 공범독립성설은 교사나 방조행위 그 자체만으로도 공범 성립을 인정하기 때문이다. • 기도된 교사(제31조 제2항·제3항) → 공범독립성설의 근거이다. ⇨ 예비죄에 대한 공범 성립 긍정
간접정범	피이용자의 행위를 정범의 행위로 볼 수 없으므 로 이용자는 정범이 된다. → 간접정범개념을 긍정한다.	교사·방조행위가 있는 이상 공범은 성립할 수 있으므로 이용자는 정범이 아니라 공범이다. → 간접정범을 부정한다.
공범과 신분	신분의 연대성을 규정한 형법 제33조 본문을 당연규정으로 본다.	신분의 개별성을 규정한 형법 제33조 단서를 원칙적 규정으로 본다.
자살관여죄	자살이 범죄가 아님에도 불구하고 교사·방조자 를 처벌하는 것이다. → (타인의 생명상실에 관여했다는 특별한 사유에 근거한) 특별규정으로 본다.	공범독립성설의 유력한 근거로 본다. → 예시규정으로 본다.

15. 과실범의 공동정범

(1) 긍정설

① 행위공동설(판례) : 고의행위이건 과실행위이건 간에 전법률적 · 자연적 행위의 우연한 공동만 있으면 공동정범의 '공동'이 있다는 학설 + 책임주의가 약화된다는 비판이 있음

② 공동행위주체설 : 공동의 행위를 하면 하나의 주체가 되어 누구의 행위에 의해서 결과가 발생하든 공동정범이 성립한다는 입장(행위공동설과 같은 입장)

③ 과실공동 · 기능적 행위지배설 : 주의의무위반의 공동과 결과 발생에 대한 기능적 행위지배가 있으면 과실범의 공동정범이 성립한다는 입장

④ 과실공동 · 행위공동설 : 의사의 연락이 없어도 과실의 공동과 결과를 일으키는 행위의 공동이 있으면 과실범의 공동정범이 성립한다는 학설

(2) 부정설

① 범죄공동설 : 특정범죄에 대한 고의의 공동과 실행행위의 공동이 있어야 공동성을 인정. 고의범의 범위 내에서만 공동정범을 인정하며 과실범의 공동정범은 인정하지 않고 단지 동시범이 될 뿐이라는 입장

② 목적적 행위지배설 : 과실범에 있어서는 목적적 행위지배 자체가 있을 수 없기 때문

③ 기능적 행위지배설(통설) : 기능적 행위지배는 공동의 결의에 기초한 역할분담을 의미하는데, 과실범에는 이러한 공동의 범행결의가 불가능. 동시범 이론으로 해결해야 한다는 주장

16. 공모공동정범

(1) 긍정설

① 공동의사주체설(판례) : 일종의 단체책임의 원리로 공동정범의 성립요건에 접근한 것으로서 개인책임의 원칙에 반한다는 비판이 있는 입장

② 간접정범유사설(판례) : 직접 실행에 관여하지 않아도 다른 사람의 행위를 자기의사의 수단으로 하여 범죄를 하였다는 점에서 직접 실행행위를 분담한 경우와 차이가 없음. 간접정범과 유사한 것이 왜 공동정범인가라는 비판

③ 적극이용설

④ 기능적 행위지배설에 의한 제한적 긍정설(근래 판례) : 기능적 행위지배설을 취하면서도 공모공동정범을 인정하는 입장. 공모자가 기능적 행위지배의 요건을 갖춘 경우에는 공동정범이 된다.

(2) 부정설

① 범죄공동설 : 특정범죄에 대한 고의의 공동과 실행행위의 공동이 있어야 공동성을 인정. 실행행위의 공동이 없으므로 공모공동정범은 공동정범이 될 수 없음

② 행위공동설 : 전법률적 · 자연적 행위 공동이 없으므로 공동정범의'공동'이 없음

③ 공동행위주체설 : 공동의 행위가 없으므로 주체가 될 수 없음(행위공동설과 같은 입장)

④ 기능적 행위지배설(통설) : 공동의 실행이 없으므로 기능적 행위지배 부정. 제34조 제2항의 특수교사 · 방조(또는 교사범 · 방조범)로 해결하자는 대안을 제시

17. 공범과 신분

제33조의 해석에 관한 통설과 소수설·판례의 대립

형법 제33조	본문	단서
통설	진정신분범의 성립·과형의 근거	부진정신분범의 성립·과형의 근거
소수설·판례	• 진정신분범의 성립·과형의 근거 • 부진정신분범의 성립의 근거	부진정신분범의 과형의 근거

18. 부작위범의 종류, 작위의무의 체계적 지위, 작위의무의 발생근거

(1) 부작위범의 종류

① 형식설(多) : 진정부작위범은 부작위에 의한 부작위범, 부진정부작위범은 부작위에 의한 작위범

② 실질설 : 진정부작위범은 거동범, 부진정부작위범은 결과범. 이에 대해서 부진정부작위범에는 거동범도 있을 수 있다는 비판 있음

(2) 작위의무의 체계적 지위

① 위법성요소설, 보증인설(구성요건요소설)

② 이분설(통설)

㉠ 보증인지위는 구성요건요소, 보증인의무는 위법성요소

㉡ 보증인적 지위에 대한 착오는 구성요건착오, 보증인적 의무착오는 위법성의 착오이므로 금지착오

(3) 작위의무의 발생근거

① 형식설 : 법령, 계약 등 법률행위, 조리(사회상규·신의칙), 선행행위

② 기능설(실질설) : 법익에 대한 보호의무, 위험원에 대한 안전의무

③ 결합설(절충설) : 형식설을 원칙으로 하되 기능설에 의하여 보완

19. 죄수결정의 표준

학설	표준	상상적 경합	연속범
행위표준설	의사와 결과를 포함하는 행위	일죄	수죄
법익표준설	침해된 법익	수죄	수죄
의사표준설	단일성이 인정되는 범의의 수	일죄	일죄
구성요건표준설	구성요건의 수(원칙적 기준)	수죄	수죄

20. 집행유예기간 중의 집행유예는 가능한가

(1) **여죄설(少·判)** : 형법 제37조의 경합범 관계에 있는 수죄가 전후에 기소되어 각각 별개의 절차에서 재판을 받게 된 결과 어느 하나의 사건에서 먼저 집행유예가 선고되어 그 형이 확정되었을 경우, '동시에 같은 절차에서 재판을 받아 한꺼번에 집행유예를 선고할 수 있었던 경우와 비교하여 현저히 균형을 잃게 되므로, 이러한 불합리가 생기는 경우에 한하여' 형의 집행유예를 선고받은 경우를 제62조 제1항 단서의 '금고 이상의 형'을 선고받은 경우에 포함하지 않는 것으로 보아 재차의 집행유예가 허용된다(대법원 1989.9.12, 87도2365 전원합의체). "원칙적으로 허용되지 않지만, 예외적으로 '여죄설'의 요건을 갖추면 허용"(소위 여죄설)

집행유예기간 중의 집행유예 ┌ 원칙 – 불가
└ 예외 – 경합범 관계에 있으면 가능(판례)
- 여죄설에 의한 집행유예기간 중 재차 집행유예가 가능하기 위한 요건(2005.7.29. 형법개정 이전의 판례)
  ① A죄(이미 집행유예 받은 죄)와 B죄가 경합범 관계에 있을 것
  ② 병합심리하였더라면 A죄와 B죄의 전체에 대하여 집행유예의 선고가 가능하였을 것

---

(2) **적극설(多)** : 집행유예기간 중이라 하더라도 법원의 판단에 의해 얼마든지 재차 집행유예를 선고할 수 있다고 보는 것이 타당하다(적극설 : 다수설). 특별예방주의 고려

(3) **2005년 개정형법(제62조 제1항 단서) 이후의 판례** : 집행유예기간 중에 범한 범죄에 대하여 공소가 제기된 후 그 범죄에 대한 재판 도중에 전자의 집행유예기간이 경과한 경우에는 – 제62조 제1항 단서가 적용되지 않는다고 보아 – 집행유예의 선고가 가능(대법원 2007.2.8, 2006도6196). 집행유예기간 중의 재범이라 하여도 전자의 집행유예기간을 경과하면 집행유예를 선고할 수 있는 또 하나의 예외적 경우 인정

우리 공부는 질의 공부가 아닌 양의 공부입니다. 절대 시간을 확보하여 회독수를 늘리고 반복하십시오.

백광훈

CHAPTER 02 시험직전 형법 암기사항

■ 우리 형법상의 친고죄 및 반의사불벌죄의 규정들

구분	해당 범죄
친고죄	• 범죄가 경미한 경우 : 사자명예훼손죄(제308조), 비밀침해죄(제316조), 모욕죄(제311조), 업무상 비밀누설죄(제317조) ⇨ [비·누·모·사] • 재산죄 중 친족상도례에서 비동거친족 간의 경우(제328조 제2항)[재]
반의사 불벌죄	• 외국원수·외국사절에 대한 폭행·협박·모욕죄(제107조·제108조) • 외국국기·국장모독죄(제109조) • 폭행·존속폭행죄(제260조) • 과실치상죄(제266조) • 협박·존속협박죄(제283조) • 명예훼손죄(제307조) • 출판물 등에 의한 명예훼손죄(제309조) ⇨ [폭·과·협·명·출] • 부정수표단속법 위반죄(동법 제2조 제2항, 제3항)

■ 우리 형법상의 목적법 총정리

구분	해당 범죄
진정 목적범	목적의 존재가 범죄성립요건인 범죄를 말한다. ① 각종 위조·변조죄(행사목적), ② 각종 자격모용작성죄(행사목적), ③ 각종 영득·이득죄(불법영득·이득의사), ④ 각종 예비죄(기본범죄목적), ⑤ 내란죄(제87조 : 국토참절·국헌문란목적), ⑥ 국기·국장모독죄(제105조), 국기·국장비방죄(제106조 : 대한민국을 모욕할 목적), ⑦ 외교상기밀탐지·수집죄(제113조 제2항 : 누설목적), ⑧ 범죄단체 등의 조직죄(제114조 : 사형, 무기 또는 장기 4년 이상의 징역의 범죄목적), ⑨ 다중불해산죄(제116조 : 폭행·협박·손괴목적), ⑩ 직무·사직강요죄(제136조 제2항 : 직무강요·저지·사직목적), ⑪ 법정·국회회의장모욕죄(제138조 : 법원재판·국회심의 방해·위협목적), ⑫ 무고죄(제156조 : 타인 형사처분·징계처분 목적), ⑬ 위조통화수입·수출죄(제207조 제4항), 위조유가증권수입·수출죄(제217조), 위조인지·우표수입·수출죄(제218조 제2항 : 행사목적), ⑭ 위조통화취득죄(제208조), 위조인지·우표취득죄(제219조 : 행사목적), ⑮ 통화유사물제조죄(제211조 제1항), 인지·우표유사물제조죄(제222조 제1항 : 판매목적), ⑯ 허위공문서작성죄(제227조 : 행사목적), 공·사전자기록위작·변작죄(제227조의2, 제232조의2 : 사무처리를 그르치게 할 목적), ⑰ 공·사인위조·부정사용죄(제238조 제1항, 제239조 제1항 : 행사목적), ⑱ 음행매개죄(제242조 : 영리목적), ⑲ 음화제조·소지죄(제244조 : 음화반포·판매목적), ⑳ 도박장소공간 개설(제247조 : 영리목적), ㉑ 준점유강취죄(제325조 제2항) 및 준강도죄(제335조 : 재물탈환항거·체포면탈·죄적인멸목적), ㉒ 강제집행면탈죄(제327조 : 강제집행을 면할 목적)
부진정 목적범	목적의 존재가 형의 가중·감경사유로 되어 있는 범죄를 말한다. ① 내란목적살인죄(제88조 : 국토참절·국헌문란의 목적, 살인죄에 비하여 불법가중), ② 모해위증죄(제152조 제2항), 모해증거인멸죄(제155조 제3항 : 모해목적), ③ 아편·아편흡식기판매목적소지죄(제198조, 제199조 : 판매의 목적, 단순아편 등 소지죄(제205조)에 비하여 불법가중), ④ 촉탁승낙살인죄(제252조 제1항 : '본인을 위하여'는 기술되지 않은 구성요건요소, 살인죄에 비하여 불법감경), ⑤ 추행·간음·결혼·

영리목적약취 · 유인죄(제288조 제1항 : 추행 · 간음 · 결혼 · 영리목적), 국외이송목적약취 · 유인죄(제288조 제3항), 국외이송목적 매매죄(제289조 제4항 : 국외이송목적, 미성년자약취 · 유인죄에 비하여 불법가중), ⑥ 출판물명예훼손죄(제309조 : 비방목적, 명예훼손죄에 비하여 불법가중)

■ 예비죄 처벌규정 암기요령: 살 · 약 · 강/먹 · 통 · 방 · 기 · 폭/도 · 내

개인적 법익	사회적 법익	국가적 법익
• 살인 • 약취 · 유인 · 인신매매 • 강도	• 먹는 물유해물혼입 · 수도불통 • 통화 · 유가증권 · 우표 · 인지 • 방화 · 일수 • 기차 · 선박 • 폭발물사용(예비 · 음모 · 선동)	• 도주원조 • 내란 · 외환(예비 · 음모 · 선동 · 선전) • 외국에 대한 사전

■ 미수범 처벌규정 관련 중요사항 세부정리

1. 거동범(형식범)(범죄단체조직죄, 소요죄, 다중불해산죄, 공무원자격사칭죄, 직무유기죄, 직권남용죄, 공무상비밀누설죄, 공무집행방해죄, 범인은닉죄, 위증죄, 증거인멸죄, 무고죄, 변사체검시방해죄, 폭행죄, 존속폭행죄, 유기죄, 명예훼손죄, 모욕죄, 업무방해죄 등)은 거의 미수범 처벌규정이 없다.
2. 다만 거동범이라 하더라도 협박죄, 주거침입죄, 퇴거불응죄, 집합명령위반죄는 미수범 처벌규정이 있다.
3. 진정부작위범(다중불해산죄, 전시군수계약불이행죄, 전시공수계약불이행죄, 집합명령위반죄, 퇴거불응죄)은 거동범적 성질을 가지므로 이론적으로 미수범이 성립하기 어렵다.
   ① 다만 집합명령위반죄, 퇴거불응죄는 진정부작위범이지만, 미수범 처벌규정이 있다.
   ② 이와 달리 부진정부작위범은 결과범적 성격을 가지므로 미수를 인정할 수 있다.
4. 예비 · 음모죄를 처벌하는 범죄들은 −실행착수 이전 단계부터 처벌하기 때문에− 당연히 미수범 처벌규정이 있다(대체로 살인, 약취 · 유인 · 매매 · 이송, 강도, 먹는 물유해물혼입과 수도불통, 통화 · 유가증권 · 우표 · 인지위조 · 변조죄와 자격모용유가증권작성죄, 방화 · 일수, 기차 · 선박등교통방해죄와 기차등전복죄, 폭발물사용죄, 도주원조, 내란 · 외환의 죄와 외국에 대한 사전죄는 예비 · 음모를 처벌하기 때문에 미수범 처벌규정도 있다).
5. 국기에 대한 죄(국기 · 국장모독죄, 국기 · 국장비방죄)는 미수범 처벌규정이 없다.
6. 국교에 대한 죄(외국원수폭행등죄, 외국사절폭행등죄, 외국국기 · 국장모독죄, 중립명령위반죄, 외교상기밀누설죄)는 미수범 처벌규정이 없다. 단, 외국에 대한 사전죄는 예비 · 음모도 처벌하며 따라서 미수범 처벌규정도 있다.
7. 공안을 해하는 죄(범죄단체조직죄, 소요죄, 다중불해산죄, 전시공수계약불이행죄, 공무원자격사칭죄)는 모두 미수범 처벌규정이 없다.
8. 폭발물에 관한 죄 중에서 폭발물사용죄와 전시폭발물사용죄는 예비 · 음모를 처벌하므로 미수범 처벌규정도 있다. 그러나 전시폭발물제조죄는 미수범 처벌규정이 없다(따라서 예비 · 음모 처벌규정도 없다).
9. 공무원의 직무에 관한 죄는 직무범죄라고 하는데 미수범 처벌규정이 거의 없다(직무유기, 식권남용, 폭행 · 가혹행위, 피의사실공표, 공무상비밀누설, 선거방해, 뇌물에 관한 죄 전부). 다만 불법체포 · 감금죄는 미수범 처벌규정이 있다. 이는 체포 · 감금죄가 사람의 신체활동의 자유를 침해해야 성립한다는 침해범적 성격에 따른 것이다.
10. 공무방해에 관한 죄 중에서 공무집행방해, 위계에 의한 공무집행방해, 법정 · 국회회의장모욕, 인권옹호직무방해, 특수공무방해죄는 미수범 처벌규정이 없지만, 공무상비밀표시무효(공무상비밀침해도 포함), 부동산강제집행효용침해, 공용서류무효와 공용물파괴, 공무상보관물무효죄는 미수범 처벌규정이 있다.

11. 도주에 관한 죄는 모두 미수범 처벌규정이 있다(특히 우리나라는 자기도주행위의 미수도 처벌된다). 그러나 범인은닉죄는 미수범 처벌규정이 없다.

12. 위증과 증거인멸의 죄는 모두 미수범 처벌규정이 없다.

13. 무고의 죄는 미수범 처벌규정이 없다.

14. 신앙에 관한 죄 중에서 장례식등방해, 시체오욕, 변사체검시방해죄는 미수범 처벌규정이 없으나, 분묘발굴, 시체영득등죄는 미수범 처벌규정이 있다.

15. 방화죄는 거의 미수범 처벌규정이 있다. 그러나 자기소유일반건조물방화, 일반물건방화, 진화방해죄는 미수범 처벌규정이 없다. 예비·음모도 이와 마찬가지이다.

16. 일수와 수리에 관한 죄도 거의 미수범 처벌규정이 있다. 그러나 자기소유일반건조물·재산일수, 방수방해, 수리방해죄는 미수범 처벌규정이 없다. 예비·음모도 마찬가지이다.

17. 교통방해죄의 죄는 모두 미수범 처벌규정이 있다.

18. 먹는 물에 관한 죄 중에서는 먹는 물유해물혼입, 수돗물유해물혼입죄, 수도불통죄는 미수범 처벌규정이 있다(이 죄들은 예비·음모를 처벌하는 죄들이다). 그러나 먹는 물사용방해, 수돗물사용방해죄는 미수범 처벌규정이 없다(예비·음모도 없다).

19. 아편에 관한 죄는 대체로 미수범 처벌규정이 있다. 그러나 아편·몰핀소지죄(단순소지)는 없다.

20. 공공의 신용에 대한 죄
   ① 통화 : 대체로 있으나, 위조통화취득후지정행사죄 ×
   ② 유가증권·우표·인지 : 대체로 있으나, 소인말소죄 ×
   ③ 문서 : 대체로 있으나, 사문서부정행사죄 ×
   ④ 인장 : 모두 ○

21. 성풍속에 관한 죄는 미수범 처벌규정이 없다.

22. 도박과 복표에 관한 죄는 미수범 처벌규정이 없다.

23. 살인의 죄는 미수범을 처벌한다.

24. 상해, 존속상해죄는 미수범 처벌규정이 있으나, 중상해·존속중상해는 -결과적 가중범이므로- 미수범 처벌규정이 없다. 폭행의 죄는 거동범이므로 미수범 처벌규정이 없다.

25. 낙태의 죄는 미수범을 처벌하지 않는다.

26. 유기와 학대의 죄는 미수범을 처벌하지 않는다.

27. 체포와 감금의 죄는 미수범을 처벌한다.

28. 협박의 죄는 미수범을 처벌한다.

29. 약취와 유인의 죄는 미수범을 처벌한다.

30. 강간죄, 강제추행죄, 준강간·준강제추행, 미성년자의제강간, 미성년자의제강제추행죄는 미수범을 처벌하나, 강간상해·치상, 강간살인·치사, 미성년자·심신미약자간음·추행, 업무상 위력 등에 의한 간음, 미성년자의제강간상해·치상, 미성년자의제강제추행상해·치상죄는 미수범 처벌규정이 없다.

31. 명예에 관한 죄는 미수범 처벌규정이 없다.

32. 신용, 업무와 경매에 관한 죄는 미수범 처벌규정이 없다.

33. 비밀침해의 죄도 미수범 처벌규정이 없다.

34. 주거침입의 죄는 모두 미수범을 처벌한다.

35. 권리행사방해, 중권리행사방해, 강제집행면탈죄는 미수가 없으나, 강요죄, 인질강요죄, 인질상해·치상, 인질살해·치사죄, 점유강취죄, 준점유강취죄는 미수범 처벌규정이 있다.

36. 절도와 강도의 죄는 모두 미수를 처벌한다. 강도치사상죄나 해상강도치사상죄도 미수범 처벌규정이 있다.

37. 사기와 공갈의 죄는 거의 미수를 처벌한다. 단, 부당이득죄는 미수범 처벌규정이 없다.

38. 횡령과 배임의 죄, 배임수증재죄도 미수를 처벌한다. 단, 점유이탈물횡령죄는 미수범 처벌규정이 없다.

39. 손괴죄는 미수를 처벌하나, 경계침범죄는 미수범 처벌규정이 없다.

40. 강요죄는 미수범 처벌규정이 없다가 개정형법(1995)에서는 미수범 처벌규정이 신설되었다.

41. 과실범은 미수범 처벌규정이 없다.

42. 결과적 가중범은 거의 미수범 처벌규정이 없다. 다만, 인질치사상, 강도치사상, 해상강도치사상, 현주건조물일수치사상죄는 미수범 처벌규정이 있다(결과적 가중범의 미수에 관하여 상세한 것은 후술하는 결과적 가중범 관련문제 참조).

43. 예비·음모죄는 미수범을 처벌할 수 없다. 실행의 착수 이전 단계이기 때문이다(예비의 미수는 부정). 다만 중지미수와 관련해서는, 예비단계에도 중지미수의 필요적 형감면규정을 준용할 수 있는가(예비의 중지)의 문제에 대해 판례는 부정설의 입장을 취하나 학설은 긍정설의 입장을 취한다.

■ 각칙상 범죄의 실행의 착수시기(판례)

살인죄	타인의 생명을 위태롭게 하는 행위를 직접 개시시(개별적 객관설 : 낫을 들고 다가간 때)
촉탁·승낙살인죄	행위자가 피해자의 살해에 착수시
자살교사·방조죄	자살교사·방조시(다수설)
폭행죄	폭행의사를 가지고 유형력의 행사를 직접 개시시
인신매매죄	매매계약 체결시
강간죄	강간의 수단으로 폭행·협박을 개시시(가슴과 엉덩이를 쓰다듬은 경우 : ×)
인질강요죄	강요의 의사로 체포·감금·약취·유인행위 개시시(견해 대립)
절도죄	타인점유 배제행위의 개시시(실질적 객관설 : 밀접행위설) ① 낮에 주거에 침입하여 절취할 물건을 물색할 때(물색행위시설) ② 라디오를 절취하려고 그 선을 건드리다가 피해자에게 발견된 경우(밀접행위시설) ③ 자동차 오른쪽 앞문을 열려고 앞문 손잡이를 잡아당기다가 피해자들에게 발각된 경우 　(↔ 손전등 사건은 예비에 불과)
야간주거침입절도죄	야간에 절도의 목적으로 주거에 침입시
특수절도죄(야간손괴 주거침입절도죄)	타인의 주거에 침입하여 건조물의 일부인 방문 고리를 손괴시
강도죄	강도의 폭행·협박 개시시. 단, 특수강도(제334조 제1항)는 견해 대립
인질강도죄	금품요구시(다수설)
특수강도 (야간주거침입강도)	주거침입시(판례) ↔ 폭행협박시(판례) ※상반된 판례
사기죄	① 보험금 사취목적의 방화(보험사기) : 보험회사에 보험금 청구시 ② 소송사기 : 법원에 소장(訴狀) 제출시(피고는 서류 제출시)
컴퓨터 등 사용사기	허위정보 또는 부정한 명령 입력시
공갈죄	① 폭행·협박 개시시 ② 기업체의 탈세사실을 국세청이나 정보부에 고발한다는 말을 기업주에게 전한 경우에는 　실행의 착수가 있음(대법원 1969.7.29, 69도984)
배임죄	부동산이중매매 : 제2매수인으로부터 중도금 수령시
방화죄	(매개물에) 점화한 때 – "현주건조물에 방화하기 위해 비현주건조물에 방화한때"는 현주건조물 방화죄의 실행의 착수가 있음(판례)
간첩죄	간첩의 목적으로 대한민국지역에 들어오는 시점에 실행의 착수(판례 : 주관설) ↔ 비밀의 탐지, 수집행위를 개시한 때 실행의 착수(다수설)

■ 공범 관련 처벌규정 비교

구분	처벌내용
공동정범	각자를 정범으로 처벌한다(제30조).
동시범 (독립행위의 경합)	원인된 행위가 판명되지 아니한 때에 각 행위를 미수범으로 처벌한다(제19조). ※ 특례규정 : 상해죄인 경우 공동정범의 예에 의한다(제263조).
교사범	정범(실행한 자)의 형으로 처벌한다(제31조 제1항). ※ 기도된 교사 • 효과 없는 교사 · 교사자아 피교사자를 음모 또는 예비에 준하여 처벌(교사를 받은 자가 범죄의 실행을 승낙하고 착수에 이르지 아니한 경우)(제31조 제2항) • 실패한 교사 · 교사자를 음모 또는 예비에 준하여 처벌(교사를 받은 자가 범죄의 실행을 승낙하지 아니한 경우)(제31조 제3항)
종범(방조범)	정범의 형보다 감경한다(필요적 감경)(제32조 제2항). ※ 기도된 방조 : 불벌
공범과 신분	• 진정신분범 · 비신분자인 공범도 신분범의 공동정범 · 교사범 · 종범 성립(제33조 본문) • 부진정신분범(신분관계로 인하여 형의 경중이 있는 경우) · 비신분자(신분 없는 자)는 무거운 형으로 벌하지 않음(제33조 단서).
간접정범	교사 또는 방조의 예에 의하여 처벌(제34조 제1항)
특수교사	정범에 정한 형의 장기 또는 다액에 그 2분의 1까지 가중처벌(자기의 지휘 · 감독을 받는 자를 교사한 경우)(제34조 제2항)
특수방조	정범의 형으로 처벌(자기의 지휘 · 감독을 받는 자를 방조한 경우)(제34조 제2항)

■ 공범론 관련 개념 정리(다수설 · 판례에 의함)

구분		예	인정 · 처벌할 것인가
공동 정범		편면적 공동정범	부정 ※ 경우에 따라 동시범 또는 종범
		승계적 공동정범	개입한 이후의 행위에 대해서만 책임 부담(판례 및 현재의 다수설)
		과실범의 공동정범	긍정(판례), 부정(다수설)
		공모공동정범	긍정(판례), 부정(다수설)
간접 정범		간접정범의 미수	간접정범의 미수로 처벌(다수설)/착수시기 : 이용행위시설(다수설)
		과실에 의한 간접정범	부정
		부작위에 의한 간접정범	부정
교사 · 방조		과실에 의한 교사	부정/이유 : 교사의 고의 필요
		교사의 미수	처벌규정 있음(제31조 제2항 · 제3항 : 기도된 교사=효과 없는 교사+실패한 교사)
		미수의 교사(함정수사)	교사범 불성립(판례 · 다수설)/이유 : 기수의 고의 필요
		편면적 교사	부정
		과실범에 대한 교사	부정/이유 : 정범은 고의범이어야 함/해결 : 간접정범
		교사의 교사 (간접교사 · 연쇄교사)	긍정
		부작위에 의한 방조	긍정/비교 : 부작위에 의한 교사는 부정

교사 · 방조	승계적 방조	긍정	
	사후방조	방조 불인정 ※ 사후종범은 종범이 아니라 독립된 범죄이다. ⓔ 범인은닉 등	
	과실에 의한 방조	부정/이유 : 방조의 고의 필요	
	미수의 방조	부정/이유 : 기수의 고의 필요	
	기도된 방조(방조의 미수)	처벌규정이 없어 불벌	
	편면적 방조	긍정	
	예비의 방조	부정/참고 : 효과 없는 방조 불벌	
	종범의 종범 (간접방조, 연쇄방조) 교사의 종범 종범의 교사	긍정 ※ 모두 다 방조범이다.	

■ 상습범 처벌규정 및 그 형의 정리

구분		각 조에 정한 형의 2분의 1까지 가중한 경우	가중형을 별도로 규정한 경우
개인적 법익에 대한 죄	생명 · 신체	• 상해 · 존속상해죄(제257조) • 중상해 · 존속중상해죄(제258조) • 폭행 · 존속폭행죄(제260조) • 특수폭행죄(제261조)	없음
	자유	• 체포 · 감금, 존속체포 · 감금죄(제276조) • 중체포 · 감금, 존속 중 체포 · 감금죄(제277조) • 협박 · 존속협박죄(제283조) • 특수협박죄(제284조) • 강간죄 등(제297~300, 302, 303, 305조)(성폭력)	없음
	재산	• 절도죄(제329조) • 야간주거침입절도죄(제330조) • 특수절도죄(제331조) • 자동차 등 불법사용죄(제331조의2) • 사기죄(제347조) • 컴퓨터 등 사용사기죄(제347조의2) • 준사기죄(제348조) • 편의시설부정이용죄(제348조의2) • 부당이득죄(제349조) • 공갈죄(제350조)	• 강도죄(제333조) • 특수강도죄(제334조) • 인질강도죄(제336조) • 해상강도죄(제340조 제1항) • 장물취득 · 알선 등 죄(제362조)
사회적 법익에 대한 죄		• 아편 등 제조 등 죄(제198조) • 아편흡식기제조 등 죄(제199조) • 세관공무원의 아편 등 수입죄(제200조) • 아편흡식 및 동 장소제공죄(제201조)	도박죄(제246조)

※ 국가적 법익에 대한 죄는 상습범 처벌규정이 없음을 주의

■ 형의 감면사유 정리

구분		필요적		임의적
감경	총칙	청각 및 언어장애인, 종범		심신미약자, 장애미수범(제25조)
	각칙			범죄단체의 조직, 인질강요 및 인질 상해 · 치사상죄의 인질 석방, 약취유인자 석방
감면	총칙	중지미수범(제26조)		과잉방위, 과잉피난, 과잉자구 행위, 불능미수, 사후적 경합범 의 처리, 자수 · 자복
	각칙	실행착수 전 자수	내란죄, 외환죄, 외국에 대한 사전 죄, 폭발물 사용죄, 방화죄, 통화위 조죄의예비 · 음모죄	없음
		재판 · 징계처분 확정 전 자수 · 자백	위증 · 모해위증죄, 허위감정 · 통역 · 번역죄, 무고죄의 기수범	
		친족상도례	장물죄를 범한 자와 본범 간에 제328조 제1항의 신분관계가있는 때	
면제	친족간 특례	① 범인은닉죄(제151조 제2항) : 친족, 동거의 가족 ② 증거인멸죄(제155조 제4항) : 친족, 동거의가족 * 다만, 위 ①②는책임조각사유라는 것이 현재의 다수설		
	친족상 도례	권리행사방해죄, 절도죄, 사기 · 공갈죄, 횡령 · 배임죄, 장물죄 (재산죄 중 강도, 손괴는 제외)		

■ 형의 시효의 기간

제78조【시효의 기간】시효는 형을 선고하는 재판이 확정된 후 그 집행을 받지 아니하고 다음 각 호의 구분에 따른 기간이 지나면 완성된다.
1. 사형 : 30년
2. 무기의 징역 또는 금고 : 20년
3. 10년 이상의 징역 또는 금고 : 15년
4. 3년 이상의 징역이나 금고 또는 10년 이상의 자격정지 : 10년
5. 3년 미만의 징역이나 금고 또는 5년 이상의 자격정지 : 7년
6. 5년 미만의 자격정지, 벌금, 몰수 또는 추징 : 5년
7. 구류 또는 과료 : 1년

■ 집행유예 · 선고유예 · 가석방의 비교

구분	집행유예(제62조~제65조)	선고유예(제59조~제61조)	가석방(제72조~제76조)
요건	① 선고형이 3년 이하의 징역, 금고 또는 500만원 이하의 벌금 ② 정상에 참작할 만한 사유가 있을 것 ③ 금고 이상의 형을 선고한 판결이 확정된 때부터 그 형의 집행종료 · 면제 후 3년까지의 기간에 범한 죄가 아닐 것	① 선고형이 1년 이하의 징역, 금고, 자격정지, 벌금 ② 뉘우치는 정상이 뚜렷할 것 ③ 자격정지 이상의 형을 받은 전과가 없을 것	① 무기에서는 20년, 유기에서는 형기의 3분의 1을 경과 ② 행상이 양호하여 뉘우침이 뚜렷할 것 ③ 벌금 또는 과료의 병과가 있는 때에는 그 금액을 완납할 것
기간	1년 이상, 5년 이하	2년	무기형은 10년, 유기형은 10년 한도 내의 잔형기
결정	법원의 판결	법원의 판결	행정처분(법무부)
효과	형 선고의 효력상실	면소된 것으로 간주	형 집행이 종료한 것으로 간주
보호관찰 등	• 임의적 처분(제62조의2 제1항) • 사회봉사, 수강명령도 가능 • 집행유예기간(단축 可)	• 임의적 처분(제59조의2) • 1년(단축 불가)	• 필요적 처분(제73조의2 제2항) • 가석방기간(단축 불가)
실효	유예기간 중 고의로 범한 죄로 금고 이상의 실형을 선고받아 그 판결이 확정된 때	• 유예기간 중 자격정지 이상의 형에 처한 판결이 확정된 때 (필요적) • 자격정지 이상의 형에 처한 전과가 발견된 때(필요적) • 보호관찰 준수사항의 무거운 위반(임의적)	가석방 중 고의로 지은 죄로 금고 이상의 형을 선고받아 그 판결이 확정된 때
취소	• 필요적 취소(제64조 제1항) : ③의 요건이 발각된 경우 • 임의적 취소(제64조 제2항) : 보호관찰 등 준수사항 · 명령의 무거운 위반	취소제도 없음(∵ 형 선고 안 됨)	• 감시에 관한 규칙의 위반(임의적) • 보호관찰 준수사항의 무거운 위반(임의적)

■ 형법상 중요한 기간 · 기한 · 액수 · 연령 등의 숫자 정리

형법규정	중요한 숫자
형사미성년자(제9조)	14세 미만
소년법의 소년(소년법 제2조)	• 19세 미만 • 10세 이상 소년 : 보호처분 • 12세 이상 소년 : 장기소년원송치, 수강명령 • 14세 이상 소년 : 사회봉사명령
사형 · 무기형에 처할 수 없으며 벌금형의 환형유치처분도 못내리는 연령	18세 미만(사형 · 무기형 → 15년)
아동혹사죄의 아동(제274조)	자기의 보호 · 감독을 받는 16세 미만
미성년자의제강간죄의 객체(제305조)	13세 미만, 13세 이상 16세 미만
미성년자위계 · 위력간음죄(제302조)	16세(원칙) 이상 19세 미만
특수교사의 가중(제34조 제2항)	정범의 형의 장기 · 다액의 2분의 1까지
특수방조의 가중(제34조 제2항)	정범의 형
경합범 가중(사형 · 무기형 외의 동종의 형인 A형과 B형) (제38조 제1항 제2호)	① A+[A(장기 · 다액)×2분의 1]＝X ② X ≤ (A+B) ③ X ≤ 45년
누범의 성립요건(제35조 제1항)	금고 이상 형집행종료 · 면제 후 3년 이내
누범의 형(제35조 제2항)	장기의 2배까지
사형의 집행기한(형사소송법 제465조)	판결확정 후 6월 이내 집행
유기징역의 기간(제42조)	1개월 이상 30년 이하(가중시 50년까지)
구류의 기간(제46조)	1일 이상 30일 미만
벌금의 액수(제45조)	5만원 이상(감경시에는 5만원 미만도 가능)
벌금 · 과료의 납입기한(제69조)	판결확정일로부터 30일 이내
벌금 미납입시(제69조 제2항)	• 1일 이상 3년 이하 노역장 유치 • 1억원 이상 : 최소기간 법정
과료 미납입시(제69조 제2항)	1일 이상 30일 미만 노역장 유치
노역장 유치기간(제70조 제2항)	• 1억원 이상 5억원 미만 : 300일 이상 • 5억원 이상 50억원 미만 : 500일 이상 • 50억원 이상 : 1천일 이상
과료의 액수(제47조)	2천원 이상 5만원 미만
자격정지의 기간(제44조 제1항)	1년 이상 15년 이하

1. 죄형법정주의의 내용

㉡률주의
㉠급효금지원칙
㉢확성원칙
㉤추해석금지원칙
㉥정성원칙(법/소/명/유/적)

2. 추급효 부정 – 면소/무죄/경한신법

㉩벌규정 개정 – 사업주에 대한 면책규정 신설
　　　　　　　 (과실책임설)
㉧동차 운수사업법(벌금형 → 과태료)
㉤부자 거래 – 단순등록법인
㉠소년 숙박업소 출입허용
㉢고기 판매목적 진열
해직㉢원 노조가입 허용
㉤행목적 유인
㉤계간음
㉠규모 종교집회장, 대중음식점
㉢학용 부피계 검정 폐지
㉧동차 폐차시 원동기 재사용
㉤전면허 취소 – 무면허운전
㉤산명시의무 위반 – 채무자
미제㉧통맥주
㉢요죄 벌금형 선택가능
㉤효광고
㉢당금
㉤비사업전문관리업 – 무등록자 벌칙조항 삭제
　치자금법상 연간 후원금 모금 한도액
　 : 전년도 이월금 포함 ○ → 포함 ×
㉣상물등급위원회임원 – 허위공문서작성죄 ×
(단, 수뢰죄는 공무원취급)
군㉤단이탈 – 징역 → 징역 또는 벌금(경한 신법)
㉤가법 · 특경법상 가액 증액(경한 신법)
　강법상 흉기휴대 강간(집행유예 × → 집행유예 ○)
㉤거대책기구
(양/자/내/청/개/교/추/위/소/화/자/운/재/깡/강/약/체/정/영/무/특/선)

3. 보호주의(제5조【외국인의 국외범】)

㉤란의 죄
㉢환의 죄
㉤기에 관한 죄

㉤화에 관한 죄 – 외국통화 포함
㉤가증권, 우표와 인지에 관한 죄 – 외국~포함
㉤서에 관한 죄 중 제225조 내지 제230조 – 公
㉢장에 관한 죄 중 제238조 – 公
(내/외/국/통/유/문/인)

4. 친족상도례

㉢계혈족, ㉤우자, ㉢거친족,
㉢거가족 또는 그 ㉤우자
(직/배/동/동/배)

※ 친족 범위

　– 혈족 8촌 이내
　– 인척 4촌 이내
㉤우자의 ㉤족
㉤족의 ㉤우자
㉤우자의 ㉤족의 ㉤우자
(배 – 혈/혈 – 배/배 – 혈 – 배)

5. 친고죄

㉤밀침해죄, 업무상비밀㉤설 죄, ㉤욕죄,
㉤자명예훼손죄, ㉤산죄 중 친족상도례
(비/누/모/사/재)

6. 반의사불벌죄

외국원수 · 외국사절에 대한 ㉤행 · 협박 · 명예훼손 ·
모욕죄, 외국국기 · 국장모독죄
㉤행 · 존속폭행죄 → 폭행시사상 ×, 특수폭행 ×
㉤실치상죄 → ~치사 ×, 업무상~ ×
㉤박 · 존속협박죄 → 특수협박 ×
㉤예훼손죄
㉤판물 등에 의한 명예훼손죄
(폭/과/협/명/출)

※ 명예에 관한 죄

㉤예훼손죄 – ㉤의사불벌죄
㉤자명예훼손죄 – ㉤고죄
㉤판물명예훼손죄 – ㉤의사불벌죄
㉤욕죄 – ㉤고죄
(명/사/출/모 – 반/친/반/친)

7. 정지조건부/해제조건부

⟨친⟩고죄 – ⟨정⟩지조건부
⟨반⟩의사불벌죄 – ⟨해⟩제조건부
(친–정/반–해)

8. 구체적 위험범

⟨자⟩기소유~　　→ 네비·음모, 미수 ×
~⟨일⟩반물건~　　→ 예비·음모, 미수 ×
⟨폭⟩발성 물건~, 폭발물사용
⟨가⟩스·전기 등 방류, 공급방해
⟨중⟩상해·유기·강요·손괴
⟨직⟩무유기
⟨배⟩임
(자/일/폭/가/중/직/배)

9. 계속범

⟨체⟩포, ⟨감⟩금, ⟨주⟩거침입, ⟨퇴⟩거불응, ⟨약⟩취·유인,
⟨도⟩박개장, ⟨직⟩무유기, ⟨교⟩통방해, ⟨범⟩인은닉
(체/감/주/퇴/약/도/직/교/범)

10. 자수범

⟨피⟩구금자간음죄, ⟨부⟩정수표단속법상 허위신고,
⟨위⟩증죄, ⟨도⟩주죄, ⟨업⟩무상 비밀누설죄
(피/부/위/도/업)

11. 법령에 의한 행위

⟨공⟩무원의 직무행위, ⟨징⟩계행위,
⟨사⟩인의 현행범체포, ⟨노⟩동쟁의,
⟨모⟩자보건법, ⟨감⟩염병예방법, ⟨복⟩표발매죄,
⟨뇌⟩사자의 장기적출행위(장기이식법)
강원도 정선 ⟨카⟩지노
경찰관의 ⟨총⟩기사용
⟨모⟩(母)의 면접교섭권
(공/징/사/노/모/감/복/뇌/카/총/모)

12. 업무로 인한 행위

⟨의⟩사의 치료
⟨안⟩락사(안락사가 업무행위인 것은 아님)
⟨변⟩호인의 변론
⟨성⟩직자의 업무행위
⟨재⟩건축 조합장의 철거행위
⟨기⟩자의 취재행위
(의/안/변/성/재/기)

13. 사회상규에 위배되지 아니하는 행위

⟨소⟩극적 방어행위
⟨징⟩계권 없는 자의 징계행위
⟨권⟩리실행 행위
⟨경⟩미한 불법
⟨수⟩지침, 여관주인 ⟨도⟩박
(소/징/권/경/수/도)

14. 책임의 본질 : 합일태적 책임개념

⟨책⟩임능력,
⟨위⟩법성의 인식,
⟨책⟩임고의·과실,
⟨기⟩대불가능성의 부존재
(책/위/책/기)

15. 법률의 착오 정당한 이유 인정 판례

⟨부⟩대장의 허가 – 유류저장
≠상관의 명령이 명백히 위법
⟨법⟩원의 판례 신뢰
≠사안(사실관계) 유사 but 서로 다른 판례 신뢰
⟨초⟩등학교장 – 도·교·위 교과식물 양귀비
⟨군⟩인 – 휴가 – 이복동생 이름 – 복귀 ×
⟨허⟩가 담당 공무원 – "허가 불요" 잘못 알려준 경우
≠확실히 답변 ×(주택관리사"보" – 아파트관리소장)
• 발가락 양말(변리사+특허심판) ≠ Bio Tank(변리사)
• 미숫가루 제조
• 장의사
• 골프장

- 자수정 채광 – 산림훼손허가
  ≠허가 – 벌채잔존목 – 허가 × – 벌채
- 국유재산 – 건축물 신축
- 외국인 직업소개
- 의정보고서작성배부(관할선관위공무원)
  (광역시의원 판례)
- 나대지 – 토석적치
- 선설치 후허가

예비군 대원신고 – 동일 주소 – 재차 ×
≠대원신고 × : 법률의 부지 – 유죄
한약 – 십전대보초 제조 · 판매 – "무혐의"
가감삼십전 대보초
≠무도교습소, 회원 – 교육, 무혐의, 교습소 운영
비디오물 감상실 업자, 18세
음 · 비계법 18세 미만
≠천지창조 유흥업소 성인나이트클럽 18세
단속대상 18세 미만 & 대학생 ×
변호사, 관할공무원, 기업사채
≠변호사 – 대강 자문 – 표시의 효력 없다.
≠변리사 – Bio Tank – 상표등록
민사소송법 기타 공법의 해석 잘못,
표시의 적법성 · 유효성 없다고 오인
→ 범의(고의)조각 → 공무상 표시무효 × ∴무죄
교통부 장관의 허가 – 교통사고상담센터직원
→ 화해의 중재 · 알선
≠~장관의 회신(고시) : 유죄
(부/법/초/군/허/예/한/비/변/교)

16. 예비죄 처벌규정

살인(영아 · 촉탁 · 승낙~ ×, 자살~ ×)
약취 · 유인 · 인신매매(치사상 ×, 인취등목적 모집 ·
운송 · 전달 ×)
강도
강간(강제추행 ×)
먹는 물유해물혼입 · 수도불통
통화 · 유가증권 · 유표 · 인지(유형위조 : ~위조 · 변조,
자격모용~작성 ○)(무형위조, ~행사, 취득, 문서 ·
인장죄 ×)
방화 · 일수(자기소유~ ×, ~일반물~ ×)
기차 · 선박(교통방해 ×)
폭발물사용(예비 · 음모 · 선동)

도주원조
내란 · 외환(예비 · 음모 · 선동 · 선전), 외국에 대한
사전(예비 · 음모)
(살/약/강/강/먹/통/방/기/폭/도/내)

17. 미수범 처벌규정 총정리

- 개인
살인
상해
협박
강요
체포
감금
약취 · 유인
강간
주거침입
절도
강도
사기
공갈
횡령
배임
손괴

- 사회
폭발물
방화
일수
교통방해
통화
유가증권 · 우표 · 인지
문서
인장
음독
아편
분묘발굴
시체유기

- 국가
내란
외환
외국에 대한 사전

Ⓑ법체포 · 감금
～Ⓜ효
～Ⓒ해
～Ⓟ괴
Ⓓ주

18. 메스암페타민 관련 불능미수 정리

Ⓐ품배합미숙 – Ⓑ능미수
Ⓙ조방법부족 – Ⓙ애미수
염산 Ⓜ칠 에페트린 – 불능 Ⓑ
(약 – 불 / 제 – 장 / 메칠 – 범)

19. 불능미수의 위험성

Ⓖ객관설
Ⓑ률 · 사실구별설
Ⓖ체적 위험설
Ⓒ상적 위험설
Ⓘ상설
Ⓙ관설
(구 / 법 / 구 / 추 / 인 / 주)

20. 정범의 종류와 표지

Ⓙ접정범 – Ⓢ행지배
Ⓖ접정범 – Ⓘ사지배
Ⓖ동정범 – Ⓖ능적 행위지배
(직 – 실 / 간 – 의 / 공 – 기)

21. 합동범과 그 외 특수범죄

특수Ⓓ주죄
특수절Ⓓ죄
특수강Ⓓ죄
특수강간죄
(합! 도~오웅~범!)
특수Ⓖ무집행방해죄
특수Ⓖ갈죄
특수Ⓟ행죄
특수Ⓒ포 · 감금죄
특수Ⓒ박죄

특수Ⓙ거침입죄
특수Ⓖ요죄
특수Ⓢ괴죄
특수Ⓢ해죄
(공 / 공 / 폭 / 체 / 협 / 주 / 강 / 손 / 상)

22. 직접 : × / 교사 · 방조 : ○

Ⓑ인노피쇄
Ⓦ증죄
Ⓩ거인멸죄
Ⓜ고죄
(범 / 위 / 증 / 무)

23. 과실범 처벌규정

실Ⓗ죄
과실Ⓘ수죄(업무상 과실범 ×, 중과실범×)
과실Ⓟ발성물건파열죄
과실Ⓙ통방해죄
과실치Ⓢ죄
과실치Ⓢ죄
업무상 과실Ⓙ물죄(일반 과실범 ×)
과실Ⓖ스 · 전기 등 방류죄
과실Ⓖ스 · 전기 등 공급방해죄
(화 / 일 / 폭 / 교 / 상 / 사 / 장 / 가스 / 가스)

24. 도로교통에 관한 신뢰의 원칙 판례

Ⓖ속도로
Ⓢ방도로
Ⓙ동차전용도로
Ⓘ도
Ⓜ모한 추월
Ⓢ호등
Ⓩ앙선
Ⓨ교 밑
Ⓗ단보도
Ⓙ차로
(고 / 소 / 자 / 인 / 무 / 신 / 중 / 육 / 횡 / 교)

25. 결과적 가중범의 처벌규정

~㉠~
㉢~㉑해
　㉕기
　㉚요
　㉒괴 → 중체포 · 감금 ×
㉞소
(치/중–상 · 유 · 강 · 손/연)

26. 결과적 가중범의 미수처벌규정 有

㉛질치사상죄
㉓도치사상죄
㉙상강도치사상죄
㉠주건조물일수치사상죄
(인/강/해/현)

27. 부진정결과적 가중범

㉠주건조물방화치사상죄
㉎통방해치상죄
㉳공무방해치상죄
㉢상해죄, ㉢유기죄, ㉢강요죄, ㉢손괴죄
(현교 특수 중학교)

28. 작위범과 부작위범

㉜위범 – ㉘지규범의 위반
㉟작위범 – ㉙령(요구)규범의 위반
(작/금/부/명)

29. 진정부작위범

㉣중불해산죄
㉢시군수계약불이행죄
㉛권용호직무명령불준수죄
㉢시공수계약불이행죄
㉛합명령위반죄
㉤거불응죄
(다/전/인/전/집/퇴)

30. 작위의무(보증인적 지위 · 의무) 발생근거

㉙령에 의한 작위의무
㉖약 등 법률행위에 의한 작위의무
㉑리에 의한 작위의무
㉓행행위에 의한 작위의무
(법/계/조/선)

31. 포괄일죄의 유형

㉱합범, ㉖속범, ㉲속범, ㉙속범,
㉛합범(직업범/영업범/상습범)
(결/계/접/연/집)

32. 행위표준설 : 강력한 대응을 위해 주로 실체적
　　경합으로

㉠약류, ㉱정신성의약품, ㉢마,
㉛세법 위반의 밀수, ㉠라미드판매,
㉑드깡(신용카드를 이용한 불법자금융통),
㉙면허운전
(마/향/대/관/피/카/무)

33. 의사표준설 : 연속범 · 영업범–포괄일죄

㉤뢰, ㉲갈, ㉑기
㉢권거래법 위반, ㉑료법 위반, ㉙사법위반죄
불법 ㉦락실(게임장) 영업, 업무상 ㉗령,
㉛용카드부정사용
(수/공/사/증/의/약/오/횡/신)

34. 배임, 사기, 특별법위반죄의 죄수

㉟정수표 단속법 위반+업무상 ㉗임 ⇒ ㉡ · 경
㉟정수표 단속법 위반+㉑기 ⇒ ㉦ · 경
㉓의약품제조(녹동달 오리골드)
㉦천관련 금품수수+㉑기 ⇒ ㉡ · 경
㉨사수신행위+㉑기 ⇒ ㉦ · 경
변호사법상 ㉠선수재+㉑기 ⇒ ㉡ · 경
업무상 ㉗임+㉑기 ⇒ ㉡ · 경
　　　　　　　　　㉦ · 경

부/배–상, 부/사–실
공/사–상, 유/사–실
알/사–상, 배/사–상/실

35. 형의 경중의 순서

㉠형, ㉕역, ㉖고, ㉗격상실, ㉗격정지,
㉗금, ㉗류, ㉗료, ㉗수
(사/징/금/자/자/벌/구/과/몰)

36. 필요적 몰수

㉗물죄의 뇌물, ㉗편, ㉗임수재죄의 재물,
㉗별법
(뇌/아/배/특)

37. 징벌적 몰수 · 추징

㉗약법, 재산 ㉗외도피사범, ㉗세법,
㉗국환관리법, ㉗항단속법
(마/국/관/외/밀–징)

38. 상습범 처벌규정

㉗해 · 폭행, ㉗박, ㉗포 · 감금, ㉗폭력,
㉗도 · 강도, ㉗기 · 공갈, ㉗물죄, ㉗편,
㉗박
(상/협/체/성/절/사/장/아/도)

※ 별도의 형
㉗도, ㉗물, ㉗박

39. 가중감경의 순서

㉗칙 조문에 따른 가중
㉗수교사 · 방조
㉗범가중
㉗률상 감경
㉗합범 가중
㉗상참작감경
(각/특/누/법/경/정)

40. 실행착수 전(前) 자수 → 필요적 감면

㉗란, ㉗환, ㉗국에 대한 사전죄
㉗화(일수 ×), ㉗발물사용, ㉗화죄(유가증권 ×)
(내/외/외/방/폭/통)

41. 재판, 징계처분 확정 전 자백 · 자수 → 필요적 감면

㉗증 · 모해위증
㉗위감정 · 통역 · 번역
㉗고죄
(위/허/무)

42. 형집행면제

㉗판확정 후 법률의 변경에 의하여 범죄를 구성하지
않는 때
형의 ㉗효의 완성
㉗별사면
㉗권
(재/시/특/복)

43. 자수의 요건

㉗사기관에 할 것
㉗발성
죄를 범한 ㉗이면 가능
㉗우침이 있을 것
(수/자/후/뉘)

44. 판결선고 전 구금일수의 통산 – 법정통산

유기 ㉗역, 유기 ㉗고, 벌금이나 과료에 관한
㉗치 또는 ㉗류에 산입한다.
→ ㉠형 · ㉗기형 · ㉗격형에는산입 ×
(징/금/유/구–사/무/자)

45. 선고유예 요건

1년 이하의 ㉕역이나 ㉖고, ㉗격정지 또는
㉗금 → 구류 · 과료 ×
(징/금/자/벌)

46. (선/실/복/자 – 누/집/가/금)

㉗고유예	㉗범
형의 ㉗효	㉗행유예
㉗권	㉗석방
㉗격정지	㉗고

47. 광의의 폭행

㉡무집행방해죄
직무 ㉮요죄
㉡갈죄
㉮요죄
(공/강/공/강)

48. 강요죄 관련 죄수

㉢박죄 < ㉮요죄 < ㉡갈죄 < ㉮도죄
(협/강/공/강)

49. 신용훼손

㉠위의 사실을 유포
기타 ㉦계로써 사람의 신용을 훼손한 자
(허/위)

50. 업무방해

㉠위의 사실을 유포
㉦계 또는
㉦력으로써 사람의 업무를 방해한 자
(허/위/위)

51. 경매, 입찰의 방해

㉦계 또는 ㉦력 기타 방법으로 경매 또는 입찰의 공정을 해한 자
(위/위)

52. 업무의 요건

㉨회성－개인적 · 자연적 생활현상 ×
㉚속성, ㉨무
(사/계/사)

53. 업무상 비밀누설

㉠사, ㉢의사, ㉣과의사, ㉤제사, ㉤종상,
㉰산사, ㉲호사, ㉲리사, ㉡인회계사,
㉡증인, ㉢서업자나 그 직무상 ㉫조자 또는
㉬등의 직에 있던 자
㉦교의 직에 있는 자 또는 있던 자
(의/한/치/약/약/조/변/변/공/공/대/보/차/종)

54. 주거침입죄＝특수강도죄

사람의 ㉰거
관리하는 ㉢조물, ㉠박, ㉠공기
점유하는 ㉤실
(주/건/선/항/방)

55. 주거 · 신체수색죄

사람의 ㉠체, ㉰거
관리하는 ㉢조물, ㉨동차, ㉠박, ㉠공기
점유하는 ㉤실
(신/주/건/자/선/항/방)

56. 야간주거침입절도죄＝특수절도죄

사람의 ㉰거
관리하는 ㉢조물, ㉠박, ㉠공기
점유하는 ㉤실
(주/건/선/항/방)

57. 자동차등불법사용죄

㉨동차, ㉠박, ㉠공기, ㉧동기장치자전거
(자/선/항/원)

58. 횡령&배임

• 부동산의 양도담보

ⓜ도담보권자 – ⓑ임

ⓨ도담보권자 – 판례는 ⓑ임(이론상 횡령)

ⓟ산의무불이행 – ⓜ죄

ⓖ등기담보권자 – 판례는 ⓑ임

• 동산의 양도담보

ⓓ산양도담보권설정자 – ⓜ죄

ⓓ산양도담보권자 – ⓗ령

ⓜ적물반환청구권 양도 – ⓒ도 ⓝ성립

ⓗ순위채권자 – ⓒ도

(매–배/양–배/정–무/가–배/동–무/동–횡/목–절불/후–절)

59. 점유이탈물횡령

ⓤ실물

ⓟ류물

타인의ⓟ유를이탈한재물

ⓜ장물

(유/표/점/매)

60. 장물

ⓙ산범죄에의하여→비재산범죄 ×

ⓨ득한≠제공된 ×

ⓙ물그자체→   복사물 ×

(재/영/재)

61. 폭 · 가 · 가 : 공통점

ⓟ발성물건파열

ⓖ스 · 전기등방류

ⓖ스 · 전기등공급방해

• 구체적위험범

• 과실범처벌규정有

• 예비 · 음모有

• 결과적가중범 규정有

62. ~방해죄 = 미수처벌규정 無

예외) 미수처벌규정 有

일반 ⓖ통방해

과실 ⓖ차 · 선박 등 교통방해죄

과실 ⓖ스 · 전기 등 공급방해죄

(교/기/가)

63. 유가증권 · 문서죄유형

1st   ⓜ의모용–~위조 · 변조

2nd   ⓙ격모용–자격모용 작성

3rd   ⓝ용–허위~작성

(명/자/내)

64. 허위진단서작성 주체

ⓘ사, ⓗ의사, ⓒ과의사, ⓙ산사

(의/한/치/조)

65. 공문서부정행사죄성립×

① ⓘ감증명서 제시

② ⓢ원증명서

③ ⓗ해조서 경정신청 기각결정문

④ ⓙ민등록표 등본

⑤ ⓙ민등록증 이동전화 가입

⑥ ⓢ박국적증서와 선박검사증서

⑦ ⓒ용증 및 이행각서

(인/신/화/주/주/선/차)

66. 인/문/신 : 불가벌적 수반행위

ⓘ장위조< ⓜ서위조< ⓢ용카드부정사용

            (유가증권)

(인/문/신)

67. 국가기밀

ⓢ질적 ⓖ밀개념 – ⓖ정

ⓖⓙ의 사실 – ⓑ정

(실/기/긍, 공지/부)

68. 범인은닉죄

범인은닉/벌금/법정형

(버/버/버)

MEMO